铁证

日本侵华老兵口述历史证言

田刚 李素桢/主编

中华工商联合出版社

图书在版编目（CIP）数据

铁证：日本侵华老兵口述历史证言 / 田刚，李素桢主编 . -- 北京：中华工商联合出版社，2017.8

ISBN 978-7-5158-2060-6

Ⅰ. ①铁… Ⅱ. ①田… ②李… Ⅲ. ①侵华日军 – 战争罪行 – 史料 Ⅳ. ① K265.606

中国版本图书馆 CIP 数据核字 (2017) 第 179688 号

铁证：日本侵华老兵口述历史证言

出 品 人：徐　潜
主　　编：田　刚　李素桢
责任编辑：袁一鸣　李　瑛
封面设计：周　源
责任审读：郭敬梅　李　征
责任印制：迈致红
营销推广：姜　越　郑　奕
出版发行：中华工商联合出版社有限责任公司
印　　刷：北京富达印务有限公司
版　　次：2017 年 9 月第 1 版
印　　次：2017 年 9 月第 1 次印刷
开　　本：889mm × 1194mm 1/16
字　　数：350
印　　张：19
书　　号：ISBN 978-7-5158-2060-6
定　　价：68.00 元

服务热线：010-58301130
销售热线：010-58302813
地址邮编：北京市西城区西环广场 A 座 19-20 层，100044
http://www.chgslcbs.cn
E-mail: cicap1202@sina.com（营销中心）
E-mail: gslzbs@sina.com（总编室）

编委会名单

目录

第一章　战争罪行

第二章　慰安妇

第三章　伪满“开拓团”

第四章　反战与改造

第五章　遗属反思

附录

无法抹去的记忆

支建华

客观、全面、多视角地记述抗战历史，是史学工作者的神圣责任。中国人民在抗日战争中焕发出来的伟大民族精神，是激励我们在民族复兴的道路上奋勇前进的强大力量。在纪念中国人民抗日战争暨世界反法西斯战争胜利70周年之际，吉林省政协文史委组织编辑这部《铁证——日本侵华老兵口述历史证言》，用当年侵略者亲历、亲见、亲闻的史实，揭露日本侵华罪行，警醒世人反对战争、珍惜和平，进而教育和引导广大青年一代牢记历史、开创未来，为凝聚全民族力量，推进中国特色社会主义事业，维护世界和平，实现中华民族的伟大复兴略尽绵薄。

本书是由吉林省赴日学者、日中口述历史文化研究会常务副会长李素桢和吉林省旅日、旅澳青年学者、日中口述历史文化研究会秘书长田刚采录、整理和编撰的口述史料选辑。

二位口述历史学者在日本十余年时间，对五百多位日本侵华老兵及遗属做了采访和记录，请当事人讲述他们的亲历、亲见、亲闻，并配有录音、录像、照片、笔记等，通过分析比对，深刻揭露当年日本侵略者对中国人民犯下的滔天罪行，具有较高的史料价值和学术价值。前事不忘，后事之师。只有牢记历史、以史为鉴，才有可能避免战争悲剧的重演，才能使世界达到真正的持久和平与稳定。

本书收录了二十多位日本侵华老兵的口述史料，这些老兵都已是耄耋之年，有的采访是在病床上进行的。他们是日本侵华战争的亲历者，他们的记忆亟待抢救和挖掘。在日本从事侵华老兵口述调查的李素桢和田刚及其工作团队，没有任何经费支持，因此而遇到的困难可想而知。无论严寒酷暑，他们穿行于日本的城市和乡村，夜以继日地工作，还要面对来自日本右翼势力的各种阻挠和威吓。历史的责任，人性的呼唤，促使本书的编著者及工作团队，筚路蓝缕、栉风沐雨、砥砺前行，即使困难重重，疾病缠身，债台高筑，仍然知难而进。他们的工作是在与生命和时间赛跑，是在唤醒历史服务现实，这种坚忍意志、担当精神和民族情怀，让我们为之敬佩感动，真心地为他们点赞。

在采访过程中，这些侵华老兵以个人的亲历、亲见、亲闻和自我感受见证历史，述说过去。回忆使这些日本侵华老兵陷入痛苦和忏悔之中。经过几十年岁月的洗涤，有些记忆难免模糊，但刻骨铭心的细节却突显出来，问题的实质清晰可见。我们可以从亲历者的回忆和具体事件的细节中看到普遍性的真实场景。这些回忆，不仅揭示了日本侵华的暴行和本质，也可以反映出日本侵华时期在不同阶段、不同人身上表现出的“人性”的多样性和差异性，以及对同一事件不同的心理感受。

本书使用的历史照片和实物照片是由口述者本人提供，经李素桢、田刚两位口述史学者搜集整理的，这些照片、手记、认罪书等第一手资料在国内外都是第一次公之于众。它浸透着两位口述史学者治史的严谨风格；见证着“加害者”的战争罪恶与忏悔；传递着一般文字所无法表达的历史信息。本书从亲历、亲见、亲闻的口述证言采集整理入手，来研究日本军国主义的侵略行为。与从理论、观念入手进行研究不同，它是直观的而非抽象的，是感性的而非概念的，是实证的而非虚拟的，是鲜活的而非僵化的历史研究。

李素桢、田刚两位口述史学者说“为未来记录过去，今天多记录一些，未来就会更清楚一点儿。”他们在为国家为民族为人类和平而记录。

一个国家一个民族如果忘记历史，注定将失去未来。历史是一段过去的存在，无法抹去、无法修饰，更无法改变；记忆是一段现存的视频，应该存储、应该重放，更应该用以服务现实，警示今人。本书以实事求是的严肃态度记录整理了历史的原本音容，以真实的铁证来揭露日本殖民侵略的罪行。

将这段渐趋被风化的历史记忆抢救下来，使其传播开去，从一个崭新的视角，为中华民族抗战历史留下一份宝贵的历史资料，使广大读者，特别是年轻一代，永远不要忘记这段屈辱和抗争的历史，从前辈先烈的捐躯与奉献中汲取力量，弘扬中华民族团结进取、不畏艰难的伟大精神，为国家的强盛、人民的幸福，为世界的和平与发展，为中华民族的伟大复兴贡献一份力量。

期待殷殷，是以为序。

2015 年 11 月 18 日

日本老兵口述侵华历史证言的采访、调查与研究

——献给中国人民抗日战争暨世界反法西斯战争胜利70周年

田　刚

适逢中国人民抗日战争暨世界反法西斯战争胜利70周年，笔者谨将在日本十余年间采访调查的日本老兵口述侵华历史证言结集选编出版，以原日本侵华老兵（含战时在华日本人）本人讲述他们所亲历的侵华战争的特殊形式，展示日本侵华战争暴行的历史铁证，批判日本右翼势力美化侵略战争、否认歪曲历史真相的军国主义复活倾向。并让民众、尤其是年轻人了解真实的二战日本侵华史，从而更好地捍卫反法西斯战争胜利的成果，永葆人类康泰和平。

一、日本侵华老兵口述调查的难点

口述历史采访调查，特别是对侵华日本老兵的口述采访，最大的难点是如何让这些耄耋之年的"老鬼子兵"接受、信任我们，对我们讲真话、道实情。

受访的二战期间日本侵华老兵，他们当年都曾在侵华战争中烧杀掠夺、双手沾满了中国人民的鲜血。要逐步深入他们回忆的最深层，就必须获得他们足够的信任，他们才肯打开隐藏多年的记忆隧道，让采访者走入他们的内心世界。采访者和口述者之间，必须建立平等的、心灵的沟通。这对作为在日华人采访者的我们和曾经作为侵华日军老兵的他们，都是很大的挑战。采访侵华老兵，不能居高临下的审判似的追问，要平心静气地与他们交流。每一次老兵的口述都是一次灵魂的忏悔。

侵华日本老兵口述调查的第二个难点，是口述采访抢救记录的紧迫感。由于我们的能力太有限，没有任何机构背景、没有任何方面的经费支持，完全自费、利用一切时间来抢救这些珍贵的口述史料。对有的侵华老兵经过反复多次的联络，他们终于同意了接受访谈。由于他们大多体弱高龄，我们设计了三次，每次一小时以内的访谈，但可惜有的老兵只访谈了一次就离世了，还有更可惜的，有的老兵只见了一面，未来得及访谈就再也见不到了，也有在病床上接受

访谈，或访谈后数日就去世的。这些受访的侵华老兵，都已九旬以上高龄，随着他们的纷纷离世，我们每天都在与时间赛跑。

二、日本侵华老兵口述调查的特点

在侵华证言的采访调查过程中，我们作为采访者的角色很复杂。首先，我们是一个真诚的倾听者，倾听侵华老兵们坦白他们当年的罪行，要跟随他们的情感起伏，感同身受，才能走入他们的内心世界；同时，我们还要做一个理性的引导者，通过符合逻辑、逐层深入的提问，引导他们进入回忆的深层，揭示隐秘的细节；最后，我们还要做一个宽容的接纳者，让他们在暮年面对一个曾被他们侵略残害的民族的一员，获得一个诚恳的认罪和道歉的机会。

1. 真诚的倾听者

口述采访，不能把受访者作为获取资料的工具，不能把他们当作一部部冰冷的“历史留声机”，仅仅窥探、索取史料，而是要把他们当作历史语境中活生生的人，以对话为手段，借助他们的回忆，逐步进入到他们的历史经历中，去触摸、感知那些历史碎片。

在每个口述采访调查的初期，多数侵华老兵们是有怀疑和抵触的。在具体口述回忆过程中，他们多有不同程度的下意识的逃避，不能直面那段历史，不愿回到当时的历史语境中，回顾自己的加害行为和战争的悲惨画面。但通过沟通，他们最终大都可以彻底放下包袱，毫无隐藏地回忆讲述。

受访侵华老兵们的压力很大，他们既要面对自己内心的罪恶感，又要面对现实社会的种种压力（日本右翼势力的打压，家人、朋友会怎么看，会不会把他视为一个卖国者？会不会把他当作一个杀人恶魔？如果说出了历史真相，会不会获得中国人的原谅？）有些侵华老兵的口述采访，简直是“抽筋扒骨”般的艰难。

当这些年逾九旬、甚至百岁的老人，坐在笔者面前，连续讲述几个小时，讲他的生平、他的侵华经历、他的罪行与悔恨。最后当他们激动得流着泪认罪道歉的时候，笔者能感受到多年以来，他不愿回忆、不愿提及，深深地隐藏在心头的一颗颗大石头，随着回忆讲述而逐渐显现，最终被毫无保留地展现出来。

有些侵华老兵讲述完以后，连气息都很微弱，那不仅是因为连续几个小时激动的讲述，耗尽了他们的体力和精力，更是因为他们终于卸下压在心里多年的包袱，那种坦白后如释重负的无力感，使他们看上去更加苍老虚弱。此时此刻，笔者看到他们从曾经的“魔鬼”回归了人性。

2. 理性的引导者

采访调查的初期，作为一个中国人，笔者难以跳出历史情感的漩涡。笔者不能理解、甚至痛恨坐在我面前的这个“老鬼子兵”。当一个日本侵华老兵就隔着一张桌子，近距离地坐在对面，讲述他的战争罪行的细节，讲述如何去慰安所，如何残忍地实行三光政策，拿活人练刺杀、抢夺农民的土地等等，实在令人难以接受。但逐渐地，笔者意识到，只有作为一个可信任的倾听者，才能让他们放下心理的戒备，逐步地打开内心深处的回忆。从最初的不理解，到逐步把他们作为一个有血有肉、有思想情感的人来接纳，这对笔者也是个痛苦的过程。

同时，作为一个理性的历史研究者，需要根据事先准备的提纲，不断地提问、追问、确认。引导口述者回忆，掌握整个口述采访的节奏和细节，才能记录下珍贵的证据。这就要求采访调查人跳出情感之外，做一个理性的观察者，按照逻辑链条逐层深入地挖掘隐秘的罪证。日本侵华老兵口述调查，特别需要采访调查者的冷静、耐心、客观和理性。

3. 宽容的接纳者

采访者还有一个责任，就是在完成采访调查，获得珍贵历史证据的同时，接纳他们的忏悔，接受他们的认罪道歉，甚至帮助他们完成多年的夙愿。应该让他们有机会重新反思历史，反思侵略战争，反思自己。让他们在生命的暮年，给自己、给家人、给良知、给历史一个交待。

多年来，我们在日本从事的日本侵华口述调查，没有任何组织机构背景的支持，完全是历史的责任与信念所致。虽然是个人的研究行为，但在受访侵华老兵和他们的家人眼中，笔者就是所有中国人、全体中华民族的代表。当他们为自己所犯下的侵略罪行，向笔者深深地鞠躬、认罪道歉时，在他们心里，他们是在向整个被侵略、被残害的中华民族道歉。每次到这个时候，笔者都会郑重地接受他们的道歉，并告诉他们：只要正视历史、留下证言，就是反对右翼军国主义势力，反对侵略战争，就是赎罪。

很多侵华老兵都许诺，他们愿意公布所有的认罪口述，要让中日两国年轻人记住历史、了解战争、反对战争，要反对安倍政权修改和平宪法、反对日本右翼军国主义势力，让中日世代友好、让中日两国永不再战。

这批口述史料具有覆盖面广、规模大、细节丰富、直观性强的特点。口述侵略地域以中国为主，覆盖了朝鲜半岛、东南亚及太平洋诸岛等二战期间曾遭受日军侵略的广大地区；侵华日军士兵覆盖陆海空三兵种，军阶以低层士兵为主（少尉－曹长－兵头－上等兵－一等兵－普通兵）；受访对象，除侵华日军士兵外，同时覆盖“开拓团”团员（“开拓团”、“少年义勇军”等半军事化组织成员）、技术人员（医护、工程、教育等方面的工作人员）、普通社会民众（一般社会工作人员及家属）及遗族家属（侵华老兵的遗孀、遗属子女）等广泛的社会角色。

我们的口述采访调查采用标准化作业流程，前期联系受访侵华老兵，根据调查问卷设定采访提纲，实地采访过程中受访者签署相应受访及用户许可证书；后期数字化保存备份，由日语母语者记录采访音视频形成日文电子文本记录，专题化分类整理并译成中文。口述音视频多以高清录像格式采访记录，采访时长平均3~4小时。辅以招募令、战时军装照、军队用品照片、手记、书信、日记、回忆录等佐证文献。该口述证言资料是目前已知华人于日本实地采访收集的、日本人口述侵华战争最大规模的史料集。

基于现有史料集，笔者试建立了多维度的专题研究框架。总体可分为“侵华战争记忆”与“侵华战争反思”两大主题，分别下设“三光政策与虐杀中国军民”、“随军慰安妇”、“日本侵华战争前及战时的军国主义教育”、“侵华日军战俘思想改造”等多个专题。

近年来，这批珍贵的口述史料，通过中国大陆及港澳台地区多家电视及平面媒体近百次报导，形成了广泛的社会关注与影响。相信这批史料今后将作为二战史、日本侵华史研究领域重要的史料集之一发挥独特的作用。

三、口述史学的思考

上文笔者简述了日本侵华老兵口述史采访调查及现有史料集的概貌。在其基础上，笔者试浅析三点关于口述史理论问题的思考：口述史学的本体论思考；对口述史料可信性的思考；群体口述史视角下的历史主观性与客观性关系的思辨。

1. 口述史学的本体论思考

口述历史不仅采用了新的方式、手段获取记录史料，更是具有本体论意义的研究分析。这就涉及对口述的本质——历史经历者的记忆与客观历史的关系，并进一步延伸到对历史的客观性与主观性关系的思考。

人是历史发展的主体，历史是人作为主体活动过程的累积。而人的行为活动构成了历史事件，人的思想情感形成了历史感受，前者为客观信息（如时间、地点、人物、事件、结果等），后者为主观信息（如情感、认识、反思等），两者共同构成了对历史的认知。作为历史主体（或称历史经历者）的人的情感感受、思想认识，虽是主观因素，但有其客观性，也是客观历史存在的一个必要组成部分。即，历史主体的主观性，具有其历史的客观性。历史研究不应把历史主体——人的历史感受割裂出去，而口述历史尤其应将历史的主客观信息都纳入研究视野，不仅为追求一堆冰冷的史料数据，更应体验“带有温度的、活生生的历史”。

2. 对口述史料可信性的思考

常有对口述历史可信性的偏见与质疑——由于口述历史基于人的回忆，而人的主观情感倾向、客观记忆偏误必然存在，故有口述史料不可信之说。对此，笔者试做如下三点剖析。

首先，如上文所述，人的回忆情感、反思等，虽有主观性因素，但有其历史语境中存在的客观性。历史经历者的历史感受，不是无用的噪音，而是客观历史认知的重要组成部分。同时要承认口述历史确实受经历者的记忆错误或主观倾向影响，而通过口述史料与文献档案的比对印证，特别是群体口述史料可通过相关主题多样本口述史料间的相互对比来弱化、消除主观偏误，以增强口述史料的客观可信性。

其次，对文献档案存在过度盲信。仅以笔者从事侵华日本老兵口述史经验看，文献史料与史实不符，或者文献史料的缺失，甚至人为篡改等也存在不少。仅举两例试说明文献档案亦出现的两类“史料失真”问题。

第一，历史文献档案的记录亦有与史实不符的情况。如，李素桢教授在研究伪满洲日本人汉语教育史时发现，“满洲开拓团”文献档案记载：对“开拓团”团员进行汉语教育，每周两学时。而实际采访近百名当时在东北地区各地日本“开拓团”历史经历者均说“没有开设过满语（指汉语）”或“几乎没有学习过满语”。可见，在特定的历史阶段或历史背景下，文献档案的记载本身就存在与事实不符的偏误，所以说对文献档案不可盲信。

第二，文献史料亦常出现缺失、散佚甚至被人为销毁或篡改。由于历时战火硝烟，日本侵华战争文献史料多有损毁散失，并常有重要文献档案出于种种原因不能公开面世，而给侵华史研究带来很多局限和缺憾。尤为甚者，日本军国主义者曾有组织有计划地人为销毁、篡改文献档案。笔者采访调查的原日本关东军科技宪兵四班成员山梨一夫、今村真、福田政胜，及当时的关东军对空信号兵猪熊得郎等的口述证言都给出了例证。1945 年 8 月日军于东北地区投降前，日本关东军曾下达了以焚毁、掩埋的方式销毁大量机密档案的密令，以上四人都曾于长春、公主岭等地直接亲自参与销毁档案活动，而这不是日本侵华文献档案中的孤例。

重视口述史料并非要轻视文献档案的重要作用，两者不是对立，而应是相辅相成、互为补充的关系。特别是在日本侵华口述史领域，由于特殊的历史背景造成相关文献史料的失实、损毁或篡改，可通过相应口述史料获得一定程度的补全、细化和对比验证。

3. 群体口述史视角下的历史主观性与客观性关系的思辨

群体口述史，不同于政治人物或名人口述史，通过对多名经验者采访调查以获取对特定历史阶段或历史事件的多样本观察，以获取更丰富的历史经验与细节。需要特别注明，笔者所称“群体口述史”，不是指以同一时间多名受访者同时群体性共同回忆叙述的方式所记录的口述历史。而是针对具有同一或相关性主题回忆的受访者群体（如，伪满洲国时期“大东开拓团”团员群体），通过每个受访者单独采访调查，积累多人份群体性口述史料。

笔者试从历史语境层级的组合提升与历史的主、客观相关性两个角度分析群体口述史的独特之处。

首先，如果历史可以结构化一个几何体，它一定是一个多面向的复杂综合体，对历史的认知需要通过史料建构不同层级的历史语境，使这个复杂综合体在语境中得以呈现。群体口述史以每个受访者的历史经历为个体微观语境（个人历史经历），通过个体口述样本间的关联性组合搭建起中观历史语境（对特定历史时期或事件的群体经验），再通过群体关联性构造宏观的历史语境（全方位的历史经验）。群体口述史就是通过口述样本主题的关联性逐层提升语境层级以逼近客观历史语境，探究历史的真相。

其次，群体口述史也带来对口述历史主观性与客观性思辨关系的新认识。前文曾赘述历史主体——人对历史语境和事件的主观感受、思想认识等主观因素，也是客观历史的一部分。同时不可否认，由于口述史获取史料的渠道所限，口述史料中难免存在各种主观、客观偏误，如：遗忘、错误、主观倾向等。而如何弱化、消除口述者的主观偏误就成为一个重要的课题。不同于名人口述史的“单人采访，孤本采样”，群体口述采用“群体访谈，多样本采样”。而群体多样本对同一或相关主题的口述回忆，可基于数理统计方法，通过群体内主题相关样本间的相互比对而消除或减弱个别口述者的主观偏误，从而达到“群体客观性”。即，个体主观性通过多样本统计归纳与比对，可转化成群体客观性。这也从理论上增强了群体口述史的可靠性和有效性。

侵华日本老兵口述史料集的后续研究整理，还有很多工作要做。首要的工作，是继续抢救性记录、收集散佚在日本民间的日本人口述侵华史料及相关文献。迄今，仍有少量亲历二战的日本侵华老兵及在华日本人在世，但都已九十高龄，急需抢救性地采访调查，留下他们的珍贵证言。另外，虽然很多日本侵华老兵已经离世，但他们的家人或民间团体曾留下了他们在世时的口述证言，如，录音录像、回忆录、日记、书信、照片等，这些也都是具有重要意义的日本侵华战争口述证言史料。

同时也要加强日本侵华口述史料研究工作，进一步细化专题设置，深化专题整理。此外，还需加强对数理统计模型辅助口述史料分析的深入研究。他山之石，可以攻玉。在文化人类学、文本叙事理论、语言学与心理分析等诸多学科纷纷为口述史学提供跨学科理论方法的同时，数理统计模型方法对口述史学，特别对群体口述史学及史料分析的理论方法都应给予更多的启发与支持。

音声比文字丰富，而影像比音声富含的信息量更大。但由于条件、能力所限，我们所采集的口述录像，暂以节选的记录文字来公示。非常遗憾，读者不能直观见闻、感受侵华老兵的眼神、表情、落泪、音调等。这些录音录像都未经修剪，原始地电子化保存着。在条件成熟时，愿与读者共享音容声貌俱全的口述证言史料。

本书节选的口述证言，尽管都经过了对日文听打稿及中文翻译稿的反复核对校正，但由于我们工作能力的局限，一定还有很多谬误，敬请读者、诸学前辈、同仁批评斧正。

笔者殷切期待爱好口述史的志同者，我们一同与时间赛跑，按下录音笔、录像机的开关，录下中日民众的口述证言，留下历史的铁证。

第一章/战争罪行

绘鸠毅

1913 年 3 月 出生于日本鸟取县。

1938 年 3 月 毕业于东京帝国大学（现东京大学）文学系逻辑专业。毕业后，曾在山梨县女子师范学校（又名山梨高等女子学校）、长野县上田高等女子中学等任职。

1941 年 7 月 接受临时召集加入东部第 64 部队，次年 5 月转隶于“北支那”派遣军第 12 军第 59 师团第 54 旅团第 111 大队机关枪中队，此后的三年多时间在中国山东省参加侵略战争。

1945 年 8 月 在朝鲜败战（时任陆军中士），接受苏军解除武装成为俘虏，在西伯利亚强制劳动 5 年。1950 年 7 月作为战犯被移管至中国抚顺战犯管理所思想改造 6 年。

1956 年 9 月 免除起诉，返回日本。后成为“中国归还者联络会”的会员。同时先后在长野县上田染谷丘高中任教，在神奈川县担任藤泽东海岸邮局局长等。后连任“中归连”的常任委员长、《中归连》杂志的编辑长。

2014 年 11 月 病故。

同意書

「日中口述歴史文化研究会」常務副会長李素楨先生たちから、取材を受け、語った内容を記録、翻訳、研究論文の引用出版、収蔵などのことを同意いたします。

2014年10月11日

口述者 絵鳩毅

取材者 李素楨

侵华与认罪

（一）

我叫绘鸠毅，今年 101 岁。

我出生于 1913 年 3 月，出生地为鸟取市，父亲是师范学校的老师，我是家里的次子。后回到父亲的故乡千叶县馆山市。在那里，我接受了小学、中学的公共教育之后，就读于国立水户高中，最终考取东京帝国大学文学系逻辑专业。

战败后，我接受了苏联军队实行的解除武装，被送往西伯利亚强制劳动 5 年。后作为战犯被移管至抚顺战犯管理所，度过了 6 年的改造生活。但是，在这里我接受了宽大的政策，反省过去种种，我忏悔自己犯下的所有战争罪行，同时向中国人民表示深深的谢罪。

1956 年 9 月，我被免除起诉回国后，曾任长野县的高中教师、神奈川县的特定邮局局长，还成为“中国归还者联络会”（简称“中归连”）的会员，参加“反对侵略战争，为中日和平友好做贡献”活动。但是，联络会出现分歧后，我感到很失望，离开了联络会。1983 年又重新回到联络会，连任常任委员、常任委员长、《中归连》杂志的编辑长。2004 年由于成员的高龄解散联络会后，为继承其传统，作为“继承抚顺奇迹会”的特别会员，继续从事“反对战争谋求和平，为中日友好和平做贡献”的活动。

参军与罪行

1941 年 6 月，我 28 岁那一年，接受了来自军队的临时召集命令。当时接到这个命令后，我抱着必死的决心奔赴战场。这是日本每一名男子所不能够逃脱的义务。

我在千叶县佐仓市的“东部第 64 部队”接受了严格的新兵训练。第二年即 1942 年 5 月，我被整编到“‘北支那’派遣军第 12 军第 59 师团第 54 旅团第 111 大队机关枪中队”，作为陆军步兵的一等兵，进驻到中国山东省新泰县，参加了侵略战争，直到战争结束。

绘鸠毅东京大学学生照

刚开始，我作为大队总部的治安部助手，负责宣传工作以及向小学生等进行日语教育的工作。1944 年 10 月被召回机关枪中队任陆军下士一职，主要是负责辅助新兵教育。1945 年 6 月，我曾犯下严重的战争罪行，即在山东省索格庄，听命于大队长，俘虏了 4 名中国人，让新兵教育中的 30 名新兵轮流刺杀。

关于日军的“剿共政策”（三光政策）

我所在的第 59 师团（兵力为 12 000 人），占据中国山东省。其目的在于利用武力来迫使中国人为侵入到这个地区的三井、三菱等日本的大企业劳动，从而为日本获取优质的煤炭、小麦、棉花和盐等。

为达成这一占领目的的最大阻碍就是中国共产党的八路军。师团周边的国民党军队在日军进驻的两年期间悉数归顺于“协助皇军部队”。只有八路军始终贯彻“彻底抗战”的政策。我师团对于八路军以及解放区，每年要实施数次“剿共政策”。我合计参加了 5 次剿共行动。

这个政策即所谓的“三光政策”，也就是杀光、烧光、抢光。具体内容为：使用毒气弹，传播霍乱病菌，烧毁村庄，无区别地虐杀中国人，对俘虏实行拷问，强制其劳动然后将其虐杀。士兵掠夺粮草、牲畜和金钱，以及强奸女性等等，无论哪一种都是无视战时国际法的战争罪行。

关于“随军慰安妇”

在大战过后日军进驻的地方必须有为士兵准备的“慰安所”，曾约有 20 万女性被迫作为“随军慰安妇”。

我所在的第 59 师团，中队总部以上的所在地也一定有“随军慰安妇”，而且还会从那里定期向前线轮送慰安妇。

我所属的第 111 大队总部的所在地是山东省新泰县，在那里常驻的日本兵不足 200 名。为士兵们设置了三处慰安所，分别名为“军人俱乐部”、“兴亚食堂”和“开心”。慰安所的经营者是日本人和韩国人。被监禁的女性是韩国人和中国人。这些女性在日军的管制下禁止外出，且要定期接受性病检查。根据我们中归连会员的证词，可以证明其中大部分的女性是因为“有好的工作”被骗进慰安所的，还有的是依据日军要求强制带入慰安所的。

但是现在非常遗憾的是，在日本，有些右翼势力删除了中学课本中关于“随军慰安妇”的记载。甚至一些御用学者还说：“随军慰安妇只不过是在一般企业上班的职员而已。”否定与军队的联系，否定“随军慰安妇”的存在。

关于在抚顺战犯管理所的生活和学习

管理所的生活

在抚顺战犯管理所，我们这些战犯受到了想象不到的优待。

在这里不仅没有“强制劳动”——我们已经觉得很幸运了，而且战犯们每天还下相棋、围棋、玩花纸牌等，过着无拘无束的生活。管理所的工作人员对我们这些战犯态度非常好，我未受到任何一句的斥责。

管理所的工作人员每天吃两顿饭，却给我们日本战犯每天提供三顿饭。不仅如此，在新年、纪念日等时候，还为我们特别准备杂煮、寿司以及牡丹饼等日本传统食物。

管理所不仅确保了我们每天的运动时间，还安排每周洗一次澡，每月理一次发，进行一次月例身体检查，而且每月还有一天的体育日，并在春秋举行两次体育节和文化节。另外经常组织看电影，给患者用贵重的药物，把患者送往市内的医院做住院治疗，给予充足的学习时间等等，在一系列方面都实行优待。

听说孙明斋所长的伯父、吴浩然指导员的父亲，还有一位看守的全部家人都被日军所杀害。我们这些战犯应该是他们“憎恨的敌人”。尽管如此，我们还是受到了优待。

我回想起过去日军不给中国人俘虏提供食物，只是一味地拷问和虐杀的行为，作为大和民族的一员，我感到深深的愧疚，同时对中国工作人员的伟大人性从心底感到佩服。这是我反省过去的开端。

在那里，我不能不认真思考：“培养出如此伟大的人的中国共产党，到底是什么样的党呢？”

管理所的学习

当战犯们厌烦了一年多的玩乐生活的时候，管理所开始向各个房间发放日语读物、《人民日报》等书刊，还通过管理所的麦克风放《新时代》的广播。通过广播，我们得知朝鲜战争停战以及遍布世界的民主势力在扩大等信息。我们这些战犯也满怀热情地想要了解新时代的情况，在房间里开始了秩序井然的共同学习。

我在房间里也有充足的时间进行学习。特别是毛泽东主席的著作《实践论》和《矛盾论》，使我受到强烈地冲击。这些著作是唯物辩证论哲学的基础理论书，浅显易懂，是中国革命走上胜利道路的动力。我在感到“为人民的哲学”能够如此浅显易懂，定能成为改造社会的指导力量的同时，也深刻地反省过去我在大学时期所学习的逻辑学知识，感到那只不过是“理论的游戏”。

此外，我还学习了毛主席在中日战争爆发之初写的论文《论持久战》，文章科学地捕捉了战争的发展趋势，令人赞叹，同时也非常羡慕八路军能够有如此伟大的领袖。

经过学习后，我们逐渐理解了中国共产党“改造世界和人类”这一远大理想和“永久和平”的愿望。并且从“大和民族”、“世界第一的皇军”等空虚的优越感中清醒过来，开始站在受害者——中国人的立场上，批判日军发动的侵略战争的罪恶性。

自我改造

1953年是我被移管到中国的第四个年头。各个房间开始一起学习列宁的《帝国主义论》。我们了解到了无论从理论上，还是从亲身经历上，日军作为帝国主义国家的军队所具有的巨大的侵略性。我们在房间里，展开了为各自过去所犯下的罪行谢罪的“认罪运动”。但是，刚开始我们都说是由于听从了上级命令，在承认自己的责任前并没有认罪。

第二年，即1954年春，在中庭召开集会，所有的战犯一同听取宫崎弘的模范《认罪报告》。那时他坦白了自己的许多恐怖的战争罪行，其中包括他指挥自己的部队，烧光湖北省某地白阳寺村，虐杀全村居民数百人的罪行。最后以“今后无论是怎样的惩罚都会接受”这样一句话结尾。

宫崎的认罪报告给予了战犯们思想上强烈的冲击。战犯们开始担心他既然说了“今后无论是怎样的惩罚我都会接受”，最终一定会被处刑。“我们要是认罪的话大概也会被处刑吧。”

但是在那之后，各个房间开始反复认真地进行讨论学习。一个月后，就“揭露全员在侵略战争中犯下的所有罪行，应该在中国人民的面前深深地谢罪，同时全员服从军事审判”这一结论达成共识，并且在这份请愿书上全员署名。

我在这次认罪运动中属于落后分子。记得当时我只是对于日军的兽性感到愤怒的人，却将自己置身于侵略战争的范围外。将战争和战争犯罪的责任全部推卸到天皇以及同天皇有关联的上级命令者身上。但是现实是既然作为日军的一员，那么所有的成员都是“侵略中国的侵略者”。

我屈服于大队长的命令，让新兵刺杀俘虏，这不用说是违背了战时国际法，更是践踏人道主义的严重犯罪。命令我的大队长确实是有很大的责任。罪责涉及到肆无忌惮地宣称“上级的命令就是天皇的命令”的日军总帅——天皇，也是理所应当的吧。

但是，执行大队长残酷命令的人确实是我，我当然也有责任。我能够醒悟：“站在受害者的立场上，是不能允许有‘身在日军机构中，身不由己’这样的自我辩解的。”所以我坦白在侵略战争中所犯下的所有罪行，向中国人民表达发自内心的歉意。

中国政府对于日本战犯的军事审判，实在是宽大处理。1062名战犯中仅有45名受到了军事审判，而且没有死刑也没有无期，最高刑罚是20年的监禁，但其中包括战后在那里已经度过的 11 年。

其他的战犯接受了“免除起诉，即日释放”的宽大政策，于 1956 年夏天，分 3 班回国。我作为最后一班的成员又得以再次踏上怀念的祖国大地。从 28 岁到 43 岁的 15 年间，我经历了黑暗的战争，最后一段时期能够在抚顺战犯管理所度过，直到现在都觉得是一件幸福的事。

2014 年 10 月 11 日，李素桢（左）专访绘鸠毅（右）

(二)

日本发起的侵略战争已经结束 69 年了，亚洲人民对日本右翼势力对历史问题的认识抱有很深的反感，日本的未来令人担忧。

德国总统魏茨泽克在纪念战后 40 年的演讲中，对在战争中牺牲的 600 万犹太人、苏联和波兰死亡的 2600 万市民，及以德国士兵为代表的所有战争牺牲者，致以深切哀悼。在演讲的最后，他说："不反省过去的人，就不能正视现在，就会重蹈覆辙。"不仅仅是日本的政治家，我们这些日本国民都不应该忘记过去。

我大学毕业后，在担任教师期间受到召集，于 1942 年至停战的 3 年间，在那场为了"大东亚共荣建设"而进行的"圣战"中，作为一名士兵参加了战斗，犯下了虐杀俘虏的非人道罪行。停战后，在西伯利亚度过 5 年的俘虏生活后，1950 年 7 月被移送到中国，在"抚顺战犯管理所"受到 6 年的改造。但是在此期间，却得到了意外的温暖，受到了人道的待遇。我在感动中反省过去，明白了被害者的心情，并发自内心地进行谢罪，重新拥有了"人"应该有的良心。1956 年被释放回国后，日本媒体抨击我们是"中国共产党的洗脑组"，在找工作应聘中受到嫌弃和阻碍。我们这些有过共同经历的伙伴，成立了"中国归还者联络会"，在平均年龄超过 77 岁的今天，仍然进行着"反对侵略战争，为中日友好和平做贡献"的活动。

接下来，我要结合自己的经历及反省讲述这些内容：被称作"皇军"的日本"天皇的军队"，在中国都做过什么，这到底是不是"圣战"等。

"北支那"派遣军第 12 军第 59 师团的罪行

我所在的第 59 师团（别称：衣师团，定员 12 000 人）是 1942 年 4 月新组建的，司令部在济南，占领了中国山东省（人口约 5000 万，面积是北海道的 2 倍）的主要地区。众所周知，山东是中国有名的煤矿产地、粮食产地、棉花产地，同时，也具有丰富的劳动资源。对于当时进行太平洋战争的日本来说，山东省是非常重要的"兵站基地"。

第 59 师团占领山东省的目的是为了守住这个重要的兵站基地，归根到底是为了日本和三菱、三井等大资本财团，把原本属于中国的煤炭、盐、小麦、棉花等物产资源及劳工，最大限度地掠夺过来。三菱财团经营的生产无烟煤的张家庄煤矿、华丰煤矿等，就是由我所在的第 111 大队的一个中队的兵力进行日常警备。另外，每年为了三井物产和东洋棉花，都要实施"小麦掠夺战"和"棉花掠夺战"，还会实施可怕的"抓捕劳工战"。

前面讲了 59 师团的目的，达到这个目的的最大障碍是共产党的军队，即现在人民解放军的前身"八路军"。1942 年至 1943 年，59 师团周边的国民党军队被日本军队收编为"皇协军"，只有八路军还在"彻底抗战"。贯彻"不拿百姓一针一线"方针的八路军，得到了人民巨大的支持，历经5年，兵力从中日全面战争爆发时的8万，壮大为34万人以上。

59师团和八路军解放区之间的战斗，被称为"剿共作战"，每年都会进行数次，以掠杀"解放区"的人民和彻底破坏生活设施为目的。这种非常凶残的行为在中国被称为"三光政策"，即杀光、烧光、抢光。具体的行为是这样的：对村庄进行无差别的炮击（使用毒气弹），杀死士兵和农民，抓捕劳工，为了获得情报对俘虏进行拷问（拷问后虐杀），抢夺食物，强奸妇女，破坏生活用具和放火等。这些行为是我们59师团所有大队的日常行为，从这里可以看出59师团非人道的地方。在我们的会员也是老兵们的证言图书《天皇的军队》（朝日文库）中记录了这些犯罪的详细内容。

我犯下的罪行

我所在的第59师团第54旅团第111大队是最前线的部队，本部在济南东南方100千米的新泰县城，任务是占领新泰县、莱芜县和蒙阴县。我虽然被任命为大队本部的治安助手，但是在战败前也去机关枪中队担任了两次新兵的训练助手。第二次担任助教时，我受到大队长的命令，在训练大约30名新兵时，把4名中国农民当作刺杀靶子，犯下了极其残忍的罪行。后面我会详细地描述。

1. 活人地雷探测器

1945年6月，我所在的第111大队为了训练新兵留在了新泰，参加了第59师团最后的作战——"秀岭作战"。此次作战接到的命令是"歼灭山东半岛的八路军，合力构筑对美阵地"。

当时，我留在大队本部的根据地新泰，第二次训练新兵。训练结束后，大队的所有新兵乘坐货车赶赴山东省索格庄。我们冒着酷热进行强行军，经过泰安、济南到达城阳，城阳距离目的地100千米。

为了阻止我们的入侵，八路军布置了很多地雷，部队在田地里行军，途中非常危险，因为八路军的地雷是在石头和瓶子里放火药，所以工兵队的地雷探测器完全不起作用。

黔驴技穷的指挥官命令随行的"苦力"（被抓来搬运军用物资的中国人）在前面踩地雷，也就是让他们当"活人地雷探测器"，让"苦力"们在部队前面排成20米左右的一横排，身后的日本监视兵手拿刺刀逼迫着他们向前走，因为这样做，所以没有一名日本兵死亡，但是，走在前面的中国人，有四五个人被地雷炸死或炸成重伤了，日军把他们的尸体遗弃在路边继续行军了。

2. 用活人当靶子

新兵所在的索格庄是一个只有四五十户的小村庄，村庄北边是数百米高的山，西南方是有着杨柳的山川平原，东方有个不太高的小山丘。我们大队把村民都赶了出去，把整个村庄当作宿舍。

中队的士兵挖掘岩石，砍伐木材，建造掩体。因为部队里的猪肉和鸡肉都被吃光了，所以士兵就去远处的村庄寻找食物。士兵把所有的粮食都抢了回来，连藏起来的村民也没有放过，被作为“战果”抓回来了。

新兵收到本部的命令，要接受大队长的“检阅”，主要是对射击和刺杀科目的检阅。与以往稍有不同，大队长命令这次除了要检阅射击，还要检阅对俘虏的“真实的刺杀”（刺杀活人）。

少年捕虜を銃剣訓練の「標的」に
中国山東省で初年兵教育を務めた
絵鳩毅さん 101歳

日本《赤旗》刊出绘鸠毅自述战争罪行

检阅是在6月12日进行的，那天晴空万里，上午没有在村庄南边进行射击检阅，下午直接检阅了“真实的刺杀”。

那时部队有30名左右的俘虏，他们都是没来得及逃跑的“老百姓”（农民），为了新兵的刺杀训练，大队长给每个中队四五名俘虏，我作为警备兵去大队本部给机关枪中队领取了4名俘虏。

在村庄东侧的田里有4根柱子，柱子后面分别有个很深的洞，中队的警备兵在周围包围警戒着。看到这个情景，4名俘虏脸色立刻变了，纷纷说道：“我是老百姓，请救救我吧。”“我不是八路军，请别杀我。”

里面有一名十五六岁的少年，他对我恳求道：“我家里只有母亲一个人了，她等着我回去呢，请让我回家吧。”

他是抱着日本士兵有良心的期望，哭着对我说的。我家里也是只有母亲一个人，她一直在等着我回去，少年的哭诉深深地刺痛了我的心。然而少年的愿望没有实现，要想实现的话就得用我的命来换，所以我条件反射地无视了这个请求，自言自语道：“战争就是非人道的。”不久，他们被绑在了4根柱子上，从人变成了“靶子”。

检阅是在下午开始的，大队长热田胜利大尉骑着马意气风发地来了。我作为训练助教，把新兵召集到100米以外的田里，对他们说明情况，命令道：“前面的人都是敌人，必须把他们杀死。”然后队伍变成4列纵队，我对着最前面的4个人说：“出发！”

士兵们梦游般地沿着田地的斜面向前走，随后，教官池田准尉下令："刺杀！"陷入半狂乱状态的士兵装上刺刀后继续前进。有的士兵踉跄地倒下去了，有的士兵在敌人面前停住了，无论是谁都很害怕杀人。教官怒骂道："混蛋，他们是敌人，刺杀！"士兵闭着眼睛刺出去了，但是刺空了，有很大的偏差，没有刺中敌人的胸口，最后直到刺中才停止这种盲刺。

接下来的 4 名士兵出发了，之后的七八组都是这样，直到检阅结束。夕阳的颜色和血液的颜色完全一样，余晖照映在士兵泛青的脸上，失去血色的日本士兵都一言不发。

那天晚上，中队为新兵准备了庆祝酒，老兵说："你们终于成长了，恭喜！"但是，新兵的表情都很沉重，直到庆祝结束也没有恢复常态。

3. 吃人肉

结束检阅的新兵从第二天开始进行建造阵地的工作，只用钢凿，花了 10 天左右就挖好了一个能供一人通过、大约 20 米长的沟。接下来是为了应对美军炮弹的防空工作。士兵们把村庄里的门板拿了出来，并砍倒了村庄外的杨树。新兵为了填饱肚子，组织了寻找粮食的小队，但是除了 20 千克的小麦粉，牛肉和猪肉都没有找到。

那时流传着这样一个消息："某个中队吃人肉了。"这个传言是 E 曹长在抚顺战犯管理所说出的事实。占据索格庄的第 111 大队把没来得及逃跑的 40 名中国人抓做"俘虏"，30 名男子在之前的新兵检阅中被刺杀了，剩下了 10 名女子，让其中年轻的女人穿上男装，当大队长和中队长的"慰安妇"，其余的几个女人被分配到中队，E 曹长是得到这个"恩惠"中的一员。

某一天，没有鸡肉和猪肉吃了，他和中队长商量一起杀害一名十七八岁的中国女子，然后把肉炒了吃。中队长把各小队的炊事员召集起来，说："今天大队本部送来了特殊的肉，各个小队分配下去吧。"

7 月初，部队收到了转移的命令，剩下的女性俘虏都被 K 中队长用日本刀杀死了。

思想改造的经历

1. "不是我的责任"

我在西伯利亚的俘虏收容所接受苏联政治委员问讯时，被问到了关于索格庄"用活人练刺杀"的事情。关于这件事情，新兵们已经坦白了，我也没有隐瞒和抵抗，就坦白了："因为这是大队长的命令，不是我的责任。"当时我回答。

两年后，即 1950 年 7 月，我作为战犯，和 969 名同伴一起被移交给了中国。作为拘留地的抚顺监狱正门上写着"日本战犯管理所"，我之前从没认识到自己是"战犯"，认为"战犯是战争的发动者，应该是以天皇为首的领导者"。

听说日本人从前在这个监狱里拷问虐杀“反满”、“抗日”分子。现在，这里被投入巨额资金重新装修，变得整洁明亮，是一所有暖气的近代化监狱。而且，不可思议的是这里没有“强制劳动”，可以尽情地吃米饭和玩耍，即使日本战犯说了傲慢和侮辱的词汇，看守们也放过了他们。中国的工作人员们对待身为“敌人”的我们，没有进行殴打，反而在生活上对我们给予了很多照顾，如：食物、运动、洗澡、理发和护理，我们虽然对此有所怀疑，但是还是接受了。

2. 反省的开始

在“抚顺战犯管理所”生活期间，最开始打动我的是中国工作人员的“伟大的人性”，他们从来没有打骂过我们，反而亲自照顾我们，在衣食住方面竭尽所能，没有强制我们劳动。

据说，工作人员中有的人的亲人是被日本人杀害的，有的人家被日本人烧毁了。但是，他们还是竭尽所能照顾我们。我脑海里浮想起日军对俘虏的做法——拷问和虐杀，深深地感到大和民族和自己是可耻的，发自内心地佩服管理所工作人员的伟大。

之前，我看毛泽东的《实践论》和《矛盾论》时，受到了很大的触动。书中哲学观点与我们学过的哲学观点有很大的不同。我第一次了解到：哲学的使命就是指导实践，改造世界，哲学是现代全人类共同面对的课题，是为了自己的良心而做的学问。

另外，毛泽东在《论持久战》中，论述了从日本侵华战争爆发之初，到全面展开，直至最后结束的发展趋势，我很羡慕八路军拥有这样的领导者。我了解到他们的军队贯彻民主，非常正派，不拿群众的一针一线，这是中国革命获得胜利的原动力。在接触过程中，感受到他们“对待俘虏也民主”这种惊人的做法，我们每天受到的人道待遇是有根据的，我非常感动。

我们渐渐了解到中国共产党的“改造世界和人类”这一远大的理想，以及中国人民

2014 年 10 月 11 日，绘鸠毅接受最后一次口述专访

“永远和平”这一愿望。我们站在他们的立场上，对日本军队和自己的过去进行了重新思考，同时，也站在被害者的立场上，对“皇军”和“大和民族”这种空虚的优越感，以及战争中犯下的罪恶进行了批判。

3. 展开“认罪运动”

1954 年，是我在中国改造的第 5 年。这年春天管理所开始了“认罪运动”，所有人都坦白了自己在侵略战争中犯下的一切罪行，在中国人民面前进行了深刻的谢罪。我对于身为“皇军”一员时犯下的罪行，也抱着必死的觉悟进行了坦白，发自内心地进行了谢罪。

我接受过大学的教育，认为自己是“进步的”，把自己置身于战争之外，觉得“当时的战争政策是应该被批判的，对日本军队野兽般的行为感到愤怒”，所以，我认为“战争和战争的责任应该由天皇和上级的领导者来负责”。

我没有进行身体上的抵抗，拿着枪成为“盗贼集团”的一员，侵略了中国。这就在思想意识上有了差别，身处盗贼集团之中，帮助了上级的所有人都应该是“侵略者”。

我屈服于上级的命令，让新兵刺杀俘虏，这是践踏国际法的严重罪行，当时我的确感到很痛苦，没有听从自己的良心，在军队中“上级的命令就是天皇的命令”，抗命就意味着死。当然，天皇和上级要负主要的责任，但是，执行残酷命令的我也是有责任的。我有了这种觉悟：“在军队中不得不这么做”这种辩解，从被害者的角度来看，完全不适用。

关于“洗脑”

1956 年 9 月被免予起诉回国时，我第一次听说“洗脑”这个词，说我们被“中共洗脑了”，即便到了现在，仍有人说我们被中国人洗脑了，我们的话不可信。我认为自己受到的“洗脑”和他们所说的“洗脑”有很大的不同，他们所说的“洗脑”是指“不好的教育”，但是，世界的和平、人类的幸福和人类的进步是人类共同的愿望，这个愿望是判断善恶的标准。中国共产党对当时的日本战犯实行的教育，即“思想改造”，绝对不是“洗脑”，相反，日本的学校教育，反而是没有包括关于“尊重人权”的崇高的政治理论。

1. 军国主义教育的洗脑

从明治时期开始，日本实行“天皇制”的国家体制，我们一直受到明治天皇“教育敕语”的教育。在家里，祖父和父亲称呼天皇为“天子殿下”，经常进行供奉。在小学时，每天经过“奉安殿”时都会低下头。在教科书里，为了天皇进行战斗的武将被称为“英雄”，还画着“日本臣民”的理想画像。

中学的学校纲领是“忠君爱国”、“务实刚健”，军事训练是必修的科目。在新闻报道中，经常把被逮捕的共产党表述为“恶人”，进行“红色是国贼”的宣传。

我认为在这样的政治环境下长大的人会非常尊敬天皇，产生能为天皇奉献一切是国民

"光荣的义务"的想法，是非常顺理成章的。而且，还有很多类似"中国佬"等蔑视的词汇，我想这种思想是造成日本士兵无论杀了多少中国人，都认为和杀牲畜没有区别的原因。

促成以上洗脑教育的是"军队教育"，作为其根本的"军人敕语"中规定："军人尽忠是本分"、"要有死是比鸿毛还轻的觉悟"，并明确指出"下级要听从上级的命令"。

后者决定了日本军队的性格，做有军人风范的军人。上级可以完全"制裁"下级，下级对上级说"你"这样的词汇，会被老兵打耳光。另外，"回答得不好"、"态度不好"、"武器保养得不好"等原因，都会受到"端着枪"、"相互打耳光"等制裁。

总而言之，普通人拥有的感情和良知都被暴力压制了，只会条件反射般地服从上级的命令，变成了命令一下就可以平静地杀人的"鬼"。日本军队的教育是把人变成鬼的洗脑教育，教育手段是非常暴力的，为了防止反抗长官，从创立以来一直容忍着老兵欺负新兵的恶习，这是日本军队制造了残酷的战争犯罪的主要原因。

2."走向和平道路"的教育

中国政府对于抚顺战犯管理所拘留的日本人，采取了非常宽大的政策。我们生活的环境明亮卫生，有充足的学习时间和丰富的学习资料，工作人员对我们也非常亲切，我们在这里进行了自主的学习和热烈的讨论。幸亏如此，我们从没有良心的杀人鬼，变成承认自己罪过、向被害者谢罪、弥补过错的人。

过去日本军队的"洗脑"教育里，都是"大东亚共荣圈"等脱离现实的内容。充满暴力，像鬼一样没有良心的士兵，在战争期间就成了充满私欲的野兽。

与此相对，新中国的教育理念是"世界和平、人类幸福"。周恩来提倡的"和平共处五项原则"得到了亚洲人民的大力支持，新中国教育最大的特征是"对人类充满爱"和"尊重人权"，我们这些战犯都亲身体会到了。中国人民要和世界人民共同进步，拥有真正的爱国心和为人民服务的思想。

诚心谢罪

1956年9月，身为战犯的我被免予起诉回国了，获得原谅仍然活着的我一定要对自己的罪行进行彻底批判。被我杀害的人不能复生了，所以谢罪将成为我的终生事业，直到我生命的尽头。我活着的唯一目标就是实现被害者的愿望。被害者的愿望是消除让他们死去的非正义的战争，实现世界的永久和平。我们和中国的被害者们都不允许日本再次走上战争的道路。

我虽然受过大学的教育，但是对"政治"并不关心，没有阻止日本走向战争道路的力量，自己的前半生都陷入了战争的泥沼之中。

从我苦难的经历中可以看出："非民主的绝对主义政治"是"魔物"。在全人类共同的愿望下，在为了真理而斗争的过程中，这种魔力一定会消失的，这一点在世界的现代史上已经得到了证实。

我们这些日本国民，再一次反思昭和的“战争历史”，明确日本国民所肩负的责任，共同怀着谢罪的心，补偿应该补偿的，这样才能回归国际社会。而且，我想只有这样，日本才能走向光明的未来。因此，对于亚洲各民族和世界来说，建立真诚谢罪的政府是共同而又紧急的课题。

（根据 2014 年 10 月 11 日绘鸠毅受访口述与本人讲演记录整理）

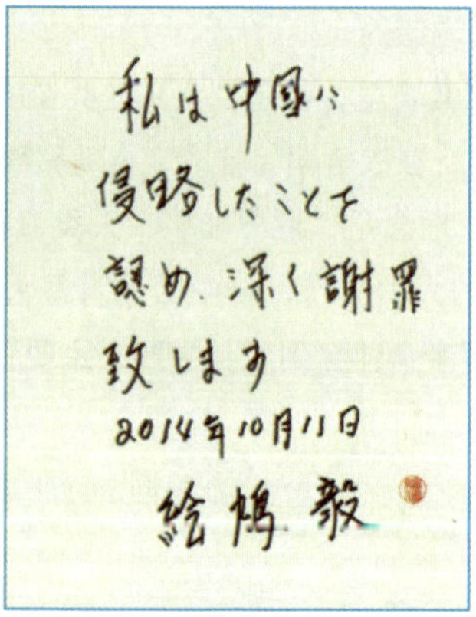

我承认侵略过中国，并为此深深地谢罪。

2014 年 10 月 11 日
绘鸠毅

久保寺尚雄

1921年8月8日 出生于日本神奈川县。

1942年4月24日 入伍。曾任日军第59师团第54旅团第109大队第5中队分队长，第3小队伍长。

1945年8月 向苏军缴械投降，被送往西伯利亚劳动改造5年。

1950年8月 由苏联政府移交中国，在抚顺战犯管理所改造6年。

1956年9月 返回日本。

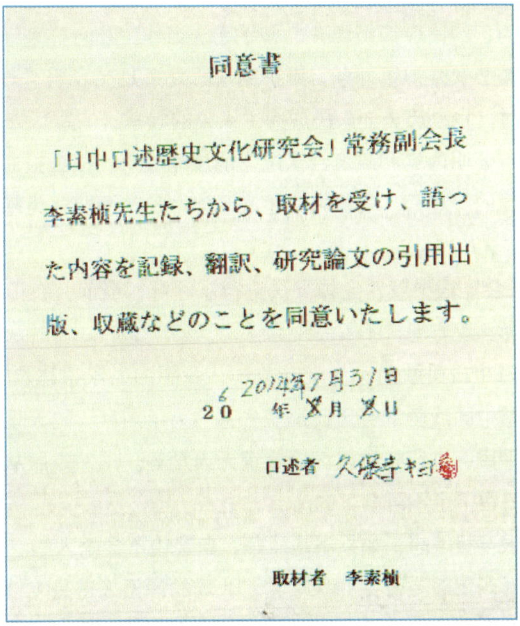

同意書

「日中口述歴史文化研究会」常務副会長李素楨先生たちから、取材を受け、語った内容を記録、翻訳、研究論文の引用出版、収蔵などのことを同意いたします。

2014年7月31日

口述者 久保寺尚雄

取材者 李素楨

告发天皇军队的侵略罪行

今天我要讲述侵略中国战争时的经历，让大家了解日中战争的真实状况。

人们为“当今社会变得越来越奇怪”感到担心。关于改变日本宪法等等的宣传，我认为这是在向日本国民宣传战前体制的政策。

我不允许利用和美国的军事同盟关系来推动日本军国主义复活，只有和平，人生才能充满欢笑。

现行宪法严禁政府发动战争，和平宪法着眼于保护人民的正常生活。但是，自民和公明两党联合政权，不但不遵守宪法，还视其为阻碍，我对他们无视宪法、夸大解释的做法感到担忧。

我认为，国民应该把现在的和平宪法当作宝物一样来守护，我想和大家一起来维护宪法，尤其是必须维护第九条，维护宪法第九条是在表明“日本国民反对进行侵略战争”的决心的同时，也是历史上人民成为主人公的壮举。

自民、公明两党和政府否认过去的侵略战争，报纸报道了他们在靖国神社做出“那场战争是正确的”宣言。安倍内阁也表示以“日美同盟”为基础，策划同美国一道行使集体自卫权。

“九条会”很早就对全体国民进行了呼吁，当前，在日本的前进道路上直面修宪与否的重大选择，双方僵持不下。

为了阻止日美政府率先发动攻击，我想向大家讲述自己生命中留下最深刻印象的事情，即侵略中国战争的经历，那些号称“为了国家”的天皇军队都做过什么——在战场上杀害无辜平民，进行各种破坏造成荒无人烟等。虽然是服从命令犯下的滔天大罪，但在心灵深处依旧留下了不可磨灭的污点。

我悔恨至极地想，如果不是战争，自己绝不会杀人的。

我反对叫嚣着要修宪的保守党，战场的惨无人道是难以想象的，为了年轻人不再付出我们那样的惨重代价，我要告发天皇军队的侵略行径。

（一）败战时的经历

1945 年，在中国山东省济南市第 3 中队教育队结束一年兵训练后，我回到了原来的部队，成为了 109 大队第 5 中队的一员。在津浦线上，济南和泰安之间的泰山脚下的原野上，有个叫张家庄的车站，部队在狭长的铁道通过山腹间建造阵地。1945 年 5 月上旬，我在回归原部队的同时被任命为伍长，和中队的士兵一起在山上挖洞、运土修建工事等，每天劳动时汗水都会浸湿衬衫。

几天后的一个下午，在向南去往泰安方向的汽车通过张家庄车站时，山里阵地突然被 P51 战斗机袭击，机关炮哒哒哒地进行着射击，在那一瞬间，机关炮喷出了白烟。友军的重机枪、步枪等立刻做出了反击，敌机很快上升了高度，吐出滚滚黑烟消失了，身边响起“哇，我们打中了！”的欢呼声。但是，在 1945 年我们遭到的空袭次数有所增加。重庆方面飞来的 19 架 B29 战斗机向济南铁路、工厂投下了多枚大型炸弹，防空壕遭到炸弹袭击。1945 年元旦，P51 战斗机突然袭击兵营，造成很多士兵负伤，空袭的次数在日益增加。

大概是在 5 月中旬，109 大队本队接受 59 师团“转战”的命令进行了转移。5 中队一部分士兵被留了下来，本队连夜坐火车转移了，留下来的士兵继续修建阵地工事。被留下的士兵叫喊着：“我也想一起走。”因为上级的命令，我们只好依依不舍地分手了，虽然内心感慨万千，但是我们也没有办法。在这个诀别的夜晚，在上级的命令下，我们什么都没来得及说就分别了，长官没有告之我们要去哪里，有什么任务，我们坐在火车里，不知不觉间累得睡着了。我只知道这是在津浦线上，正在向北走。

第三天黎明，通过大铁桥时车轮发出摩擦声，吃饭时透过火车的空隙看到外面的景色，竟然到了朝鲜。在这一瞬间，我想到：“莫非是要回日本？”从平壤附近向左继续前进的列车到底是要去哪里呢？不久，军用列车在某市的车站停了下来，接到下车的命令后，109 大队的士兵一起从车厢里出来，列队后，向着指定的地方前进。5 中队最终到达了山丘中像个学校的地方，这里是日本人的“旭小学”，学校里一名学生都没有，学校被征用为兵营。听说这里是位于日本海沿岸的港口城市兴南市，市中心有生产火药等的大型工厂，大约十万人在这里工作。

第二天开始演练“一人一战车”的对苏战术，即怀着必死的决心，抱着炸药纵身跳入敌战车的履带下。天气炎热，每天身上都沾满汗水和泥土。7 月下旬的时候，听到“日本军在苏军进攻罗津的时候战败了”的消息，心里充满着“我们就要失败了”的悲观想法。

在那时，听说 5 中队队长把下士官以上的士兵召集起来，说：“日本国难当头，一定会得到天神的庇佑。”同队的某个曹长气愤地说：“怎么会有这么愚蠢的想法，我要杀了你这样的中队长。”之后，掏出手枪到处追赶中队长。在战败之际，有很多队里的指挥官相信神灵。

快到 8 月时，中队向着山地移动，因为要“节省粮食”，三餐都喝粥，体力在逐渐地下降。8 月中下旬时，去城市探听消息的下士官带回从城里得到的情报：“有重大情报，日本战败。”士兵们对此感到难以置信，我们过着与外界隔绝的生活，只能听从上司的命令。

几天后，5 中队队长说："8 月 15 日，大元帅向全体国民和军人下达了终战的诏书。"果然是真的，战争结束了。5 中队士兵们心里绷紧的弦断了，仿佛进入了梦游的状态，在心灰意冷之下，心里涌现出"可能要回日本了"的想法。总之，所有人都处于一种很复杂的精神状况。第二天，听说 109 大队长坪井大佐自杀了。

之后，部队由于要把武器上缴给苏联军队，就用锉刀把印刻在手枪上的菊的徽章挫掉。看到日本的男女老幼为了去南方避难，不分昼夜地沿着国道行走，看到眼前战败的痛苦情形，比听到上级长官们说战败时，更感到心有不甘。喝醉酒后，有人发疯地大声叫喊道："绝不会忘记这种痛楚，一定要卷土重来！"

（二）从西伯利亚移送中国

1945 年 8 月下旬，我们从兴南市周边的山里来到乡下，在苏军的管制下，住在五老里小学院子的帐篷里。

之后，夜里从兴南港乘船去往海参威，再坐卡车到了一个农场。

这里粮食很少，冬天总是刮着寒风。3 年后我们被移送去挖煤矿、搞建筑、开垦山林、铺设铁道、修建船坞等。

1950年的春天，大概是4月末，我听到了不用再干活的传闻。看了报纸的伙伴说："日本战犯要被移送到新中国。"

1950 年 7 月，在苏军严密的监控下，从哈巴罗夫斯克车站乘货运火车出发了，我们不知道自己会被送去哪儿，闷热的车厢里无法上厕所，像蒸桑拿一样。乘车的时候没有吃的也没有喝的，严密的警戒令人喘不过气来。半天后，货运火车在中国东北绥芬河附近的边境停车了，停在一个很小的乡下车站。

放眼望去，中国人民解放军整齐地站立着，客车停在边境的绥芬河车站中央。下车后，我们很快站好，苏联和中国政府进行人员交接。客车是为我们这些战犯准备的，可以坐下来，感觉待遇似乎有些改变，受到了一些尊重和照顾。中国方面的接待和之前苏军的严苛态度形成鲜明对比，令我们感到疑惑和不安。心里也开始动摇，觉得是不是应该放弃之前的想法。无论如何，我只想回到日本。

（三）我的犯罪

1950 年 7 月，我们这 969 人被收容在中国东北的抚顺战犯管理所，管理所下设有三所一室，士兵和警察等十几人，在这里过着集体生活。

进所的第二天，负责人对我们发表讲话说："中国政府不强迫你们劳动改造，让你们进行学习。”我们学习的内容是：为什么日本军人要拿着武器来侵略中国？在室内学习过程中，我们经常讨论从苏联被送回新中国的不满和对中国的不信任等，这个讨论一直持续了好几年。

我们吃的食物里有日本人喜欢的米饭、鱼、煮菜和“乌冬”等，在正月里能吃到年糕汤，烹饪方法也很讲究，每天都吃得饱饱的。另外，我们有很多的学习时间，每天做体操时还能看电影。在管理所，没有人对我们进行严刑拷打、大声斥责、下达侮辱性的指令；也没有遇到管理人员的训斥、怒色。我们在管理所过着人道主义生活，管理所给我们提供学习用纸、文具、书籍和资料，我们一遍又一遍地努力地思考着“自己为什么拿着武器来到中国”。开始时，心中充满了“因为日本战败了，所以无可奈何”的感觉。我认为自己只是服从上级长官的命令而杀人放火，不应该算是自己主观犯罪。

数年以后，我承认了自己是战争罪犯，有了应该受到中国人民审判的觉悟。以下是我的战争犯罪。

1942 年 4 月至 1945 年 6 月“讨伐”中国共产党八路军时，虽然自己身体好，但参加了大多数的战斗，认为只要是“为了国家”，身为皇军应该奉献一切。

我所属师团去鲁西即山东省西部作战时，去农村进行搜查，想要“挖出”武器，但是根本没有发现武器。

这附近的村庄周围种着枣树，第一年的新兵们到处搜寻抢夺着小鸡、鸡蛋、小麦粉、食用油、盐和做饭用的副食等。留宿在农民家时，新兵紧握老兵的武器放哨、做饭或洗澡，干活要是找不到窍门的话，就会被老兵训斥。

军旅生活有着严格的等级制度，不允许诉苦和辩解，在这种固有的习惯下，新兵变成了杀人犯。作战时不能洗澡，不能休息，不能刮胡子，每天都在沙丘中行军。

几天后作战结束那天，前方村庄里传来枪声，一瞬间大家都紧张起来。

大概是 9 点左右，中队长报告说：“今天早上，银轮部队经过前方村庄时遭到袭击，一个小队全部阵亡，敌军大约 2000 人。”小川小队长下令：“第三小队绕到前面部队的右侧进攻正面的敌人。”收到“开始战斗”的命令后，我作为步枪兵遵循分队长的命令迅速接近敌人，子弹打在脚前的沙地上。我走到距敌人 60 米左右的时候，在高粱地里潜伏下来，高粱大约 30 厘米高。天气非常的炎热，我能感觉到汗水变成盐沾在脸上，喉咙特别干渴，比起饥饿，让人更加难以忍受的是口渴。

小队里出现了死伤者。村庄有土墙包围着，我们进退不得。分队长终于说：“派出寻找水源的敢死队。”敌军通过瞄准镜进行瞄准射击，第一次出去的两个人都被打死了，第二次出去的人好像负伤了。日头偏西的时候，村里的连队进行数次炮击，爆炸声突然在耳边响起，霎那间满天乌云，刮起狂风，尘土飞扬，电闪雷鸣，天空下起了倾盆大雨。小队长立刻义无反顾地命令：“突击！”分队长第一次冲了出去。小庙广场上不知道被扔了多少枚手榴弹，虽然突击的时候敌军撤退了，但是在一片黑暗中，发现前面还有一堵墙，墙上有一个仅容一人通过的洞，我便在这里站岗。透过闪电的光亮，我看到对面有敌人的影子，身体因极度的紧张止不住地颤抖。我用了约 30 分钟好不容易才给枪装上刺刀，手指扣住扳机，不知道什么时候要真的进行射击。

5 中队全体队员正在小庙里待命，这是一个连站的地方都没有的狭小的房间，大家都疲惫到了背靠背就能睡着的地步。不久，在黑暗中听到分队长说："这是饭团和水。"我们接了过来，在黑暗中，觉得水像饮料一样好喝，饭团也非常好吃。可是天亮后，看到水桶底部有厚厚的一层泥，装饭团的筐也是农民拾牛粪时用的"筐"。这次激战的地方在馆陶县一个叫北阳堡的村庄，战斗时间是故乡庆祝盂兰盆节的 7 月 13 日，这是我第一次经历激烈的战斗。连队有很多伤亡，我感到身心俱疲。

第二天，一位三十岁左右受了伤的八路军士兵被带了出来。让指挥班曹长野崎翻译收集情报，作为二等兵的我在附近进行站岗警戒。曹长说："这个人什么都没说，一定是八路军。"之后，听到那位受伤的士兵说："日本军只是在夸耀自己要胜利了，近期之内一定会失败，中国人民胜利的日子就要到了，我们一定会胜利的，要杀我的话，就早点杀吧。"听到这些话后曹长把刀架在八路军士兵的脖子上，大喊："混蛋！"一刀劈了下去。我参与了这次斩首，日本军几乎把俘虏都杀了。听说有的部队为了让新兵练胆量，用俘虏当靶子训练刺杀。

第二天，在向附近的村庄转移前，我们为死去的战友进行了火葬，用柴火把村庄的房屋都烧毁了。和战友的"骨灰"告别后，战斗结束，5 中队向黄河南岸的济南长清西面的平阴县城转移。城外有很多没有参与作战的士兵，我则由新兵晋级成了一等兵。

10 月末至 11 月，师团去鲁东作战，我随师团坐车去了青岛，在青岛休息一天后，可以外出。我非常喜欢吃馅饼，花了一个月的军饷买了馅饼，一个人在没人的地方吃掉了。

我不是很了解"鲁东"的意思，听说从前济南的中心地区被叫作"鲁"。鲁东战斗也被称作抓捕劳工的战斗。日本军把距青岛东北方 20 千米的地方看作是敌人的村庄，从半岛北方向南推进，师团的步兵逐步缩小包围圈，把 15 岁到 60 岁的男性全部逮捕，逃跑的人都被枪毙了。晚上燃起了 50 米高的大火，哨兵在附近警戒，把想要逃跑的人抓住，移交给运送部队，不知道究竟抓捕了多少人，也不知道这些人会被送去哪里，进行什么活动。

回国后看报纸我才知道，这些人被送到了北海道等日本各地，被强制进行艰苦的劳动，很多人因为没有吃的饿死了。想到这儿，我感到非常内疚，一直在反省。可能还有一部分人被送到寒冷的"苏满边境"去修建阵地。

身为一等兵的我，作为小队长的传令兵参加了战斗。我们沿着砖房旁边的小路，向着遥远的东方山脉延绵的地方行军。小队长中条少尉透过双筒望远镜观察周围，看到了凹凸不平的天然洼地，他说："那里有人。"快速走近后，看到有母子二人蹲在那里，下意识地想要把行李藏到身边。

"一等兵久保寺，把蹲着的那个男的枪毙。"

我服从小队长的命令，在距离那人 20 米的地方，像机器人一样端起步枪扣动了扳机，把少年枪杀了。我觉得好像杀了自己的弟弟，心脏怦怦地跳个不停。中条小队长说："少年两三年后就会长大成为八路军。"

我曾经认为"战争是军人之间的事情"，做梦也没有想到，在交战区会杀害无辜的平民和孩子。我从不认为平民也是敌人，这样的做法令我心痛。作战中，有时部队会占领平民的村庄，留宿在那里。山东半岛生长着松树和杂乱的树木，和日本的景色很像，农民也种植花生。临近冬天的 11 月作战时，我们住在农家砖砌的房子里。由于火炕烧得太热无法入睡，睡觉时就把花生铺在炕上，第二天出发时也不清理干净，就那么走了。留宿 1 天，上千的士兵需要消耗大量的鸡肉、蔬菜、猪肉和柴火等。听说老百姓辛苦劳动十年才能积攒下来这些物资，日军部队像是就地取材的强盗集团。战斗在 12 月中旬结束了，返回驻地时平均每天行军 30 至 35 千米。

1943 年正月时，我仅仅休息了一天，那天在平阴城内发生了事件。我们关闭城门，开始全城戒严检查，听说"逮捕了进入城内的密探"。几天后，5 个中队下士官以上的将官、校官接到命令，在平阴县城东侧的平地里把数名八路军的密探斩首。中队的士兵在东门和西门等刑场附近警戒，我们 5 中队也参与了行动。日军无视国际法，把中国俘虏残忍地杀害了。

2014 年 7 月 31 日，久保寺尚雄于家中接受口述访谈

1943年3月，我们向平阴县城西面、黄河沿岸的东阿县城转移。大队刚渡过黄河不久，就对北面平原地区进行了突袭。村庄的居民看见日军后大都逃走了，我们没有开枪，占领村庄后，把农民的食物抢走了，还把有可能作为武器的铁锅和斧子等都毁掉了。

4月，5中队为了在黄河以北、平阴和东阿县中间的杨柳镇附近建造保安用的城墙，在此驻扎了两个月。5中队在负责周边警戒的同时，也承担士兵的训练任务。周边的居民被强制参加劳动，我确信居民因被强制劳动而过着艰苦的生活。5中队建完的城墙和东阿县城连在了一起。部队强占民房两个月，期间除了主食以外的其他物品都是从农民那儿抢夺而来的。

1943年7月至8月，收到去太行山脉进行“一八夏太行作战”的命令，我虽然参加了战斗，但是作战过程中没有交火，仅仅看到房屋变成一片废墟。8月中旬的时候，5中队回到了东阿县。

1943年11月至12月，师团去鲁中进行作战。109大队行军经过新泰县，县城外不到10公里的地段都是丘陵地带。

这里有很多要塞形状的山，听说国民党于学忠部队据守在天然的要塞里。数千人以上的大军进行空袭和炮击，战场上重机枪和手榴弹爆炸的声音此起彼伏，让人觉得这一天格外的漫长。5中队第3小队攀登岩石，试图偷偷地接近敌人，结果突然遭到敌军机关枪的射击，士兵一个个被打倒滚落下去。

倾斜的岩石阻挡不了前进的道路。第3小队在接近敌军的时候，一起扔出十几颗手榴弹，爆炸声震耳欲聋。晚上，我们占据了山里的民宅度过一夜。

几天后，我们在其他的要塞阵地虽然也进行了战斗准备，但没有进行交火，只是进行了侦查，敌军在夜晚时就撤退了，战斗结束了。

5中队随后回到济南市附近的长清县。大概是中旬的时候，长清县内发现了通信电波，中队全员收到自查的命令，进行内部检查，但是没有发现相关通信设备。

几天后，收到命令去潘家店。小川小队长及30名中队士兵，巡查以济南市西面黄河为起点的日本军用道路，分屯队占据着济南和临清之间的要地，是汽车运送物资的检查所。这里壕深4米，道路上用沙土堆成宽8米左右的土堆，是用武力抢占农民的土地，并强行让附近的农民进行艰苦的劳动修建而成的。潘家店的哨卡沿着道路设置，也就是常说的“关卡”，下士官们让过往的卡车停下，夺走值钱的物资。另外，分屯队长命令周围村庄的居民上交生活必需品，如鸡肉、猪肉等，不顾居民的贫困而贪婪地掠夺，全体队员对此习以为常。

7月中旬，中队归队参加了师团作战中的小麦掠夺战，109大队5中队去了东平县附近，目标是掠夺收获的小麦。东平县产出的小麦数量多、质量好，5中队士兵在中队长的指挥下，使用一百多辆牛车和农民的耕牛，把村庄里用麻袋装好的粮食掠夺走。无论是哪个村庄的男人全都逃走了，仅留下晒黑的妇女抱着孩子看家。数名同伴走进一个院子，老兵们对着妇人打着手势，表达“你如果能做成小麦粉食物的话，就不拿走麦子”的意思。士兵们厌倦了每天都吃相同的食物，况且盛夏炎热，扛稻草包很辛苦，所以也不想劳动。“乌冬”面 30 分钟左右就做好了，4 名士兵很快吃了起来。刚吃完小队长就进来了，愤怒地说：“啊，你们干什么呢？赶快把小麦装进袋子里。”在他的监督指挥下，士兵默默地干起活来。不知道发生了什么，妇女跪在地上磕头叫喊，小队长无视妇女的举动，把所有的袋子装满，用牛车运走了。部队像强盗集团一样，掠夺的小麦被运到县城内的仓库里。装满东西的牛车排成长队走得很慢。傍晚时分，遭到了八路军的袭击，虽然说着“快点、快点”，但还是无法快速前行。手榴弹的爆炸声令我感到害怕，几天前，在与少数八路军交战时，有新兵战死了。我不想死在这里，不想为了保护牛车而战死，身后的炮弹让我惊恐不已，可是自己还不能离开保护的牛车。天慢慢地暗了下来，已经看不到八路军的身影。

这场小麦掠夺战大约持续了 3 周，作战结束后，我们部队向段店移动。在抢运过程中有很多日本士兵受到八路军的攻击而战死，很多小麦被抢了回去。

之后战况急转直下，59 师团编成了师团选拔分队，中队长把身为兵长的我派去师团接受特别训练。“特别”是指穿着和八路军军服很像的中国衣服，鞋也是中国样式的，不戴头盔，弹夹用布袋装着，枪背在肩上，刺刀挂在腰间，腰上还系着两个手榴弹，食物只有干面包，没有饭盒，带着一根捆绑用的绳子执行特殊任务。经过 1 个月的训练后，突击队在一个漆黑的夜里潜入了“敌占区”。

我是受上山中队长指挥的队员，虽然是依据师团的情报行动，但多数情况下是在八路军离开之后我们才行动。11 月中旬在渤海作战时，我们黎明时分攻击了海边的村庄，进攻前八路军就撤走了，因此没有发现敌人的踪影，我射杀了四散奔逃的老百姓。

掠夺农民们的食物后，我们吃了早饭，之后中队长说：“出发救援 109 大队。”队伍在农田及荒地上笔直地排好，进行了一昼夜的急行军，虽然肚子饿了，也十分困倦，但是中队长不让休息，要求一直前行。天快亮时听到了枪声，觉得 109 大队就在附近，在枪声中，饥饿、睡意和疲劳顿时都消失了，我们迅速加入战斗。但是，八路军撤退了，战斗还没有开始，就消失得无影无踪。

从前天开始，109 大队遭到了八路军的攻击而伤亡惨重，我亲眼见到很多和我同年入伍的士兵战死了。

1945 年元旦，大队在广场集合听大队长的训示，突然敌军战斗机进行了空袭，遭到机关炮射击的 5 中队士兵负伤了，战况很严峻。我从这年一月初开始训练从韩国来的新兵大学生和专科生，以及陆续从附近召集的新兵，为推进侵略战争做进一步准备。

我把为了国家和天皇竭尽全力视为理所应当，相信日中战争和太平洋战争都是正义的战争。我认为士兵为祖国尽忠的决心与学校的教育、社会关系和家庭教育有关。当时，大

2014 年 7 月 31 日，原日军侵华老兵伊藤德治（右）陪同李素桢专访久保寺尚雄（左）

家认为健全的人参军是理所应当的，小学二年级的“修身”教科书中就让背诵“教育敕语”等。

只是这些人加入军队后，在战场上连鸡都不能杀，被老兵狠狠地欺负殴打，留下很多不堪回首的记忆。军人的敕语中有“牢记长官的命令就是天皇的命令”，除了在战场上拼命别无他法。

（四）发誓“中日友好”

我认为，现在应该实现日中友好和不战的誓言，承认自己的罪行及日本军国主义政府犯下了战争罪。

“人生最重要的是诚实”，为了让正直的人不被当作傻子，一定要让世上更多的人知道真相，这是我亲历战争拼了性命才感悟到的。

安倍首相在国会答辩时，没有表明自己的真心，说：“政府正在继承村山讲话。”关于如何定义那场战争时，他说：“让历史学家来分析吧。”这是毫无责任感的态度。另外，他在施政方针演说中强调，教育基本法和宪法需要修改，国民认为这是错误的，尤其目标是修改宪法第九条，这是绝对不能允许的。

在上次大战中，亚洲有两千多万人死亡了，听说日本也有约三百万人死亡。我的堂兄弟有3人战死，弟弟也死在南方。他们一个个不是因为私怨，而是因为军国主义战争而亡。

战争是会让人疯狂的，士兵遭受虐待，在战场上被杀死，平民无辜地被卷了进来。电视上看的战场画面是特技，实际上战场是个战火纷飞的地狱。

保守政权正在拉拢民主党修改九条，我们要一起维护放弃发动战争的九条宪法。

我认为现在维护宪法是为了亚洲各国人民，同时也是我们这些从中国回来的“战犯”的使命。

对中国进行的侵略战争，日本军国主义政府和派遣的军队，用尽一切手段杀害中国的平民和俘虏，把村庄毁坏烧光，强行掠夺，给中国人民带来了巨大的伤害，我作为日本军队的一员犯下了大罪。中国政府引导我们从魔鬼变回了真实的人，对我们在战争中所犯的罪恶进行审判的结果，是让我们自己学习、反省。

中国政府让我们用了一个月的时间，乘坐特别列车参观自己曾经侵略过的地方，我看到了新中国人民建设的景象，对自己的过去真心谢罪，发誓要“日中友好”、“不要战争”。

1956 年 6 月，中华人民共和国政府在沈阳特别军事法庭下达了不起诉我们这些日本战犯，并当庭释放的判决。我从天津港出发，乘兴安丸号到达了舞鹤港。对于高级将官、校官和伪满洲国高官等 45 人，做出判处 20 年以下有期徒刑，没有死刑和无期徒刑，而且刑期从停战时间开始计算的宽大判决。与日本军队犯下的滔天大罪相比，这个判决非常的宽宏大量。透过中国政府的宽大政策，我深深地感到了新中国的伟大。

（根据 2014 年 7 月 31 日久保寺尚雄受访口述与本人讲演记录整理）

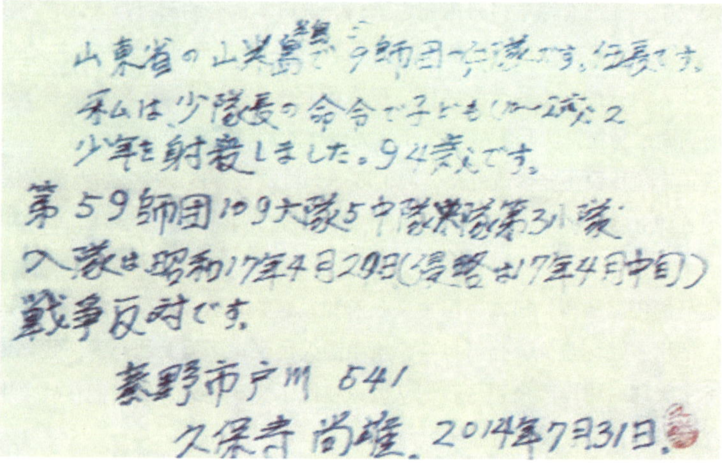
山東省の山東半島で59師団一兵隊です。伍長です。
私は少隊長の命令で子ども(10〜12歳)2少年を射殺しました。94歳です。
第59師団109大隊5中隊第3小隊
入隊は昭和17年4月29日(侵略は17年4月中旬)
戦争反対です。
秦野市戸川 541
久保寺 尚雄。2014年7月31日。

我曾任驻山东半岛 59 师团的伍长。

我受小队长的命令，曾亲手射杀了两个 10-12 岁的中国孩子。

我今年 94 岁了，于昭和十七年（1942）4 月 24 日入伍第 59 师团 109 大队 5 中队第 3 小队，参加侵略中国的战争。

我反对战争。

秦野市户川 541

久保寺尚雄　2014 年 7 月 31 日

2014 年 7 月 31 日，久保寺尚雄于家中接受口述访谈照

今村真

1924 年 3 月 出生于日本长野县。

1939 年 4 月 -1944 年 3 月 以青少年义勇军身份来到中国哈尔滨训练所，之后进入木兰县老石房川路村“开拓团”。

1944 年 3 月 现地被征，入孙吴第 1 师团野炮第 1 连队。

1944 年 5 月 考入“新京”宪兵教习所，关东宪兵教育队第 13 期生。

1945 年 4 月 从“新京”宪兵教习所毕业，入关东军宪兵司令部科学侦探班（通称司令部 4 班）。

1945 年 8 月 -1950 年 2 月 从长春逃到沈阳，被苏军俘虏，在西伯利亚劳动改造 5 年，后返回日本。

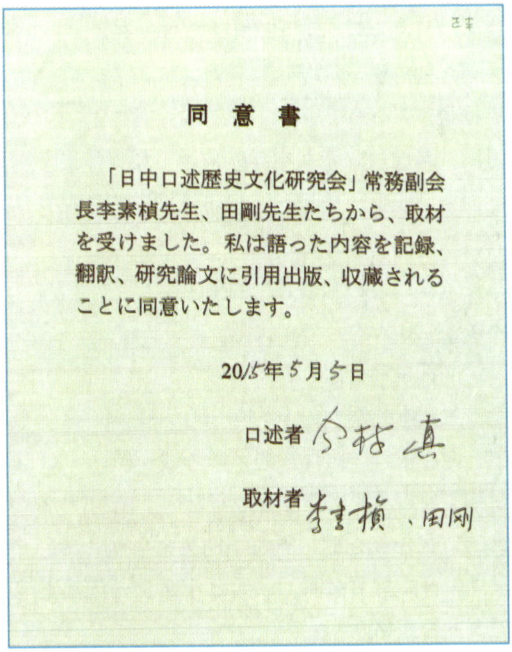

同 意 書

「日中口述歴史文化研究会」常務副会長李素楨先生、田剛先生たちから、取材を受けました。私は語った内容を記録、翻訳、研究論文に引用出版、収蔵されることに同意いたします。

2015年5月5日

口述者 今村真

取材者 李素楨、田剛

采访者：田刚（以下简称“田”）
采访对象：今村真（以下简称“今村”）

（一）考入关东军“科技宪兵”

今村：我报考宪兵的目的，主要是为了不想去南洋战场。如果不考宪兵的话，就要被派到南洋去打仗。从日本国内派去的士兵怕不够，当时的军队规模很大。所以不断地从满洲增派新兵源过去。我是听到中国人这么说的。

田：用中国话说的?

今村：是啊。

田：当时的日本军队中有这样的消息吗?

今村：听不到。我当时已经从木阑“开拓团”应征入伍。有一天在饭馆吃饭，听进来吃饭的中国人说的。如果去南洋的话，你们都得完蛋。听说那边物资匮乏，已经有士兵饿死了。

田：是这样的啊。

今村：我在满洲受到5年的教育，昭和十九年（1944）15岁就去了。先是少年义勇军，后进入“开拓团”。我的理想是在满洲开农场。不想死在南洋，也想过有没有躲着不去南洋的办法。

田：这样想过?

今村：是啊，考虑过。不久宪兵队招生，如果能考上宪兵，就可以躲过去南洋战场了。我便向中队长提出申请，上司不批准不能参加考试。中队长在申请书上签名推荐。接着我就去参加了考试。

田：接受考试的人，合格通过的很多吗?

今村：不多，100人中合格1人吧。

田：考试的都是什么人?

今村：都是关东军的军人，大约有300人或400人。当时报名的人都在宪兵司令部的院子里，围起来考，跟现在的大学考试一样。

田：合格了就真的不去南洋参战了?

今村：真的，我们被送到“新京”的宪兵学校（“新京”宪兵教导所）学习去了。到校后马上就开始接受教育。一天8小时，一年都不间断，就连正月过年都没有休息。当时真的很严格。

田：每天学习8个小时?

1945 年，今村真于长春关东军宪兵照

今村：不止 8 小时，到了下午学马术或者进行剑道训练，后来还有柔道训练。我骑马很厉害的。

田：在宪兵学校学习一年吗?

今村：是的。学习结束后就被派去哈尔滨宪兵队、奉天宪兵队，都是上面分配的。当时我的宪兵班长说，今村啊，你是想去哈尔滨了吧? 我当时 20 岁，很年轻，被派入关东军宪兵司令部侦探班宪兵 4 班（通称司令部 4 班），有 30 人左右。

田：只有 30 人?

今村：只有 30 个人。

田：那个时候，山梨也在吗?

今村：山梨也在，我们都在一起。4 班就是培训“科技宪兵”的。

田：在那里，除了学习“科技宪兵”技术外以外，还有其他工作吧?

今村：培训的同时，开始收集全满洲的信息情报。指纹什么的，都是在那儿做。指纹是由各地的宪兵队从当地采集的，具体是雇用当地中国人采取指纹，再把指纹资料总结后报给本部。全部收集难度很大。我们是第一批接受这样训练的学员。后来有的人被派去“大陆科学院”，去“新京医科大学”、“满洲电影协会”等。

田：当时 4 班的建筑物还存在，现在是一所医院。

今村：是的，后来我们曾去过那里旅游。当时我们住在一楼。

田：噢，一楼。是宿舍吗?

今村：不是，这样摆着的床（用手比划）。进入一楼就是讲堂，讲堂很宽阔，能并排放 30 张床。因为当时没有宿舍，就暂时先住在那里。我们 30 人住在一起。军官、助手、事务员等都是上班制，晚上住宿的只有我们 30 人而已。晚上我们会出去，到能找女人的地方玩。但普通军队的士兵是不允许的。

田：没有周日?

今村：有周日，也允许外出。

田：外出时给你们避孕套吗?

今村：给两个。在宪兵学校的时候给过。进入部队后也发。外出时一定要带它（避孕套）。不然会得病。有时还会给我香烟，不知道为什么。

18岁入伍时，“我当时心情不安，不知军服要穿多久。特意穿了‘满人’衣服照像留念。”

田：宪兵管理军队，也抓捕中国人，做坏事，是这样吗？

今村：“满洲国”中的宪兵最多，内地的宪兵——就是日本国内，没那么多。满洲的情况就很恐怖了。有所谓的中国共产党，苏联也派来不少间谍，后来蒋介石也开始派间谍进来了。美国和英国参战后，又来了美英的间谍。因为与苏联国境相接，不断地有间谍进来。按关东军的推测，当时间谍总数大约有4000人。

田：在满洲？

今村：是的。

（二）销毁机密指纹档案

今村：满洲的“国境线”有4000公里呢，间谍从哪儿进来的也不知道啊。我们把从苏联过来的人抓住后，用指纹检测。全部的指纹都保留在我们四班。“国境线”附近居民的指纹全部都有。比如你进来吧，光看护照不行，护照可以造假，但是指纹不能造假。你知道吗？1万个人的指纹都绝对不会出现同样的。所以，取指纹就能发现这家伙是新来的，和本地居民的指纹就能分辨开。“国境”10公里范围内居住的所有人的指纹都被采集了，包括婴儿的指纹。所以，“满洲国”的指纹档案非常发达，甚至超过当时的日本。在日本没有必要采集所有人的指纹，只采集犯人的指纹即可。对犯人来说，第一次犯罪的罪犯，取他的指纹，第二次同一个人又犯罪被抓后一核对指纹，马上就明白了。

田：长春的人们没有指纹吧？

今村：没来得及采集，非常困难。当时“国境”就已经忙得不可开交了。

田：重点在“国境线”？

今村：是啊，“国境线”。当地人穿鹿皮越境，不会留下脚印，就可以做间谍。

田：4班会通过指纹去抓间谍吗？

今村：4班不做那个。我们主要研究使用新技术，比如相机，犯人的脸或什么的全部用相机来拍。

田：你在4班待了多久？

今村：4班，是5月去的，到8月结束。

田：宪兵的生活待遇怎么样?

今村：嗯，与普通士兵不同，并不是扛枪的。

田：1945年8月日本投降前，你们是怎么知道战败的？苏联军队马上就要进入东北的?

今村：德国投降是在5月吧，之前，德国和日本缔结了军事协定。后来德国战败了，苏联还没有开始进攻满洲，不过“国境线”的宪兵是做什么的，连普通士兵一看也知道苏军要进攻。当时有情报进来，在关东军中传说，进攻会在8月或者9月开始，反正迟早会来。8月9日突然有炸弹落下，8月10日，我们被派往奉天。

2015年10月31日，今村真（左）接受田刚（右）口述访谈

田：谁的命令?

今村：是司令官的命令。4班全部都去奉天集合，跟奉天宪兵队合在一起。说“新京”如今已经不行了，全部向南撤退，关东军已经舍弃北方。满洲的防线太宽，只能先集中保卫“关东州”和朝鲜，因此关东军一直向南走，结果就是把北方的开拓民都抛弃了。那是军队的战略，当时军队不断地乘搭火车和卡车逃走，开拓民就只能背着行李逃跑。

田：你们是如何去的奉天?

今村：我们乘坐货车，当时是避难列车啊。

田：宪兵也坐避难列车?

今村：因为是底层，宪兵也没用了。我还被留下来给宪兵中队长家里善后。中岛中队长的住宅在宽城子火车站附近，家有地下室，地下室中有各种酒、大米、衣物等生活用品，以及许多贵重的东西。按照他嘱托变卖后，拿现金赶去奉天找他。到了奉天，与他汇合，之后我们就被俘虏了。

田：请说一下销毁档案的具体情况。

今村：8月9日深夜，苏联的炸弹落下。定于8月10日撤退，上级命令机密文件、资料要全部烧掉。军队撤退之前销毁了大量的文件资料。哈尔滨的平房（指731细菌部队）也都炸毁烧掉了。还有，大炮、机关枪等军械也要毁掉。当时在4班后院广场上烧毁文件。听山梨君说，上司命令他烧毁指纹档案，全部烧毁已来不及了，就埋入防空洞了，我们4班的军事机械不是大炮什么的。我负责销毁了两架高级照像机。把照相机打碎了，这么大的（用手比划）德国制照相机啊，用锤子砸坏了。

（根据2014年5月30日今村真受访口述记录整理）

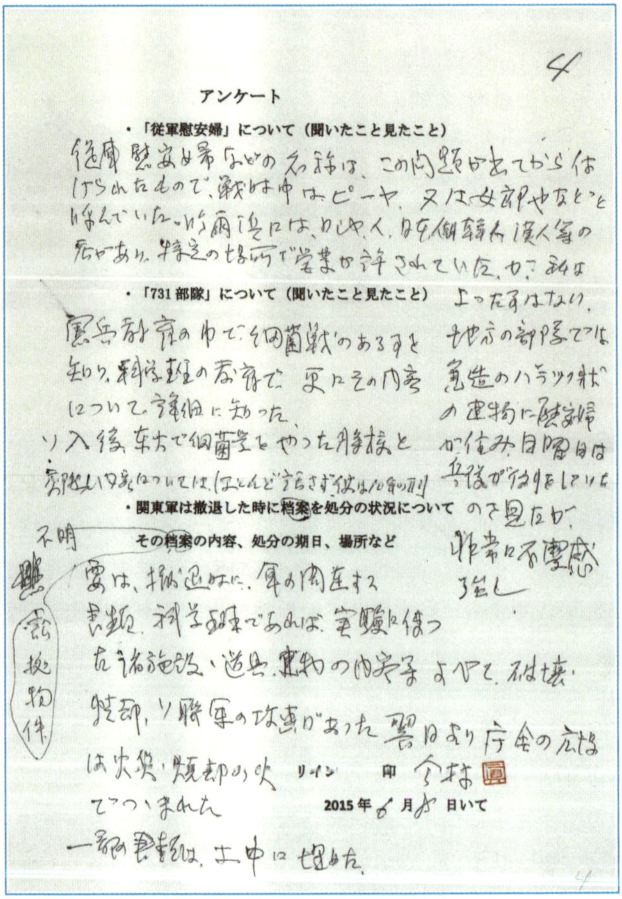

4

アンケート

・「従軍慰安婦」について（聞いたこと見たこと）

従軍慰安婦などの名称は、この問題が出てから付けられたもので、戦時中はピーヤ、又は女郎屋などと呼んでいた。将兵達には、かしや、人、日本側韓人、漢人等の店があり、特定の場所で営業が許されていた。ただ私は行ったことはない。

・「731部隊」について（聞いたこと見たこと）

憲兵教育の中で細菌戦のあることを知り、科学班の教育で更にその内容について詳細に知った。

ソ入後、東京で細菌学をやった将校と部隊との関係については、ほとんど話さず彼は12年の刑

地方の部隊では急造のバラック状の建物に慰安婦が住み、日曜日は兵隊が行列をしていたのを見たが、非常に不潔感強し。

・関東軍は撤退した時に档案を処分の状況について

その档案の内容、処分の期日、場所など

不明

証拠物件

要は、撤退時に、軍の関連する書類、科学班であれば実験に使った諸施設、道具、薬物の内容等すべて破壊・焼却、ソ連軍の攻撃があった翌日より庁舎の広場は火災・焼却の火でつつまれた

一部の書類は土中に埋めた。

サイン　印　今村

2015年6月8日いて

2015年6月8日，今村真对烧毁档案问卷的回答

山梨一夫

1924年4月 生于日本静冈县。

1943年 关东军士兵，后由所属上司推荐、考试，合格后进入“新京”宪兵教习所，关东宪兵教育队第13期生。

1945年4月 从“新京”宪兵教习所毕业，入关东军宪兵司令部科学侦探班（通称司令部4班）。

1945年8月-1950年2月 从“新京”逃到奉天（沈阳），被苏军俘虏，在西伯利亚劳动改造5年，后返回日本。

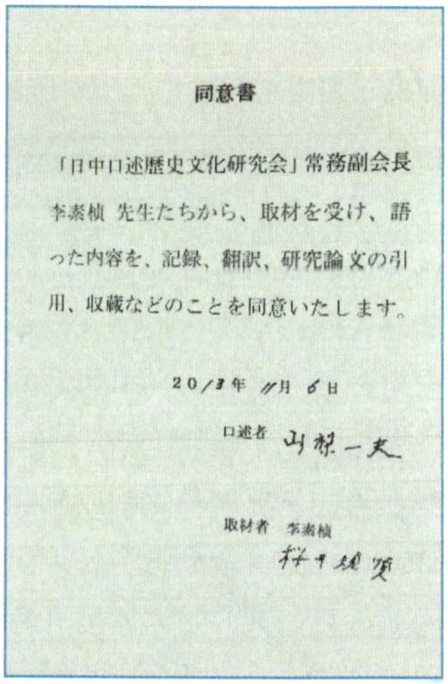

同意書

「日中口述歴史文化研究会」常務副会長

李素楨 先生たちから、取材を受け、語った内容を、記録、翻訳、研究論文の引用、収蔵などのことを同意いたします。

2013年 11月 6日

口述者 山梨一夫

取材者 李素楨

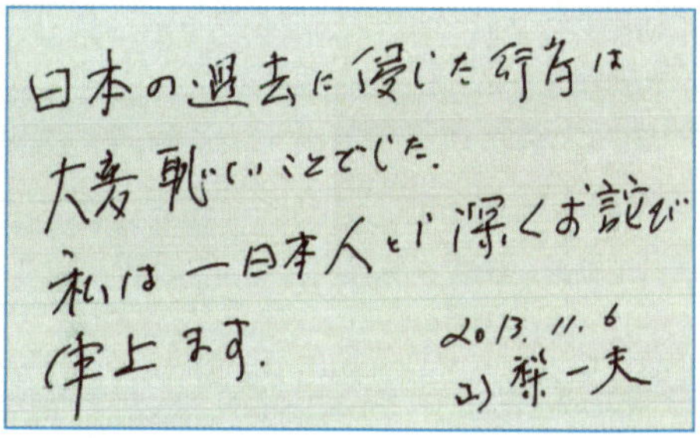

日本の過去に侵した行為は
大変恥しいことでした。
私は一日本人として深くお詫び
申上ます。
2013.11.6
山梨一夫

日本过去的侵略行为非常可耻。

我作为一个日本人，深深地道歉。

2013.11.6

山梨一夫

采访者：李素桢（以下简称“李”），樱井规顺（以下简称“樱井”）
采访对象：山梨一夫（以下简称“山梨”）

（一）初到伪满洲

山梨：说起1945年日本投降后逃亡时的艰辛，这是日本自酿苦果，也没有办法。您是中国人，我为过去所做的事情道歉。真的非常抱歉。实在是对不起。

山梨：我们日本人把这段历史说得乱七八糟，还四处胡乱传播，真是非常对不起。

樱井：可能山梨先生不知道，直到现在，在我的“开拓团”里，还有很多同伴们认为当年的所做所为是为了日本的国策，为了国家才做的，因此跟不同意见的人翻脸了呢。

山梨：嗯，是这样的。随波逐流吧。我们的人生啊，都是漫长历史里的一页。

樱井：这一页是在用一辈子诉说。

山梨一夫宪兵军装照

山梨：确实是啊。我是大正十三年（1924年）出生。我还是孩子的时候日本就推行富国强兵政策，也就是让国家富起来，让军事强起来。大概是因为日本明治维新以后取得了急速的发展，在中日甲午战争、日俄战争中都取得了胜利，这时候的日本有点儿自满。因为朝鲜半岛很软弱，所以日本、中国、苏联都想控制它。它属于缓冲地带。日本的海外侵略也就由此开始了。

李：你写过关于自己的历史经历之类的东西吗？我觉得应该写过吧。基本上每个人都会写些自己的体验或回忆之类的吧。要是有的话我想看一下。

山梨：有关西伯利亚劳改的吗？还是你想知道我们进入满洲的？哪种类型的？是在“满洲国”或是西伯利亚的生活之类？在整个过程中，归根到底被扣留在西伯利亚以后，我的人生彻底发生了改变。

李：并不是特定在哪个阶段，我想了解您亲历过的历史。

山梨：我曾经到过长春。

李：那大概是什么时候的事呢？

山梨：那是战争结束之前，我 44 年（1944 年）和 45 年（1945 年）两年都在长春。

樱井：去满洲的时候是哪年？

山梨：是昭和十九年，1944 年。

樱井：只去了两年吗？我是指满洲。

山梨：嗯。开始的时候是去了“国境”附近。

樱井：那是哪里？

山梨：黑龙江的勃利。

李：您也是“开拓团”的一员吗？

山梨：不是，我不是“开拓团”，是军队的士兵。

山梨：在勃利日本就使用战车了，也是日本第一个建成的机械化部队。诺门坎事件中日本遭到了毁灭性的打击，于是吸取了战败的经验开始建立机动部队，也就是勃利的第一连队。

樱井：您属于第一连队吗？宪兵又是怎么回事呢？

山梨：宪兵是从一般的士兵里……

樱井：选拔出来？

山梨：选拔也不恰当，其实是参加了考试。

樱井：您参加了考试。

李：您去勃利的时候身份是关东军士兵吗？在日本被征召入伍的吗？

山梨：我是在 18 岁的时候自愿加入的。

李：18 岁的时候。不是被征召，是自愿？

山梨：大概是昭和三年（1928），升入小学的时候发生了“满洲事变”，好像是 9 月 18 日。小学六年级毕业的时候发生了“‘支那’事变”，也就是“卢沟桥事变”。进了中学，学了三年到了年龄，想进陆军的工科学校，当个技术人员。虽然进了学校，但是心情很不好。回来的时候就自愿加入了军队，然后就去了满洲。

樱井：在满洲的时候是军人吧？

山梨：是的。

李：那个时候是叫关东军对吧？

山梨：嗯，关东军。

李：一般士兵？一等兵或二等兵之类的？

山梨：一般的士兵。二等兵，一颗星。

李：一颗星的话是二等兵？二等兵是最下等？

山梨：嗯。

李：之后是一等？

山梨：嗯，然后是上等兵。

李：成为一等兵后是两颗星?

山梨：嗯，是的。

李：二等兵的时候去了勃利。在那儿待了一小段时间?

山梨：6个月。6个月期间部队转移去了菲律宾。我因为留在了满洲才能继续活下来。

樱井：去菲律宾的同伴们都战败了?

山梨：败得一塌糊涂……我复员了以后，用一周时间去了菲律宾旅游，一直在战场附近围绕着战迹观看。

李：听说3000人左右全部阵亡。

山梨：听说同伴们在塞班岛全部阵亡。一个星期的时间，我就只围绕着战迹，一直就这样。不是观光。

樱井：这些都是昭和十九年的事吗?还是有（昭和）二十年的事?

山梨：嗯，是二十年。

李：您在勃利的6个月期间，大家都去往了菲律宾，为何让您留下来?所谓留下来，个人不想去是不行的吧？

山梨：当然不行，要根据命令。因为我是步兵部队，机械化部队的步兵，然后参加了考试进了宪兵队。宪兵学校在长春，飞机场附近。

李：现在的飞机场……啊，好像在公主岭。

山梨：从前的飞机场附近，长春的机场。

李：不是公主岭?确定不是公主岭吗?公主岭也有机场。

山梨：长春。请稍等一下。

（山梨先生去拿资料离开了座位）

山梨：是49页还是50页来着。长春的街道啊……没有写……从西安桥往这边走……飞机场，从前的飞机场在这儿附近。这儿是电车的终点。战后我访问的时候这儿已经延伸出去了，从车站一直通到工厂的前面，好像是这边来着。还有个更详细的地图，大的，包括全满洲的。很抱歉我使用了“满洲”这么失礼的语言。

李：在勃利之后呢?

山梨：之后去了长春。

（二）考入关东军“科技宪兵队”

李：接到上级命令让您参加考试?

山梨：嗯。

李：幸运啊……如果去了菲律宾……

樱井：是接到命令参加的考试？还是自己自愿参加？

山梨：是自愿报名参加了考试。

李：自愿的话，是谁都可以自愿参加吗？

山梨：不是的，如果没有中队长的推荐是不行的。受到中队长的推荐后，合格率大概是百分之一。

李：什么样的考试内容？

山梨：有数学、地理、历史，还有日语。剩下的就是些日常的东西，因为正好是战争时期就会考些你对这场战争的看法之类的，还会考知不知道共产主义的问题。

樱井：考“满洲语”吗？

山梨：那时候还不考，那是进了学校以后的事。

李：一百选一的话……宪兵学校很难进入啊。您的成绩肯定很好。

山梨：(我排名)第 99 名或 100 名吧。

李：那个时候你 18 岁，自愿参军，父亲和母亲是怎么想的？

山梨：他们觉得军队就是要杀人，所以并不赞成。

李：与父母分离一定很难过，那也没能阻止您参军吗？

山梨：当时在日本，我还是孩子的时候就想长大了参军。我受到的就是热爱军人的教育。然后就很自然的，接受征兵检查以后就进了军队。当时政府召集了很多年龄差不多的人加入军队，有妻有子的也都参了军。看到这些，年轻人也不可能无动于衷，我们不带头的话战争就打不下去了，当时是军国主义教育，要有“爱国”精神。

李：参加宪兵考试的目的也是为了“爱国”？

山梨：嗯。

李：所以母亲也就没办法反对了，父亲也是。您在兄弟中排第几？

山梨：我最小。四个孩子里最小的。一个女孩三个男孩中最小的。

李：哥哥们也都是军人？

山梨：嗯，都是。大哥和二哥都是被召集参了军。说是军人其实就是一名小兵，在军队里最下等的兵。

樱井：那就是二等兵？

山梨：不是二等兵，是一等兵。当时啊，长男是一户之主不用上前线打仗的，因为那样就没有继承人了，没法儿保护家。

李：长男没有去？

山梨：去了去了，但是没有打最前线，在后方运送军粮、行李之类的。

李：后勤啊，两个哥哥去了哪里？

山梨：一个去了青岛，一个去了满洲。

李：去青岛的军队叫什么名字？

山梨：是名古屋的连队。那个时候发生“济南事变”。

李：然后安全回国了吗？

山梨：嗯，大概两年。

李：军人两年就让回来？大哥和二哥都安全回来了？

山梨：嗯。

李：您家里都很幸运啊。通常都是南下了，很可能就阵亡了啊。

山梨：南下的话，100%、99% 会阵亡。

李：所以说去了宪兵学校真是……

山梨：救了我一命。

李：6 月在勃利，7 月就去了长春？是 7 月还是 8 月？

山梨：7 月。

李：1944 年 7 月？

山梨：对。

李：到了长春在学校学习。那时候宪兵学校的学生都是从士兵里选拔的？

山梨：从满洲……关东军的士兵们中选拔，在各地参加考试合格者就进宪兵学校。

李：宪兵们的文化水平都很高吗？

山梨：嗯，确实是。

李：宪兵学校都教些什么？

山梨：我们有监管日本军队的职责，有人厌烦军队出逃，也有人成了间谍。宪兵就是要监视这些行为。主要是学习法律。所以就学些日本的宪法、“满洲国”的宪法之类的，还有刑法。其次就是锻炼身体，骑马之类的。或者是保护重要人物。还有成为间谍的技术。

李：实际训练和理论学习一半一半吗？

山梨：嗯……实际上，和理论相比，技术大约占七成，七三分，大概是这个比例。

李：伙食不错吧？

山梨：经常饿肚子。

李：我想伙食应该不错。

山梨：和西伯利亚的伙食相比算是不错。但是，日本的军队里粮食还是匮乏的。军队有专门的军医，也有专门的营养师。考虑到军队的健康状态，要适当地控制伙食。如果圆鼓鼓的胖起来的话就没法灵活动起来了。瘦一点的话运动神经发达，体型也比较灵敏，所以必须要限制我们的食量。但在长春能吃到不少好吃的东西。

李：学生的话有工资吗?

山梨：有，根据级别发工资。

李：二等兵的话，大概有多少?

山梨：很少很少。如果没有家里接济，零用钱是很少的。

李：自己挣不来零花钱?

山梨：不够，不够。

李：您还记得大概多少吗?

山梨：我在没进宪兵队之前，大概是昭和十五年（1940）左右，一天1日元。有1日元就已经很不错了。警察也就1日元，邮局职员也是1日元，县政府是95钱。当时国铁是最好的了，1日元10钱、1日元20钱左右。那时候和现在的货币价值完全不一样。

李：您那时候大概多少?

山梨：一天1日元。

李：一个月30日元? 30日元的话不少了。

山梨：很少啊。虽然当时确实不算少，但是军队的话连一半都给不了，衣服都是公费，只有吃饭花钱，为了让我们吃饭所以给工资。

李：拿不到30日元?

山梨：拿不到。

李：能拿到一半——15日元吗?

山梨：12日元或13日元左右。

李：12日元都用来干什么呢?

山梨：不花。只有星期日能外出。学校的竞争是很激烈的，所以不外出。出去的话就不能学习了，不学习的话不能毕业，就会被遣回原部队。一共有前期、中期、后期三次考试，分数不合格的话就不能留下来了，所以大家都很害怕被送回原部队，被遣回的话会被看不起的……会被歧视。

李：我看过警察、宪兵、警官学校、宪兵学校的资料，其中写到汉语还要求达到什么标准之类的。汉语也会认真地进行测验考试? 大概需要多少分?

山梨：那我就不知道了。

李：我的书里写着呢。让日本人的宪兵、警察学习汉语。那个时候汉语大概是什么水平?

山梨：就是基本的，早上好、下午好之类的。当时宪兵里还有朝鲜人，他们会汉语。

李：朝鲜人?

山梨：那些人是辅助宪兵，做翻译。

李：嗯，我听说过这件事。不是一起学习吧？

山梨：不一起学习。他们还接受其他的教育，是些亲日派的人。

李：那些人日语肯定很好吧。

山梨：嗯。

李：什么时候去的长春？

山梨：1945 年 5 月。

李：然后呢？

山梨：然后……

李：一年间，加入了宪兵队？

山梨：嗯，宪兵队。

李：1945 年 5 月。这时期工作不多吧？

山梨：是啊。

李：还记得长春的大同街吧？车站附近。

山梨：记得，大同大街。

李：工作地点在那儿附近，是吧？市中心附近。长春市内的，旧关东军司令部？

山梨：对啊对啊，就是那儿。

李：进入那里的都是哪个阶层？普通阶层？

山梨：学校毕业的成绩不好的话进不去。

李：进去以后还分阶层吗？

山梨：分的。我是下士官，因为时间较短。很不容易啊。大家都要参加考试，各自参加考试以后进入学校，接受教育。

李：具体地址不是旧关东军司令部，是司令部邻近吧？

山梨：嗯。

李：司令部可以自由进入吧？

山梨：可以进去，但是我从来没进去过，因为里边都是些大人物。

李：当时做什么工作？

山梨：就是向勃利的宪兵队、牡丹江军队等传达司令部的指示。

李：从 5 月一直做到最后？

山梨：只是三个月还是四个月左右。8 月战争已经结束了。在长春直到 8 月 12 号，当天乘火车去沈阳了。在车上听到了日本投降的消息。

樱井：没听到天皇的讲话吗？

山梨：没听到。

李：为什么 12 号出发呢？离开长春。为什么要去沈阳？

山梨：接到了命令。

李：那个时候宪兵有多少人？很多人吧？

山梨：很多人。关东军之前一直想防守从“新京”到朝鲜一线，苏军进来以后就打算放弃了。关东军多的时候有 70 万人。但是到了 1940 年……哪年来着？1945 年吧，只剩下 20 万了，50 万都南下了。后来在满洲也召集了很多人。但是，没有步枪，也没有水壶……是一个什么都没有的空手军队，所以也打不了仗。

李：我听说过这些事。“开拓团”里的男性都被召入了关东军。

山梨：樱井先生对“开拓团”的事情更了解一些，是武装移民。

樱井：最初的 1932 年，1933、1934 年左右吧。一共有四次武装移民。

山梨：我也有“开拓团”的朋友，他受过训练，会开枪。

樱井：青年义勇军吧？

山梨：青年义勇军。

樱井：结果 70 万中有 50 万都南下了，人数很多啊。

山梨：嗯，人数很多。

樱井：就像您说的，什么都没有。背着炸药就向前冲，向着战车冲。

山梨：我们也是。背着炸药然后用竹竿挑起炸药，扔到敌方的战车里，扔到猫耳洞里。六个月期间都在训练这些。

樱井：然后你就去了长春，肯定很高兴吧？

山梨：嗯。

樱井：实际上用炸药进攻苏军没做吧？

山梨：没做。

樱井：突然被调动的士兵很多都做了，尤其是勃利最为激烈。

山梨：确实是。

樱井：还有装甲部队。

李：三个月期间没做别的工作吗？我想听些详细的。就这三个月期间。

山梨：就三个月也没法从事主业。从学校毕业以后。大概都是跑腿。我受了点儿教育，一点儿基础教育，没有实际作战。

李：但是毕业以后有三个月吧？

山梨：前辈们都抓间谍。就是从苏联过来带着无线电台的。是俄国间谍。嗯。执行莫斯科的命令，冬天的话，就是踏着冰面过来的。黑龙江，从那边过来，把关东军的动向通过打电报报告给莫斯科。我们通过捕捉电波抓捕他们。

李：那时候大多都是从俄罗斯进来的人吧。是俄罗斯人？

山梨：俄罗斯可有六十多个民族啊。还有朝鲜人，有中国人，也有白俄罗斯人。白俄罗斯人知道吗？

李：嗯。真的有抓捕无线间谍，您见到过吗？

山梨：没见到。是前辈们做的工作，所以没见过。

李：那被抓的间谍您见过吗？

山梨：没见过。

李：您没去过长春附近的其他地方吗？

山梨：没去过。

李：只在长春？

山梨：嗯，去过勃利、长春，然后就是最后的沈阳。在沈阳住了一周左右，然后就去了西伯利亚。

李：在沈阳是一周？

山梨：大概是一两周左右吧。

李：然后就去了俄罗斯。那时候宪兵队的主要任务只是监视间谍，然后逮捕他们？

山梨：嗯，是。

李：没有别的工作？

山梨：没有。宪兵的首要工作就是监视和保卫军队。正因为如此，首要敌人就是苏军，然后就是共产党的军队，还有国民党蒋介石的军队，这些都必须要监视。有很多工作要做的。苏联是最大的威胁，所以首先就是查苏联的间谍。

李：没有内蒙古人吗？

山梨：有内蒙古人。

李：间谍还有内蒙古人？

山梨：嗯，是的。

李：朝鲜不是敌人吧。

山梨：当时不是。

樱井：有兵器吗？

山梨：有手枪和军刀。

樱井：日本宪兵的话就不一样了。对我们国民来说，宪兵就是监督反政府、反军队的各种事情。

李：宪兵和警察是什么关系？

山梨：警察针对的是一般的民众，宪兵监督军队。

李：宪兵高于一般的士兵？

山梨：嗯，是的。

李：那时候个子大概多高？很高吧？

山梨：大概 165 厘米。

李：在我的印象里宪兵都很高。

山梨：不是不是，穿着长皮靴，就像刚才看的照片那样。

李：照片是宪兵的衣服？在长春照的吗？

山梨：嗯。

李：现在您这儿还有军靴吗？

山梨：没有了。在西伯利亚的时候就没了。

李：为什么？

山梨：苏军进来以后，宪兵比较受欺负。

李：可以让我看看这张照片吗？请让我看一下。

山梨：只有这一张了。

李：在长春当宪兵的时候就是管军队，和间谍相关。对于一般百姓，不管吗？

山梨：一般市民犯罪的话是警察的工作。

李：当了宪兵工资比以前高了吧？

山梨：多少高了一点儿，也没有太多。

李：是宪兵啊，工资很高啊。

山梨：这个啊，“满洲国”也有警察啊。所以宪兵是以日本人为对象，保护日本人的警察。保护“满洲人”的是满警，就是满洲的警察。

李：做了三个月的工作，能不能具体说一下宪兵的工作，比如抓捕什么样的间谍之类的。是在那个房子里吧？现在也没变。就在那个像牢房一样的地方吧。您看过吗？

山梨：没看过。

李：关东军司令部和宪兵队中间有一条路吧？

山梨：大概吧。有条地下通道。

李：我听说是有，就是没见过。

山梨：我也没去过，没进过那条地下通道。

李：没去过，但是有？

山梨：有。

李：您知道有地下通道？

山梨：当时是秘密通道，所以一般人不知道。

李：走地下通道的都是些什么身份的人？

山梨：一般人是进不去的。

李：您也没见过那条地下通道？

山梨：没见过。

李：听说过？

山梨：听说过。

李：怎么听说的？

山梨：我听说的就是条普通的隧道。因为也有女人做事务员，听说她们经常走地下通道。我在的地方，还有军队里，都有女人做事务员。

李：日本人？

山梨：日本人，是军队职工。

（三）烧毁机密档案

李：您在 8 月 15 号战败之前，看到过很多文件都被烧毁的情形没有？

山梨：烧毁了，很多东西都烧毁了。

李：都是些什么？

山梨：军中机密。

李：什么机密？

山梨：是些为什么打仗，为什么防守“满洲国”，以及具体措施之类的。

李：从哪天开始烧毁的？

山梨：与苏军开战的同时就烧毁了。那是 8 月 9 号，苏军打进来的时候。半夜 12 点接到了关东军的命令，烧毁重要文件，埋到地下。你知道 731 部队吗？他们为了隐藏证据，工兵队把证据都炸毁销毁。这种做法其实是违背了人道主义，因为军队是要杀人的，违背了人道主义就要被世界人民谴责。为了隐藏这些研究之类的才烧毁的。特务机关，731 部队为了隐藏证据就烧毁了。烧毁不了的东西就爆破炸毁。

李：您工作的地方是从什么时候开始烧毁的？

山梨：8 月 10 号吧，大概从 10 号到 11 号。之后就开始大骚乱了。12 号的时候苏联军队就已经占据了长春的街道了。

李：具体怎么销毁？集中起来烧毁吗？

山梨：不是，你知道防空壕吗？把东西都运到防空壕埋起来。烧毁的方法是用供暖用的锅炉。在锅炉里烧毁。

李：烧毁的方法处理起来还很花费时间，不可能立马就烧毁尽啊。

山梨：所以也有残留下来的东西。

李：没完全烧毁的都被埋了？

山梨：嗯，是的。埋了以后，1949 年破土动工的时候又被从地底挖出来了。我只是听说，没见过。关东军的士兵给家里写信，因为不能写军中机密，检查以后把扣下来的埋到院子里。这些没有寄出去的信都被挖出来了，后来都在电视上播出来了。

李：那些事正好是你在的地方发生的吧？

山梨：嗯，是啊。就是前边的防空壕。

李：您那时候没搬过这些东西吗？没做过？

山梨：没搬过，只是见过。

李：那个时候是什么感觉？为什么要烧毁处理掉？

山梨：这些东西都是和将来战争犯罪有关的东西。为了逃避战争的罪责吧，接到了上级的命令所以处理掉。所以啊，731 部队要是和美军没有关联的话，肯定会被提上东京审判的。这是根据和美军的协定提供了资料所以才免于审判。

樱井：美军邀请了这些科学家。

山梨：嗯。

李：您是自愿参军的。没担心过自己会成为战犯吗？

山梨：很担心，还是想活命。战争结束了很高兴，但是还不能表现出来。我参军的时候，母亲说：一定要活着回来，对你没有别的期望，活着回来就行。母亲的话一直在我脑海回荡。

樱井：去满洲打仗的时候吗？

山梨：不是，是参军出发的时候，和家人们分别的时候。

樱井：那之后，在勃利和长春的时候也经常想起这些话？

山梨：嗯，经常想起。去中苏边境的时候也经常想起来。

李：在中国的时候，你们对中国和对苏联的看法不一样吧？

山梨：不一样。

李：所以觉得需要对中国道歉？

山梨：嗯。

李：刚才说到在回来的途中就意识到这是侵略战争了。那么，您是怎么认识到的呢？

山梨：实际上在军队里，看到坐马车不用交费的，或者买东西也不用花钱。我注意到了这些人。

李：哪个时候？在长春？

山梨：嗯，那时候军人都带着臂章，要交费用的。当时宪兵的威慑力，就是日本的将校、长官都对你敬而远之。有这种权利。所以就注意到了日本军人干那种事。如果不交费用的话会被逮捕的，这是军规。因为军队里有纪律，不能违反军规。规定我们缴费，马车费也要交。

李：在长春看到过这种场景?

山梨：大概有两次。就是乘车，乘马车，他们都不交车费。我就注意到了。

李：刚才说到回来以后就意识到了侵略的。其他的呢?

山梨：其次就是我看了很多的战记和书。然后去旅行的时候看到了遗迹，看了受害的遗迹很后悔。首先是去了哈尔滨的资料馆和九一八纪念馆，还有 731 部队之类的。

樱井：南京大屠杀纪念馆您也去过?

山梨：去过。在那儿默哀了 20 分钟。因为日本确实做了那样的事情，所以应该默哀。那儿还有 731 部队的残骸。

李：确实能感受到自己犯了罪?

山梨：嗯，确实。

李：虽然不是自己亲手做的，但是还是有犯了罪的感觉。

山梨：很对不起。

李：你怎么看待现在的日本?

山梨：先不说经济，首先是没有战争，这是我最乐于看到的。和平真的是最好不过了。我去了墓地好多次，白骨都散落着，尸体都被运到了垃圾场。我看到这些就在想战争只是留下了这些东西，和平真的是最好不过了。

（根据 2013 年 11 月 6 日山梨一夫受访口述记录整理）

猪熊得郎

1928年9月16日 出生于日本东京。

1944年4月 作为陆军特别干部候补生，15岁志愿入伍。入水户陆军航空通信学校学习。

1945年 入关东军第2航空军第22对空无线队。在吉林省敦化地区假飞机场对空发电报以迷惑敌人，历时1个月左右。后转入公主岭飞机场，任机场对空通信电报士兵。

1945年9月 战败被俘，17日渡过黑龙江，入苏军收容所，劳动改造两年。

1947年 于舞鹤港登陆，返回日本。

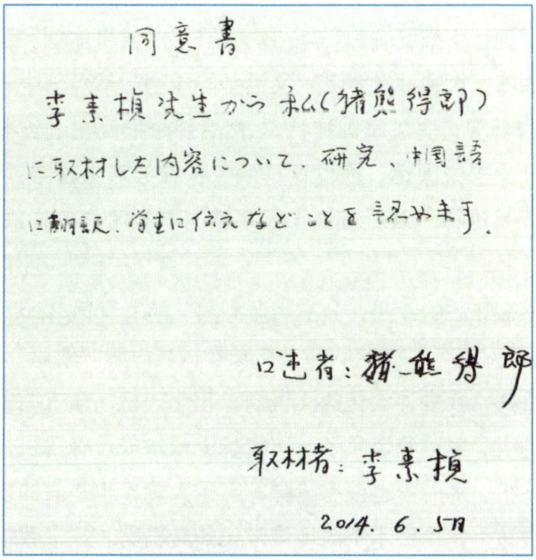

同意書

李素楨先生から私(猪熊得郎)に取材した内容について、研究、中国語に翻訳、学生に伝えなどことを認めます。

口述者：猪熊得郎

取材者：李素楨

2014.6.5日

（一）败战前的“惊呆”

我讲一下自己的第一次战场体验。那是 1945 年 2 月的一天，当时我 16 岁，相当于现在的高中一年级的第三学期吧。战争绝对不是什么简单的东西，绝对不要说什么了不起的大话，那只是杀人或者被杀的选择而已，只要能活下去，怎样都无所谓了，这些想法已经被我牢牢记在心里了。

战壕的入口不是有无线电发信站吗，收信处也就是飞机场的战斗司令部，所以送信处就要离这里 1000 米发送电波。那是个横洞式的战壕，然后把发信机放在那里，送信处和收信处都用电线连接，在那个横洞式的战壕入口处，因为转移去战壕的时间迟了，刚到战壕入口的时候就有炮弹落了下来。里面有 11 个人，炸弹把所有人都炸得粉身碎骨，散落得到处都是。11 个战友都死掉了。

那个时候真的体会特别深刻。战争绝对不是什么帅气的东西。其实在那之前，一直都希望能快去第一线，然后表现特别好就可以得到勋章，之后就可以好好尽孝了，就是可以成为一个所谓的忠义的人，我很向往着做那样的人呢。但也只到那时而已，那之后就破灭了。战争绝对不是那么简单的东西，是人和人互相残杀。不是杀人就是被杀，只有不被杀才能活下去，不是说能幸存下来，而是说尽全力活到战争结束。当时心里只能这么想，但是嘴上是绝对不能说的。真实的想法就是所谓的战争就是互相残杀罢了，想活下去很吃力。

当时有人开玩笑说谁会先去靖国神社呢，然后大家就会说：“你是不是笨蛋啊，干嘛说什么靖国神社，谁要去那种地方啊？”那时候身体状况还是很好的。到了正月的时候，不是要喝酒吗。大家都在想着：又活了一年哪。然后一个一个地说自己的决心，其中有一个家伙说：“我要最先去靖国神社。”然后那个家伙在班长不在的时候就被大家揍了，说你要什么帅，你少说大话，像你这样的家伙在战场上是最没用的，第一个逃跑的就是你。当时真的就是这样。然后还说了很多靖国神社怎样怎样的话。当时也在想着，不如就逃了算了。

那次被炸后的 4 月，我被转派到第二航空军第 22 对空无线队。

第 22 对空无线队的队部设在长春，当时叫“新京”。满洲飞机场的无线队本部也设在长春。最开始我去了敦化的飞机场，敦化飞机场靠近朝鲜和苏联，是满洲最靠近苏联的飞机场。到了那里，我惊呆了。飞机场里根本就没有飞机，而是飞机模型。从上空看的话就以为是飞机。那时候也没有枪弹，至于大炮，也是假的模型。第一次看见这些的时候，觉得这不应该是在（日本）内地该考虑的状况啊。至于我们的工作，就是为了让敌方以为这里有真正的飞机，是一座大机场。每天发送假电报。这叫做阳动无线，太阳的“阳”和动作的“动”。说叫作阳动无线，其实就是为了让这里好像有真正的飞机，然后打毫无意义的电报，跟关东军司令部用无线交涉。每天都做这种工作。那时候还觉得这样有点奇怪的感觉，想着这到底是怎么回事啊。飞机场里没有飞机就算了，不光没有飞机，甚至还要伪装有飞机，还要打假电报。是故意让敌军收到的。当时就想这到底是怎么回事啊？满洲到底有多少架飞机啊？

在那里打假电报大约一个月之后，回了一次本队，本队的所在地是长春，也就是“新京”，是“满洲国”的首都。那时，听说动员了居住在满洲的日本人加入关东军，成为新兵。45万新兵入伍。我又被惊呆了一次。新兵三个人里只有一个人会发给枪，因为枪不够。枪不是有枪栓的吗，就是一个壳子，但是发给他们的枪都没有那个东西。新军入伍之后整理军备，但是连水壶都没有，只能用竹筒。皮鞋也不够，只能用胶底袜。看到这些，必胜的信念瞬间就消失了。这样能打仗吗？这样想是在5月的时候。这到底是怎么回事啊？

然后在6、7月份的时候，周日外出也被取消了。每周都在找逃跑的士兵。5月份入伍的新兵是现地被征入伍的，几乎都会一点儿汉语。也都知道满洲的地理情况，所以才敢

猪熊得郎入伍军装照

逃跑的。而从日本去中国的士兵既不会汉语又不懂满洲地理，所以不可能去了满洲就逃跑的，所以在军队里受苦的家伙们不是选择逃跑而是选择自杀。那时候就算给了枪也没有子弹，所以只能在枪上安装刺刀，然后向着刺刀蹲下去，这样就自杀了。逃走的人大多数都逃到中国人的村落去，只要逃到那里，基本就不会再被抓到了。但是逃到中国人村落里的也有不小心被八路军游击队抓住的。

看到这些，我就会想这到底是怎么了。当初本以为“满洲国”是“王道乐土”，是“人间乐园”，结果岂止不是乐园，简直连普通的地方都不如。所以就只能一再被惊呆，不得其解。这就是直到战败前的深刻回忆。然后到了 8 月 9 号的时候苏军就来了，所有的军队都被召集到“新京”的本队，那时候第一次做了交杯饮水这样的事。交杯饮水，估计年轻人都不知道了。就是往杯子里倒水，然后互相交换着喝掉。那是以前武将赴战场之前的做法。

这就叫交杯饮水，如果非要解释，就是不复相见的离别之水吧。

（二）销毁档案

采访者：李素桢（以下简称“李”），上田美每（以下简称“上田”），
上田厚了（以下简称“上田小姐”）

采访对象：猪熊得郎（以下简称“猪熊”）

上田：烧毁文件有上级命令吗?

猪熊：有的。17 日，我听到的。

李：17 日才收到命令？关东军司令部的人不是 15 日就逃跑了吗?

猪熊：15 日只是广播说停战，跟我们部队完全没有关系。

李：那关东军司令部逃跑的时候是哪天？不是 15 日吗?

猪熊：不，15 日只是广播放送说停战。就算停战，飞向苏联的飞机还是在飞，还是在打仗。

上田：哪里都在打，16 日也还在打。17 日天皇的命令就到了。

猪熊：虽说是命令到了，那也是傍晚了。到那

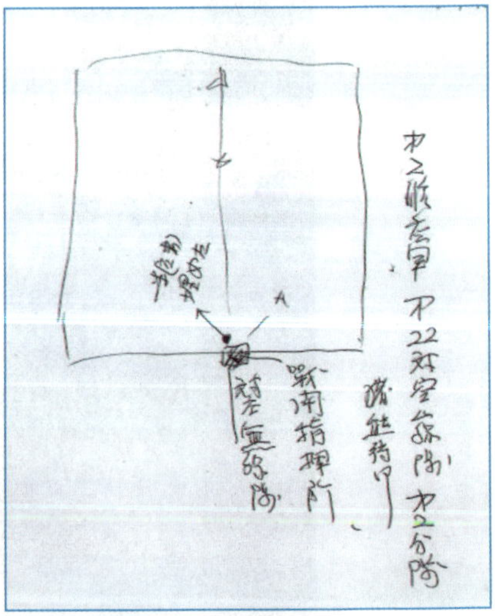

猪熊得郎手绘公主岭机场销毁档案地址图

时候还是在打。

李：那 18 日呢?

猪熊：18 日，因为很明确的停战命令出来了，所以飞机也都不飞了。

上田：《波茨坦宣言》承诺的不是 15 日而是 7、8 日或者 10 日停战吗?

猪熊：是的。

上田：已经这样决定了，所以这个情报在高层之间流通了。

猪熊：也就是说，军队的指挥官们只会考虑自己，所以当苏军进来的时候就先自己逃跑了。

李：我想再问一次为什么要烧掉资料呢? 那是谁的命令呢?

猪熊：那是关东军司令部的电报，我们只是负责接收而已。比普通士兵早一点知道消息。

李：关东军司令部?

猪熊：所以大家都是从我们那里听到的消息。我部队长官什么都不知道。我是电信通讯兵，早就听说了，比他们早得多。

李：烧了什么东西?

上田：粮食和兵器，还有文件，全部都烧掉，是有这样的一道命令吧? 只有通信兵知道，然后 18 日，关东军的……

猪熊：停战命令就来了。

上田：停战命令啊。消息就在那种情况下从关东军传到通信队，从通信队再到士兵们那里?

猪熊：是的，是这样的流程。也就是通信队将这个命令传达给各个部队长官或者参谋等。

上田：然后就是 18 日。

李：我想知道关东军司令部的宪兵们知道这一消息后的情形。

猪熊：他们可能知道得更早，有别的路线逃跑。

李：烧的文件里都有些什么文件? 怎么烧的?

猪熊：着火的话会很严重的。

上田：所以就在山里挖洞，然后把东西扔进去烧。

猪熊：暗号书有这么厚，就像本词典一样，特别厚。烧起来是很费功大的。

李：那怎么烧呢?

猪熊：嗯，挖了洞。

李：关于这个能不能说明一下?

猪熊：就是先在飞机场里挖洞，把要烧的东西都拆散之后放进去，然后浇上汽油，最后再点燃。

李：在公主岭北?

猪熊：是的，在飞机场的一角，一个边上。

李：是哪边?

猪熊：这个……是哪边来着，总之是飞机场的一边。

上田：所以说要烧的东西很少吧，只有通信兵去了。

猪熊：就算是通信兵，暗号书也是很厚的。

上田：烧起来很费劲吧?

猪熊：嗯，烧起来很费劲的。就那样放进去是烧不起来的，所以要把它们都拆开，变得小一些可能会好烧。

李：猪熊也做了这样的工作?

猪熊：大家都做了，一个人两个人是做不完的。“新京”那里开始冒很大的烟，都是黑色的烟。那些东西就那样烧起来了。

上田：所以说“新京”真的是挖了一个很大的坑，然后三天里一直不停地往里面扔东西烧。

李：我听说的是抚顺，抚顺烧了一周，每天都在销毁。

猪熊：还不只是这样。

上田：嗯。

猪熊：像曹长以上的军官，他们不知道自己以后该怎么活下去，所以就自杀了。用手枪自杀了，还有自己浇上汽油在飞机场被烧死的。

李：在公主岭飞机场不是挖了洞吗? 有多深?

猪熊：不记得了，因为那时候已经不顾一切了。

上田：但是要烧掉的文件之类在你所在的地方已经堆成山了吧?

猪熊：其实也没有那么多。要把自己分队的东西都烧掉。

李：烧掉的文件，都是什么内容呢?

猪熊：所有文件都被烧掉了。

李：是什么类型的文件，内容是什么?

猪熊：就像刚才说的，是暗号书之类的文件。总之暗号书是最需要烧掉的东西。

猪熊：长春关东军也烧了很多东西吧。那是 14 日吧。回到“新京”的时候他们（那里）已经在冒黑烟了。

李：14 日?

猪熊：是 14 日。

上田：不烧干净就逃跑的话，残留的东西就只能那样残留下去了。之后还是逃跑比较重要吧。所以才残留下来了。

李：您看到了吗?

猪熊：我没去那地方，但亲眼看到那里黑烟滚滚。

李：看见了?

猪熊：看见了烟，黑烟弥漫。

李：在公主岭能看到长春?

猪熊：能看到的，迷迷蒙蒙的。

上田：所以有军队的地方都在销毁文件吧？必须要毁灭证据。那是关乎战争犯罪的证据。

猪熊：内地也都在做这些吧。

上田：嗯，问过很多人。各种各样的书里也有记载。

猪熊：尤其是陆军很厉害啊。内地的军队真的销毁了很多东西。

猪熊：所以我们到现在也不知道到底有多少文件被销毁了，总之非常多。

（根据 2014 年 7 月 5 日猪熊得郎受访口述记录整理）

2014 年 7 月 5 日，猪熊得郎接受口述访谈照

山下正男

1923 年 10 月 19 日 出生于日本静冈县。

1944 年 1 月 自愿入伍，步兵第 153 连队补充队（三重县久居）；2 月到达山西省壶关，编入“北支那”方面军第 1 军第 62 师团独立步兵第 22 大队第 2 中队。

1945 年 1 月 陆军预备士官学校入学；7 月毕业，任兵科见习士官，属第 1 军独立步兵第 14 旅团第 244 大队（山西省潞安）第 3 中队；8 月 20 日，任少尉。

1946 年 3 月 山西残留，配属第 6 特务团保安第 6 大队，入太原市南大营盘干训团兵舍；7 月任第 2 战区干部训练营第 6 中队少校主任教官；10 月任亲训团士兵队第 6 中队少校中队长。

1947 年 1 月 野战军干部训练队本部少校教育副官，先后任第 2 战区亲训团第 2、3 期尉官教育队第 3 中队中校中队长。

1949 年 1 月 任炮兵训练处上校参谋兼教官，与人民解放军作战。

1949 年 4 月 24 日 30 万人民解放军攻陷太原城，被俘虏；5 月入太原战犯管理所。

1950 年 12 月 移入华北军区训练所（河北省永年）。

1953 年 5 月 入西陵收容所（河北省易县）。

1954 年 9 月 26 日 乘兴安丸号返回日本。10 月 1 日到热海老家。10 月 7 日，作为知情人，对日军“山西残留”做了“因军令残留”的证言，并告发了主谋者们。

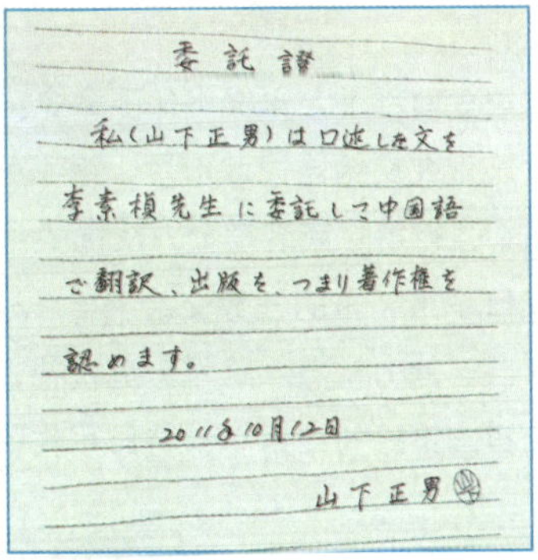

委託證

私（山下正男）は口述した文を李素楨先生に委託して中国語で翻訳、出版を、つまり著作権を認めます。

2011年10月12日

山下正男

（一）我的两次罪行

我在青年时代参加了两次战争，对中国人民犯下了无法弥补的罪行，对此，我发自内心地忏悔和谢罪。第一次是天皇统治的日本对中国发起的侵略战争。另一次是在战后，作为日军“山西残留”的一员，加入支持军阀阎锡山阻碍伟大的中国人民解放事业的反革命战争。

我出生于 1923 年。在我们那个年代，从小学时起就通过齐唱《君之代》、奉读《教育敕语》的方式来教育我们要成为为天皇贡献生命的“忠臣良民”。

1931 年 9 月 18 日，在我小学二年级的时候，日本帝国主义宣称“满洲和蒙古是日本的生命线”，并发动了侵略中国东北的战争。这场战争被炮制成是为了实现“五族协和”、为了建设“大东亚共荣圈”的正义之战，但实际上它的真正目的是要建立天皇军队“关东军”统治的傀儡政权——“伪满洲国”，以妄图发动全面侵华战争并将其变为对苏战争的基地。

1944 年 1 月，我入伍日本陆军。在军队里，我日夜诵读《军人勅谕》。《勅谕》里说：“须知下级奉上级之命，实为直接奉朕命之义。”所以，即便是无理的命令也必须遵守，不得违抗。

1945 年 7 月，我从陆军预备军官学校毕业，成为一名兵种候补军官，被分配到司令部所在的山西省太原第 1 军独立步兵第 14 旅团第 244 大队，担当新兵教育，并指挥“粮秣作战”等掠夺行径，犯下了罪行。

1945 年 8 月 15 日，日本接受《波茨坦宣言》并宣布无条件投降。我们这些士兵们等着解除武装返回家乡，却一直没等到上级的调令。

实际上，1945 年 9 月 2 日，也就是在美国战列舰“密苏里”号的甲板上举行日本投降签字仪式的第二日，侵华日军总司令冈村宁次发电报给重庆的国民党蒋介石请求投降事宜的指示。

之后，冈村总司令对部下全军发出如下命令：“只能向蒋介石的国民政府军投降，全部的武器、物资及设施都要交给国民政府军，绝不可以交给八路军。把武器交予八路军者严惩不贷。如遇八路军强行解除武装须全力反抗。”

蒋介石将接收日军第 1 军的任务交给了第 2 战区司令阎锡山。但因为阎锡山的军队势力薄弱，无法依靠自己的力量与八路军分庭抗礼，因此在终战以前，阎锡山采取“日阎合作、共同反共”的卖国策略勾结日军，将日军收留己用来对抗八路军，妄图再次成为山西省的统治者。

1940 年夏，山下正男 17 岁参加日本陆军经理学校考试照

1945 年 9 月，阎锡山和第 1 军首脑部设立“合谋社”，开始部署残留工作。1945 年 12 月，阎锡山制定《第二战区特务团官兵待遇办法》，劝诱日本军民加入特务团。第 1 军首脑部在 1946 年 1 月末同意了阎锡山的要求，召开属下各部队将校、下级军官、士兵的合同会议和特务团成立大会。

遵从这一命令，我也在中队长的命令下与部下 25 名士兵一同留在了山西。

阎锡山与其勾结的日军“山西残留”的主谋者（第一军司令澄田赉四郎、参谋长山冈道武、参谋岩田清一、特务分子城野宏）等，在日本投降后仍企图复活日本军国主义，他们的野心昭然若揭：“在山西成立日军部队，与阎锡山联手保全山西，实际上想使其成为日本殖民地，从中获得各种重要的工业原料，同时也要确保日本商品市场。如果爆发第三次世界大战的话，山西可成为日本进军大陆的基地。但如果中国在共产党的领导下逐渐强大起来，那样会对日本造成重大的威胁，无法复兴天皇统治下的日本。所以一定要阻止中国赤化。”（引自 1965 年 6 月 12–20 日在中国最高人民法院特别军事法庭上提出的被告人城野宏的起诉书及其供诉书）

日军“山西残留”明显违反《波茨坦宣言》。1946 年 1 月 5 日，美国国务卿马歇尔担任调停一职，与国民党代表张群、共产党代表周恩来组成三人军事小组。2 月 16 日，由国民党、共产党和美国三方组成的军事调查部三人小组（郑介民、叶剑英、罗伯逊）来到山西，目击了日军与八路军交战，确认了日军留用部队的编成，对阎锡山提出了严重抗议，要求日本人全体回国并解散特务团。阎锡山与第 1 军首脑部因此假装解散了特务团。特务团的中心部队离开太原分散隐匿，在 3 人小组离开山西，第 1 军主力部队遣送回国结束之后，隐匿残留的日军将兵（2600 余名）直接归为阎军，接受教育、训练并参与与共产党军队作战。

我被派遣到阎锡山直辖的亲训团，担任尉官与军士的教育工作，成为了野战军干部训练队本部的一名教育副官。期间从事编纂由成为军事顾问的“山西残留”主谋者山冈、岩田等新制造的 5 厘米轻迫击炮的操典，犯下了重大的罪行。

1947 年 7 月，“山西残留”的日军将兵被收编为暂编独立第 10 总队，作为山西军的精锐部队，不仅妨害了太原的解放事业，还杀害了大量的中国人民解放军与中国民众。1949 年 4 月 24 日，太原终于在人民解放军的总进攻下被解放了。

日军残留部队组成的暂编独立第 10 总队投降，解除武装后全部被送到了战俘收容所。

收容所并不是监狱，而是通过教育的方式让我们自主认识战争犯下的罪行，改正罪行之后得以释放的学习场所，给予了我们重新做人的机会。

在太原、永年、西陵的收容所里，在中国人民解放军的耐心指导下，通过劳动与学习，我们认识并坦白了自己的罪行，得以洗心革面重新做人。

1954年8月19日，中国人民政府人民军事委员会总政治部下达了如下命令将我们赦免。

“西井健一等417名日本军人都曾参加过侵华战争，在战争中犯下了各种罪行，并在日本投降后又加入了蒋介石、阎锡山的反共军队，继续与中国人民为敌，这样的罪行是重大的”；“犯下了各种罪行的以下417名原日本军人，本应得到相应的处罚，但因其在接受3至5年的管制期间，认识到了自己的罪行，因此在中国人民解放军的宽大政策下得以赦免”。

从那一刻开始，一直到现在，我们不再被叫作“同学们”，而是被叫作“朋友们”。

中国人民和发动这场侵略战争的日本统治者及被强制参加战争的我们有着本质的区别。我本来也是一名善良的日本劳动人民，在认识了参加侵略战争和阎锡山军队犯下的罪行并真心悔改之后，得到了原谅宽恕。

山下正男入伍时与家人的油画

这都是基于中国人民崇高的国际主义的宽大政策。我们因此获得了新生，这是我们一辈子都无法忘记的事情。因此，我给我的长子取名为“宽”。

1954年9月26日，我乘坐第8次复原船——兴安丸号回到了日本。10月1日回到了我的家乡。10月7日，我作为知情人受到“众议院海外同胞撤回及遗留家属援助特别委员会”的邀请，对日军“山西残留”做了“因军令残留”的证言，并告发了主谋者们。

1956年我加入了“中日友好协会”热海支部，并参加了中日恢复邦交3000万署名运动，之后也一直致力于中日友好活动。

2011年6月6日，桥下知事领导的政治团体“大阪维新会”强行通过《君之代起立》条例，并在九月府议会上提出了对奏国歌时不起立的教职员做出处罚的相关法案。

另外，在各教育委员会中学教科书的选择问题上，“靖国派”的“新教科书撰写协会”和“日本教育再生机构”的育鹏社版，将日本侵略战争美化和正当化，主张用武力解决纷

50年后重返太原，于投降处双塔寺前留影
长子山下宽（左）、山下正男（中）、山下顺子（右）

争的危险教科书被列为采纳对象。

在最近的中日共同舆论调查中，针对中国人对日本人抱有“不好的印象”的原因这一问题，回答“日本侵略过中国”的占74.2%，回答“日本没有正确对待侵略中国的历史”的占46.3%，历史问题占前两位值得我们日本国民重视，并应该对此做出深刻的反思。

日军“山西残留”的共犯者——日本政府以及最高法院，都在歪曲此事件的事实，企图将其掩埋在历史的阴霾里。这种行为是绝对不能允许的。

绝对不允许篡改历史！美化侵略战争之路毫无前途！

当下最重要的应该是正视近代日本对亚洲诸国犯下侵略罪行的这段历史，将隐藏起来的历史真相公诸于世，并深刻认识此事实的重要性。

我自知自己是这段历史的见证人。在谈话的最后，我向中国人民坚决起誓：为了中日不再战，为了和平友好，我会更加努力，拼上我的晚年。

（二）我被称为“朋友”了！

1. 束手就擒——私物归还，饭菜一样

太原城外东南山岗上立着双塔寺，其中的一座塔是山西军的炮兵群指挥所。总督导官岩田清一（原第1军参谋、少佐）就在这个指挥所里。作为炮兵训练处教官的我也在岩田的身边。

1949年4月22日拂晓，解放军第63军开始对双塔寺阵地进行猛烈的攻击。红绿信号弹刚刚落下，15厘米榴弹炮便紧追其后地射发过来，坚固的石壁崩塌，塔内炮烟滚滚，令人窒息。总督导官岩田和我再也无法坚守在塔内了，被浓烟熏出了塔外。一出塔外就束手就擒了。

山下正男于 2009 年 11 月 28 日日中口述历史文化研究会上的讲演照

指挥官样的解放军人物过来说："武器全部没收，私人物品可以留下。如果有私人物品丢失就告诉我们。"正如此言，傍晚私人物品全部被返还回来了。我们的饭菜也和解放军吃的一模一样。这就是放下武器之后与解放军打的第一次交道。

当时，我在太原收容所。主要修理被战火毁坏的墙壁和铺设市内的街路。有一天，我们和解放军一起向太原急行军（其理由我不知道）。我被解放军的那位小队长的行动惊呆了。

不用说，急行军对每个人来说都非常累。小队长好像不累似的，一边唱一边走，时而还做几下舞蹈的动作。原来他不仅用歌声来解消士兵的疲劳，鼓励大家快乐行军，而且一发现有可能要落伍的士兵，他就代替那士兵背枪背包。这在日本军队、国民党军队里是根本看不到的事。这是我放下武器之后，第一次看到的解放军里的官兵关系。

我曾在日本军队、中国的国民党军队和共产党军队里一共生活过 10 年零 8 个月，如果简单概括我的体验的话，那就是人民解放军是平等的、友爱的、无敌的。

2 登城观战——解放军英勇攻城，残留日军全部被俘

总督导岩田和我怎么也没有想到的是，人民解放军会让我们在双塔寺阵地观看攻打太原城。当时，攻打的激烈程度是用语言无法描述的。

4 月 24 日早上，随着大炮对城墙的攻击，总攻拉开了序幕。坚固的城墙一面接一面的崩塌，火药库也被炸掉了，伴随着巨大的声响，火焰和浓烟喷上了天。解放军开始靠近城墙，借助长长的梯子向上攀登，一转眼的时间，周围 4000 米的城墙上飘起了无数面鲜艳的红旗。

太原城内激烈的街道战持续了好几个小时，最后城门被打开，以装甲部队为首，拿着白旗的山西军陆陆续续地从城里走了出来。残留日军第 10 总队司令今村方策等干部及将士 400 余人全部成了俘虏。

太原城被攻破三天之后，今村方策服毒自杀。至此，山西残留日军反共、再侵略的野心完全破灭。

3. 赦免回国——被称为“朋友”了，立志中日友好

1954 年，山下正男返回日本留影

1949 年 10 月 1 日，街道上响起了欢呼声，人们载歌载舞地欢乐起来。我得知那是中华人民共和国成立的日子。当时，我正在太原市的街道上做改修铺路的工作。

从 1949 年 5 月到 1954 年 9 月，我在太原、永年、西陵等战犯管理所学习与劳动。通过学习，我深刻地认识到在两次战争（对华侵略战争和阎锡山与解放军的战争）中作为帮凶而造成的双重罪恶，改造了军国主义思想，并洗心革面，成为热爱和平、热爱劳动的普通人。

至今，我还清晰地记得归国登船的时候，热心关照我的沈政治委员的送别话语：“山下，我们马上就要分别了，祝贺你能过上团圆、和平的生活。最后我要赠送你一句饯行的话：不久，在日本人民用自己的手撰写的史册中，将记入山下正男是日本人民勤劳的儿子，有一双勤劳能干的双手。”当时，我使劲地握着他的手，深深地点着头。登上归国的兴安号，我深深地回味、记忆着自己的手要永远成为“勤劳的劳动双手”，与军国主义的握炮之手永远告别。

残留在中国成为俘虏的我们，归国时曾被说为“从中共归国的洗脑组”。的确，我们发生了很大变化，但是，我们并不是单纯地被动地被灌输共产主义思想观念的。在接受思想教育时，战犯管理所给我们充足的时间、机会，让我们自己考虑什么是正确的，什么是错误的。详细地举例子，讲人类社会发展史等。自己对自己进行思想教育的过程，并不是轻松愉快的。刚参加学习时，我是一个非常有抵抗情绪的俘虏，被称为“顽固分子”。回想我参加日本军队时，是一个强烈的军国主义青年，怀着“建设新亚洲”的理想，信奉“为了大东亚共荣圈而圣战”。可是，在自我认识、自我反省的教育岁月中，解放军政治委员像兄弟似地拉着我的手，在小河边促膝谈心……“顽固分子”的我，在被俘虏的第 4 年，

终于对“为了大东亚共荣圈而圣战”的理念产生了怀疑。渐渐认识到它是对中国和东亚各国人民的伤害。随之也觉得自己被残留在阎锡山的军队里作战，也是对新中国解放事业的阻碍。

人民解放军的战犯管理所并非监狱，而是教育和改造人的地方。放下了武器，大家不再是敌人，而是像兄弟一样亲密相处。就是凭借着这种精神，中国共产党打赢了抗日战争，打赢了国共内战，成立了中华人民共和国。

1954 年 8 月 19 日，中国政府人民革命军事委员会依据宽大政策，对于我们这些认罪的战犯公布了赦免命令。也在这天对我们的称呼从“同学们”变成了“朋友们”。我归国的日子说来也巧，正好是新中国建国 5 周年的 1954 年 10 月 1 日。

正是在这一年的 3 月 8 日，日本与美国签订了日美相互防卫援助（MSA）协定，6 月 9 日颁布了防卫厅设置法、自卫队法，造成了日美军事同盟与日本重新武装的动荡局势。1956 年我与“中归连”的根上民夫先生结成了日中友好协会热海支部，全身心地投入于日中国交恢复的社会活动中。

现在，我已经 86 岁了，我身体虽然不好，但 65 年前在中国所经历的那一切，还都历历在目。我要把它讲述下来，留给日中两国的青年们，也想供历史研究者参考。

（根据 2011 年 10 月 12 日山下正男受访口述记录整理）

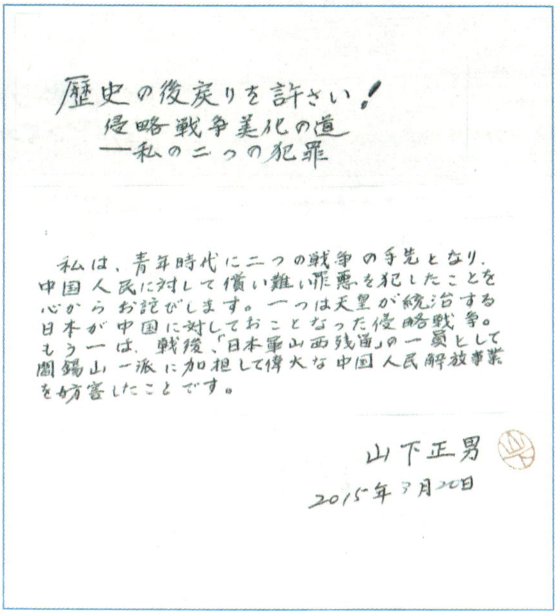
歴史の後戻りを許さい！
侵略戦争美化の道
―私の二つの犯罪

私は、青年時代に二つの戦争の手先となり、中国人民に対して償い難い罪悪を犯したことを心からお詫びします。一つは天皇が統治する日本が中国に対しておこなった侵略戦争。もう一は、戦後、「日本軍山西残留」の一員として閻錫山一派に加担して偉大な中国人民解放事業を妨害したことです。

山下正男
2015年3月20日

决不允许历史倒退和美化侵略战争！
——我的两次犯罪

我在青年时代曾充当了侵略战争的爪牙，对中国人民犯下了难以宽恕的两次参战罪行，我从心底里道歉。一次是参加了天皇统治的日本侵略中国的战争。另一次，是在（对华）战争后，我作为“日本山西残留部队”的一员，协助过阎锡山部队，妨害过伟大的中国人民解放事业。

山下正男
2015年3月20日

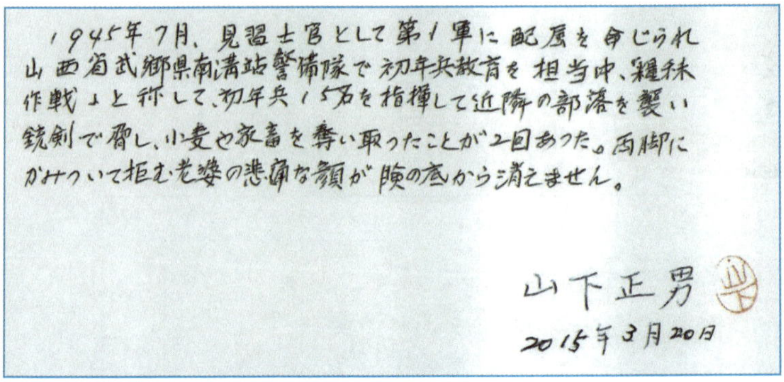
1945年7月、見習士官として第1軍に配属を命じられ山西省武郷県南溝站警備隊で初年兵教育を担当中、糧秣作戦と称して、初年兵15名を指揮して近隣の部落を襲い銃剣で脅し、小麦や家畜を奪い取ったことが2回あった。両脚にかみついて拒む老婆の悲痛な顔が瞼の底から消えません。

山下正男

2015年3月20日

1945 年 7 月，我作为实习士官配属于第 1 军，在山西省武乡县南沟站警备队担任新兵教育时期，曾指挥 15 名新兵以“粮秣作战”的名义，袭击了邻近的村庄。我们以刀枪威胁，两次抢夺了小麦和家畜。一个（被抢夺的）老太太用嘴咬我的脚来反抗，她那张悲痛的脸在我眼前无法消失。

山下正男

2015 年 3 月 20 日

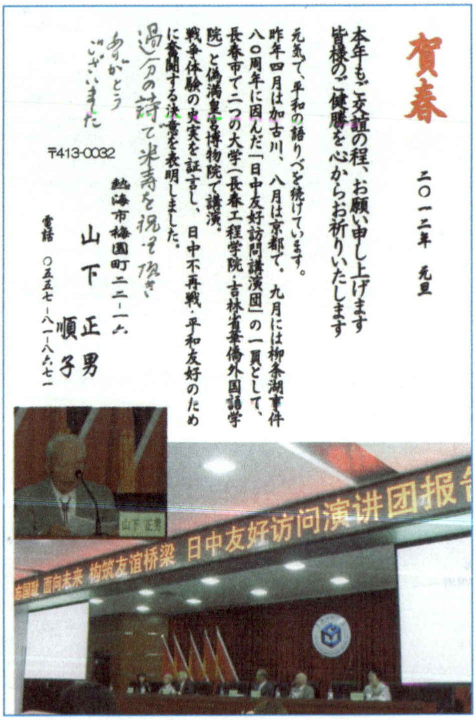
賀春

二〇一二年 元旦

本年もご交誼の程、お願い申し上げます
皆様のご健勝を心からお祈りいたします

元気で、平和の語りべを続けています。
昨年四月は加古川、八月は京都で、九月には柳条湖事件
八〇周年に因んだ「日中友好訪問講演団」の一員として、
長春市で二つの大学（長春工程学院・吉林省華僑外国語学
院）と偽満皇宮博物院で講演。
戦争体験の史実を証言し、日中不再戦・平和友好のため
に奮闘する決意を表明しました。

過分の詩で米寿を祝って頂き
ありがとうございました

〒413-0032
熱海市梅園町二二ー一六
山下正男
順子
電話 〇五五七ー八一ー八六七一

山下正男于 2011 年 9 月长春口述历史国际研讨大会讲演照，
他将照片自制成贺年卡，宣传“日中不再战，和平友好”。

小俣佐夫郎

1921 年 出生于日本东京。

1942 年 1 月 征兵检查甲等合格，入伍千叶县佐仓步兵连队小山队。后经北京至山东省德县加入“北支那”派遣军 59 师团。

1944 年 晋升上等兵，编入山西省垒兵团 246 大队第 4 中队。

1945 年 日本投降后被残留于山西阎锡山部队，与中国人民解放军作战。

1949 年 4 月 24 日 30 万人民解放军攻陷太原城，被俘虏；5 月入太原战犯管理所。

1950 年 12 月 移入华北军区训练所（河北省永年）。

1953 年 5 月 入西陵收容所（河北省易县）。

1954 年 9 月末 乘兴安丸号于舞鹤港登陆，返回日本。

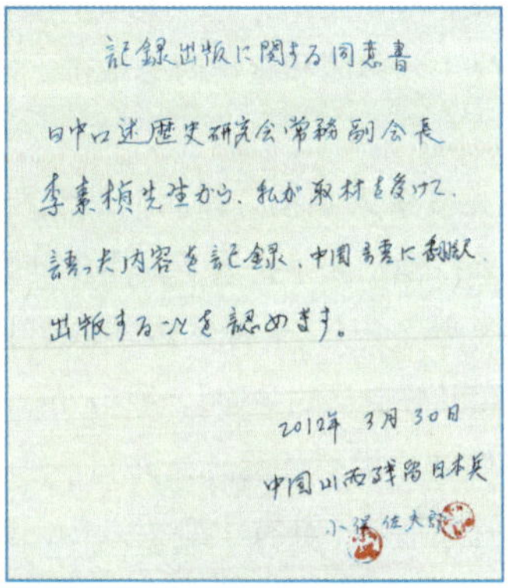

記録出版に関する同意書

日中口述歴史研究会常務副会長
李素楨先生から、私が取材を受けて、
語った内容を記録、中国語に翻訳、
出版することを認めます。

2012年 3月 30日
中国山西残留日本兵
小俣佐夫郎

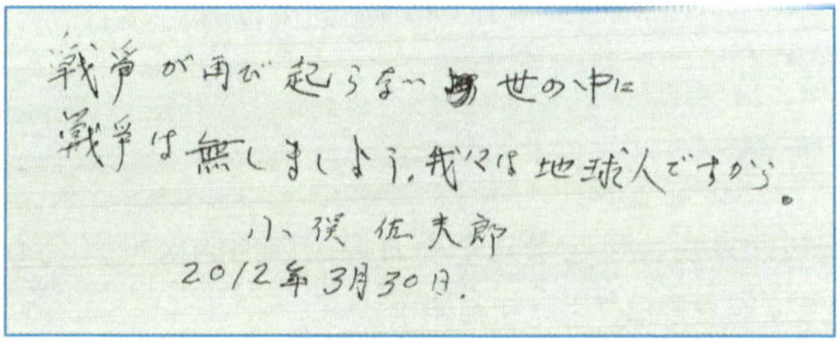

戦争が再び起らない世の中に
戦争は無しましょう。我々は地球人ですから。
小俣佐夫郎
2012年3月30日.

愿世上永不再发生战争。

小俣佐夫郎
2012 年 3 月 30 日

从军生活

入伍

昭和十六年（1941）12月25日，日本帝国向英美两国宣战，悍然发动了太平洋战争。在九一八事变、七七事变以及大东亚战争等战争中，我们迎来了自己的青春岁月。第二年，也就是昭和十七年（1942）的一月初，我体检甲等合格后入伍。

家人还有很多朋友在品川区大井车站为我送行。我们真诚地宣誓“愿为天皇陛下和大日本帝国不惜生命战斗到底”。平日里为前辈们送行时都会想到“迟早我也会有这样盛大的宣誓”。

接到入伍通知后，我从军于千叶县佐仓步兵连队小山队。

经常听老人们说，军队有着严明的纪律，是“日本男儿必须修行的场所”。起床号响之后必须起床，如果生活起居和整理内务做得不好、集合时迟到或者就餐较慢，就会被负责全天监视的老兵们扇巴掌。

晚饭后的点名尤其令人害怕。新兵们站成两排，然后让他们朝着对方的脸互相打嘴巴。最后上等兵再来打他们，手打累了就用皮鞋踹。和家人最后一次的见面会上，妹妹嘲笑着说“哥哥是不是胖了”。父亲曾体验过军旅生活，所以只有他明白是什么原因，他只说了一句“一定要照顾好自己的身体”，我很受鼓舞。

军队生活和一般社会相差甚远。允许私下惩罚，为了培养绝对服从上级命令的精神。忍受不下去的人只有逃跑。一共有120人入伍，先后有4人当了逃兵，等待他们的只有军法法庭。

新兵教育

经过北京后，又花了几个小时经过广阔的大平原，终于来到位于中国山东省德县的“北支派遣军衣部队”（指59师团）。

我们虽然是穿着军服、肩上扛着步枪的军人，但是还没真正地射击过，也没有真正地和敌人战斗过。没到达目的地之前我都有些不安，直到走进德县车站附近的师团司令部我才放心下来，这都发生在片刻之间。想要成为一星新兵还要接受更加严酷的新兵教育。

想成为合格的日本兵在战场上厮杀，还必须经历过下面这些。

每天早晨起床号响就必须起床，朝着天皇陛下所在的东边的天空举枪敬礼。

白天军事训练的内容就是日军引以为豪的九二式重型机关枪。它很重，平时搬运的时候需要四个人一人一只手抬着；行军时扛在肩膀上；突袭时就把枪身和三脚架分开扛在肩膀上，轮流着来；作战时让马驮着。除了这四个人之外还有四个人扛弹药箱，两个人照顾马，这些事士兵们都得学会。行军一小时的话就会累得胳膊麻木、肩膀肿起、两腿发抖。尽管如此，骑在马上的教官还会命令我们跑步走，可我们无论如何都迈不出一步。最初每个人都会在途中倒下，落在队伍后面，但是慢慢地大家都能克服了。

每天熄灯号响后在床上休息是最值得期待的，也最能缓解白天训练所带来的疲劳。躺在床上听着附近德县站传来的火车头的蒸汽声和汽笛声，就十分想念祖国，归乡心切。

私下惩罚依然存在，但是却没有像在千叶佐仓军队时那样有人逃跑。这里远离祖国，逃跑只会给家里的兄弟姐妹们抹黑，而且兵营四周都是森严的铁丝网以及深深的沟渠。

我学会了“军人的天职就是尽忠”，第一期检阅结束后，我晋级成了一等兵。

站岗

回归中队后等待我们这些新兵的是不怀好意的老兵。新兵很倒霉，老兵让新兵站成排，然后他们扇巴掌。这就是私下惩罚。

我被分配到济南市警卫队。主要担任济南站、飞机场入口等济南市周边哨的警卫哨兵。原以为会被分配到第四中队重机枪班，但最后却成为扛着步枪每日站岗的哨兵。

只有站岗放哨的时候我才能感觉到些许轻松和安宁。

有很多日本人居住在这里，他们经过哨兵面前时都会轻轻地低下头笑着说“辛苦了”。日军长官经过时，我们必须举枪敬礼。

在济南站，每天都有几十辆满载军需用品的火车驶向奉安方向。也有拉着苦力和农民以及他们家人，而其中大部分是中国俘虏，大概是送往满洲煤矿的，火车上都有森严的警备监视。

一天，在车站的放哨换岗很晚，剩下很多饭，就要扔到洗碗的地方时，突然有五六个中国少年翻过栅栏拿着空碗抢我扔掉的剩饭，这些少年们的后面还有两个穿着破烂的少女，他们用手制布网把我洗碗的水里的剩饭捞进自己的碗里去。我不知为何没有把他们大声训斥走。大概是因为我想到大约一个星期前，我收到妹妹寄来的第一封信吧。信里说道：“家里的小孩子（3岁）因为能吃，被妈妈训得很惨。国内粮食供应越来越少了。”

晚上点名后，我被中泽上等兵和班长严厉地惩罚了。“你竟然同情中国人？你这样也能算日本人吗？”我表达自己的后悔之情后反复发誓保证“以后一定注意”。

激战山西

位于南方战线的战况急剧变化，部队改编之后开始转移。我在昭和十九年（1944）晋升为上等兵，编入山西省肯兵团 246 大队第 4 中队。

山西省与山东省不同，多是山岳地带。铁、煤和农作物都很丰富。在这里，日军实际占领区只有从太原城到山西省的长治、泽州县的铁路以及军用道路，路上只有日军兵营驻扎地和守卫路线的瞭望台。

我作为久原中队长的当值人员，跟随中队长来回巡视 246 部队总部所在的泽州县的瞭望塔。浮山分遣队由井元兵长（和我是同年兵）以及 7 名士兵共同担任警备。

大概在 3 天前，八路军约两百人袭击了这里。第一次经历战争的新兵们向我诉说战况时说“于是就觉得我们不行”。

瞭望塔位于远离村落的小山丘上，在这里眺望星空可以看到美丽的夜空，可以看到小时候在图鉴里看到的群星，其中还有拖着长短不一尾巴的彗星逐渐消失，以及谁都能清楚地分辨出来的北斗七星。我甚至陷入一种错觉，感觉自己不在瞭望塔而是身处宇宙之中。那是唯　　次我忘记了自己身处战场。

2012 年 3 月 30 日，小俣佐夫郎于家中接受口述访谈照

放弃驻扎地

昭和二十年（1945），久原中队和石塚中队进行了换班，我从位于东边路线中间地带的虎亮镇车站向百米外的驻扎地移动。

在兵营内，新兵教育开始了。

战况日益激化。

第 4 中队的驻扎地也经常遭到八路军的夜袭。他们都远离铁路逃跑。

中队长得到大队总部的支援发动了反击战。得知约五十名左右的八路军在兵营东边 2000 米处的村庄集合这一消息后，我们包围了这个村庄。按照中队长的命令，我和其他 4 个人前去侦察。我们想避开白天还有些昏暗的农村小路，从田地里渐渐靠近远离村庄的小庙，但是被敌方的哨兵发现并通知了后方。我们快速冲上去抓住哨兵，才发现是跟我们母亲差不多年龄的女性。我用步枪的枪托狠狠地打她，踢她。她蹲在那里，我们把她推下山谷，山谷里没有树，她摔落的速度很快。

黎明时分我军冲进村庄的时候，已经人去楼空。地道从农家的小仓库一直延伸到山谷中。

刺杀俘虏

有消息说店下附近的线路有八路军出没，我军派出 6 个人出击，但是没有发现敌人的动向，接近中午的时候他们归队了。

横井中队长把我喊了出来（久原中尉回国了），上士也在那里俯身看着下面挖的沟渠。队长和平日里不太一样，我感觉他的语气有些严厉。他命令我在今天早饭后处死 7 名八路军俘虏，然后在兵营西面的沟渠里处理掉尸体。

新兵教育结束后，开始进入实践训练。在兵营南面的沟渠中，俘虏们被绑在柱子上，然后让新兵们用刺刀去刺。俘虏们的上身被刺成了马蜂窝，新兵们的刺刀还会刺向俘虏们的脸和头。新兵们都是闭着眼睛颤抖着刺下去的。

切断柱子上的绳子运送尸体时，上等兵小仓面对这格外凄惨的一幕喊道："不，我做不到！"但是长官的命令不容违背。完事后我们 6 个人都吃不下去饭。

掩埋的尸体第二天早晨被农民挖出抢了回去。

疯狂的"三光"

进入夏天后，八路军的攻势格外猛烈，日军出击的频度也逐渐多了起来。白天美军战斗机盘旋在空中炸毁火车，给我们的运输造成了很大的打击。对于周边村落农民不帮助我们这件事，横井中队长很生气，他集结军队，命令把铁路周边的村庄全部烧毁。

日军给士兵们发火柴和蜡烛，在农家的院子前面堆放燃料，然后把农民们贮藏起来作为家畜食物的高粱也付之一炬。屋子里也点起了火，整个村落都被烧毁，这就是日军的“三光”政策。

可是，日军的作战越是强硬，当地的治安水平就越差。

战败

我被分配到下面这个分遣队。

每天晚上冈野进一（注：反战同盟的日籍解放军）派的解放军就会拿着扩音器对着我们呼吁：“日军马上就要被联军击败了，大家不要再做无谓的抵抗了。”我难以忍受这样混账的话，因为我根本无法相信日军会战败。

尽管我不敢相信，但这一天终于还是来了。

这一周内美国的飞机也没有来，敌军也没有进行攻击。

我们得知这个消息已经是第三天了，中队长传达了天皇陛下的投降诏书。

后记

我忠实地讲述了我的军队生活的经历，希望可以通过这些揭露战争是怎样穷凶极恶的犯罪行为，并且希望可以在追究战争的犯罪性上面有些许帮助。

在加入军队之前我也是善良的劳动者。但是如果说只是服从长官的命令才杀人的也是不可以的。

我的军队生活受到日本军国主义和反共思想的教育，误入侵略歧途。这些是我被解放军俘虏后在管理所内接受学习才明白的。

我希望年轻一代们能世世代代积极努力争取和平和民主，这是非常重要的。

（根据 2012 年 3 月 30 日小俣佐夫郎受访口述与回忆录整理）

第二章/慰安妇

小林宽澄

1919年9月2日 出生于日本群马县。

1940年 被征入伍，1月中旬由青岛登陆，入独立混成旅团第19大队第2中队，青岛受训5个月，入辛店中队本部。7月-9月被派往桐林。9月被派往第19大队烟台中队威海卫，后又被派往文登县、牟平县等。

1941年 6月19日深夜部队突然集合，20日，被八路军追击，自杀未遂，被俘。9月18日觉醒同盟胶东支部成立，后任反战同盟鲁中支部副支部长。

1943年春 向新泰县土门村日军据点喊话。

1946年 加入中国共产党，任内蒙古医院副院长。

1955年 返回日本。后成立“椰子会”（八路军、新四军的谐音），长年从事反战宣传、中日友好工作。

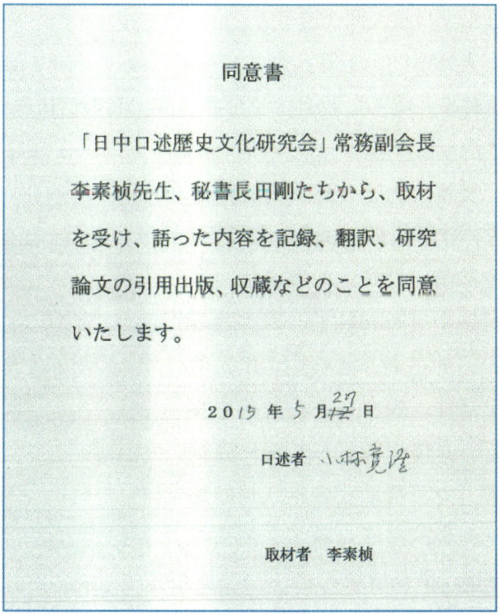

同意書

「日中口述歴史文化研究会」常務副会長李素楨先生、秘書長田剛たちから、取材を受け、語った内容を記録、翻訳、研究論文の引用出版、収蔵などのことを同意いたします。

2015 年 5 月 27 日

口述者 小林寛澄

取材者 李素楨

采访者：田刚（以下简称“田”）
采访对象：小林宽澄（以下简称“小林”）

吃中国人的脑髓治梅毒

小林宽澄军装照

田：关于随军慰安妇的情况，你看到过吗？请介绍一下吧。

小林：我看到过。我也去过那里。当时我 21 岁，是新兵。老兵对我说：“我撂倒好几个女人了。你还一个也没撂倒呢。”他们嘲笑我说：“小林什么都不明白。”当时军中宣传：连女人都不敢碰，还能上战场杀人嘛！“小林，撂倒一个女人试试。”

我不知道“撂倒”是什么意思，就去了那个地方。我认为就是普通的放倒吧，从后面把女人抱住，心想：真重啊，没能抱起来。那个女人生气了。

当时，日本军队到了哪里，哪里就会有慰安妇随着到来。其实，士兵不需要外出，在军营中的房间里按顺序排队就可以了。房间中的女人是中国人。如果星期天外出的话，值班的会发给所有外出士兵每人两个避孕套。

有一天外出时，上等兵今井义彦对我说：“小林，强奸这个女人吧。”我生气地说：“怎么能做这种事儿呢？”我阻止了今井义彦。我很讨厌那种事情。

日本的军队不仅仅去慰安所，还到中国人家去强奸。我的班长和队长，做恶之后自己感染上了梅毒，为了治疗梅毒，把中国人杀死，砍下头来，找个地方烧后，一口口吃脑髓。看到这些事情后，我非常讨厌这个班长和队长。因为我表现出了厌恶的态度，队长很生气，对我进行了惩罚。战友三重县的柴原贞幸人很好，身体也很好，长着一张很普通的脸。为了帮助我躲避队长的惩罚。他把旁边的房间点着了。就那样帮助我逃避了队长的惩罚。

2015 年 5 月 27 日，小林宽澄接受口述访谈照

他入伍已经四年了，做了这件事后，对我说："我知道我会被开除的。"他非常高兴地返回日本了。

我在吃中国人脑髓的班长、队长那儿受尽白眼。在中国做了这些坏事的班长、队长等，是人类作恶的典型。最后，遭到了八路军的袭击，他们被打死了，死得真好。

田：怎么吃脑髓呢?

小林：把中国人的头烧了后，偷偷摸摸地舔着吃啊。

田：吃了人脑髓后，真的能治梅毒吗?

小林：是迷信，治不了。一个来自山形县、和我同姓小林的，他叫小林新次郎，在八路军袭击时被打死了，死得非常好，他就是鬼。中国人把日本士兵叫做"鬼子"或是"鬼子兵"。那真是"鬼"的军队啊。

田：被砍头的中国人是俘虏吗?

小林：是中国农民。在他们眼中，中国人和动物是一样的。所以"日本鬼子"做坏事，认为是理所当然的。

田：你多大入伍的?

小林：21 岁。我出生于日本群马县的马场市。21 岁那年接受征兵检查后，被派往中国山东的青岛、济南等地。在 12 军下属的独立混成第 5 旅团（旅团长是秋山）的独立步兵第 19 大队，大队本部在益都。我是轻机枪手。

（根据 2015 年 5 月 27 日小林宽澄受访口述记录整理）

2015 年 5 月 27 日，小林宽澄接受口述访谈照

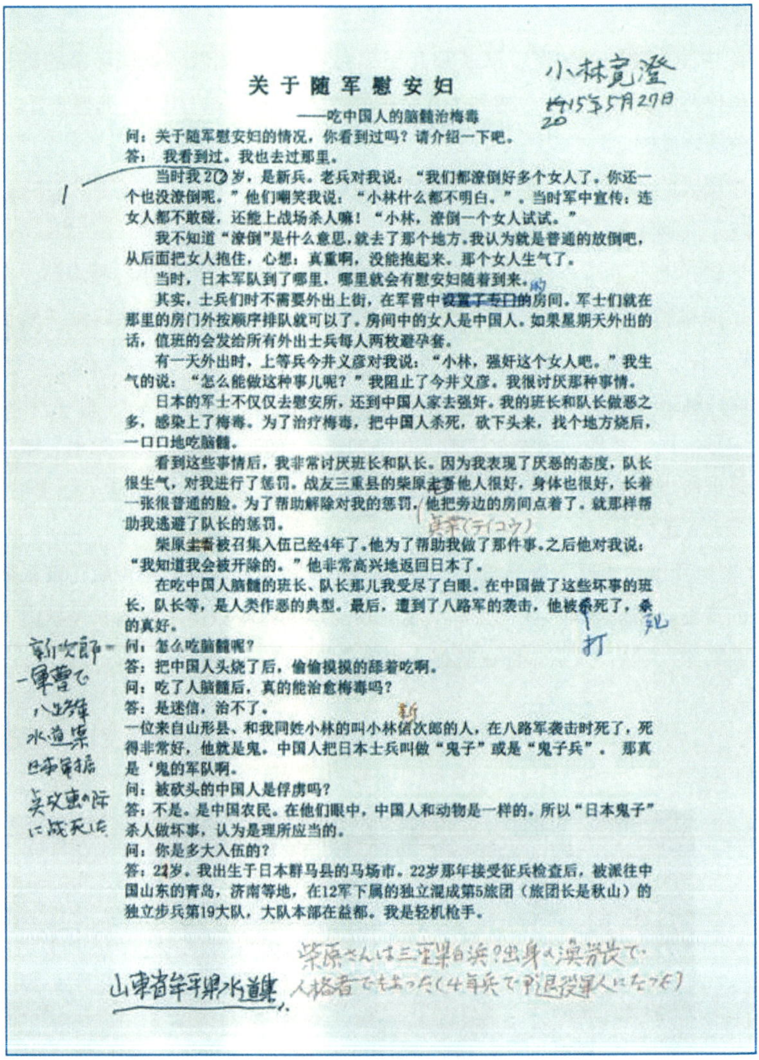

小林宽澄

关于随军慰安妇

——吃中国人的脑髓治梅毒

问：关于随军慰安妇的情况，你看到过吗？请介绍一下吧。

答： 我看到过。我也去过那里。

当时我22岁，是新兵。老兵对我说：“我们都潦倒好多个女人了。你还一个也没潦倒呢。”他们嘲笑我说：“小林什么都不明白。”。当时军中宣传：连女人都不敢碰，还能上战场杀人嘛！“小林，潦倒一个女人试试。”

我不知道“潦倒”是什么意思，就去了那个地方。我认为就是普通的放倒吧，从后面把女人抱住，心想：真重啊，没能抱起来。那个女人生气了。

当时，日本军队到了哪里，哪里就会有慰安妇随着到来。

其实，士兵们时不需要外出上街，在军营中设置了专门的房间。军士们就在那里的房门外按顺序排队就可以了。房间中的女人是中国人。如果星期天外出的话，值班的会发给所有外出士兵每人两枚避孕套。

有一天外出时，上等兵今井文彦对我说：“小林，强奸这个女人吧。”我生气的说：“怎么能做这种事儿呢？”我阻止了今井文彦。我很讨厌那种事情。

日本的军士不仅仅去慰安所，还到中国人家去强奸。我的班长和队长做恶之多，感染上了梅毒。为了治疗梅毒，把中国人杀死，砍下头来，找个地方烧后，一口口地吃脑髓。

看到这些事情后，我非常讨厌班长和队长。因为我表现了厌恶的态度，队长很生气，对我进行了惩罚。战友三重县的柴原老爷他人很好，身体也很好，长着一张很普通的脸。为了帮助解除对我的惩罚，他把旁边的房间点着了。就那样帮助我逃避了队长的惩罚。

柴原老爷被召集入伍已经4年了。他为了帮助我做了那件事。之后他对我说：“我知道我会被开除的。”他非常高兴地返回日本了。

在吃中国人脑髓的班长、队长那儿我受尽了白眼。在中国做了这些坏事的班长，队长等，是人类作恶的典型。最后，遭到了八路军的袭击，他被杀死了，杀的真好。

问：怎么吃脑髓呢？

答：把中国人头烧了后，偷偷摸摸的舔着吃啊。

问：吃了人脑髓后，真的能治愈梅毒吗？

答：是迷信，治不了。

一位来自山形县、和我同姓小林的叫小林信次郎的人，在八路军袭击时死了，死得非常好，他就是鬼。中国人把日本士兵叫做“鬼子”或是“鬼子兵”。 那真是‘鬼的军队啊。

问：被砍头的中国人是俘虏吗？

答：不是。是中国农民。在他们眼中，中国人和动物是一样的。所以“日本鬼子”杀人做坏事，认为是理所应当的。

问：你是多大入伍的？

答：22岁。我出生于日本群马县的马场市。22岁那年接受征兵检查后，被派往中国山东的青岛，济南等地，在12军下属的独立混成第5旅团（旅团长是秋山）的独立步兵第19大队，大队本部在益都。我是轻机枪手。

2015年5月27日，小林宽澄对采访记录稿“吃中国人脑髓治性病”的修改与签名

伊藤德治

1926年10月20日 出生于日本神奈川县。

1944年12月 征召入伍，未经新兵训练，着军装直接被派往中国山东。所属第59师团4296部队45大队第2中队3班，一等兵。

1945年9月-1950年8月 被苏联军队俘虏，于西伯利亚劳动改造5年。

1950年8月-1956年7月 由苏联移送至中国抚顺战犯管理所，接受思想改造5年。

1956年 返回日本。

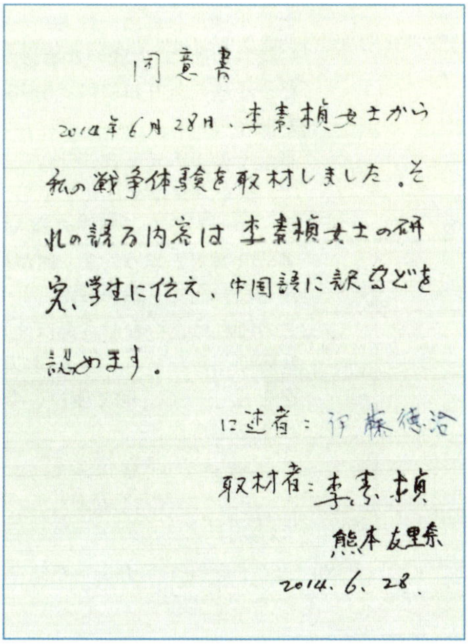

同意書

2014年6月28日、李素楨女士から私の戦争体験を取材しました。それの語る内容は李素楨女士の研究、学生に伝え、中国語に訳などを認めます。

口述者：伊藤徳治

取材者：李素楨
熊本友里奈

2014.6.28.

（一）排队进慰安所

1945 年 6 月某日，（我所属的）第 4296 部队 45 大队入侵山东省，驻扎在泰安境内。我们驻地的南面，有个用麻袋围起来的简易小屋，小屋周围有两三名日本士兵。在小屋东面 50 米处，是厨房，在小屋的入口处站着五六名士兵在排着队。

我也是其中的一人，因为是第一次去，膝盖哆哆嗦嗦地排队等着。进到里面发现是一个朝鲜妇女，我可能是第三个进去的，在什么都没明白的情况下，第一次就完事了。

当时我感觉空虚极了。我感受到了作为军人的虚无感、作为人的虚无感。我眼望着天空问自己：“为什么我要到这里来啊？”

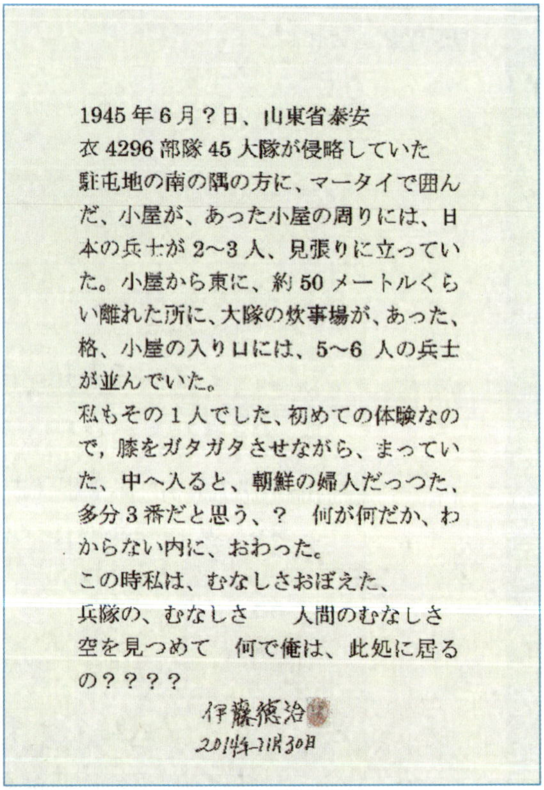
1945 年 6 月？日、山東省泰安
衣 4296 部隊 45 大隊が侵略していた
駐屯地の南の隅の方に、マータイで囲んだ、小屋が、あった小屋の周りには、日本の兵士が 2~3 人、見張りに立っていた。小屋から東に、約 50 メートルくらい離れた所に、大隊の炊事場が、あった、格、小屋の入り口には、5~6 人の兵士が並んでいた。
私もその 1 人でした、初めての体験なので，膝をガタガタさせながら、まっていた、中へ入ると、朝鮮の婦人だっつた、多分 3 番だと思う、？　何が何だか、わからない内に、おわった。
この時私は、むなしさおぼえた、
兵隊の、むなしさ　人間のむなしさ
空を見つめて　何で俺は、此処に居るの？？？？
伊藤徳治
2014年11月30日

2014 年 11 月 30 日伊藤德治在第二次专访时的手书

（二）把慰安妇称作“座布团”

1945年6月，我所在的第4296部队45大队2中队驻守山东济南郊外。当时我们把慰安妇称作“座布团”(日本式的一种坐垫，比中国的坐垫大、厚一些)。当时，就在野地里用竹竿和麻袋遮搭起来，没有篷盖。中队长说“你们去吧。”士兵们就按入伍年龄排队，4年兵在最前边，然后是3年兵、2年兵，1年新兵在最后，排队进入。

乌鸦在上空盘旋鸣叫着“阿呆”(乌鸦的叫声像日语「**あほ**」，意思是“傻瓜、混蛋”)。我们中队130人，分来8个“座布团”，每人一次10分钟左右，用不上一天就完了。然后“座布团”(慰安妇们)又被转运到其他中队驻地。我们中队大约半年能轮到两三次。我亲眼看到过有的慰安妇脸色苍白，翻着白眼儿，只剩一口气的样子。我们不用给“座布团”交费。

我还亲自接送过日本来的慰安妇团，当时称“慰问团”，送到中队部交给上级。我们一般士兵只能用“座布团”，日本来的慰安妇只供上级用。这些慰安妇年龄大约三十岁左右，穿着和服，脸上看不出高兴的样子。一次七八个人左右。

（根据2014年6月28日伊藤德治受访口述记录整理）

（三）临时随军慰问所

采访者：田刚（以下简称“田”）

采访对象：伊藤德治（以下简称“伊藤”）

田：刚才听您说，慰安所就是用麻袋围起来的那种，不是真正的房子，没有屋顶？是在军营里吗？

伊藤：不，不是的。在野地里。

田：真的？在野地里？一整天吗？大家一起去吗？

伊藤：用不上一天。一个人大概10分钟左右。一个人一个“坐垫”，半天就完事。

田：士兵们都去吗？

伊藤：大家都去啊。一个中队的士兵都去。只是一个中队的士兵。所有中队同时去的话，不行啊。

田：每个中队，刚才你说的中队，有多少人？

伊藤：有130人。

田：130人啊。仅一个中队就有130人啊。

伊藤：是啊。就那么干了。

田：130 人，有多少女人（慰安妇）？

伊藤：嗯……大概 7 或 8 个人吧。

田：8 个人左右接待 130 个人吗?

伊藤：是的。

田：从早晨起，一直到下午?

伊藤：没有那么长时间。

田：一个人 10 分钟左右。那么，确实有随军慰安妇这种事，对吧?

伊藤：有的有的，确实是有这样的事。

田：那么，伊藤和周围中队的士兵，大家都去过吗?

伊藤：都去过。

田：伊藤你也去过吗?

伊藤：我没有，从没去过，我当警备了。（注：在第一次证言中，伊藤德治没有承认自己去过慰安所，在第二次专访中，他亲笔手书写下自己去过慰安所的证言。）

田：警备?

伊藤：是的，做警备。慰安妇一来，就需要有警备。如果八路军趁机打来了，那就麻烦了，所以要有警备，在慰安所的周围警备。

田：警备有多少人?

伊藤：警备没有多少人，5 人或 6 人吧。

田：在麻袋围起来的慰安所外面?

伊藤：是的，是的。有时候还能听到里面士兵做那种事的声音，就用手贴着耳朵听。

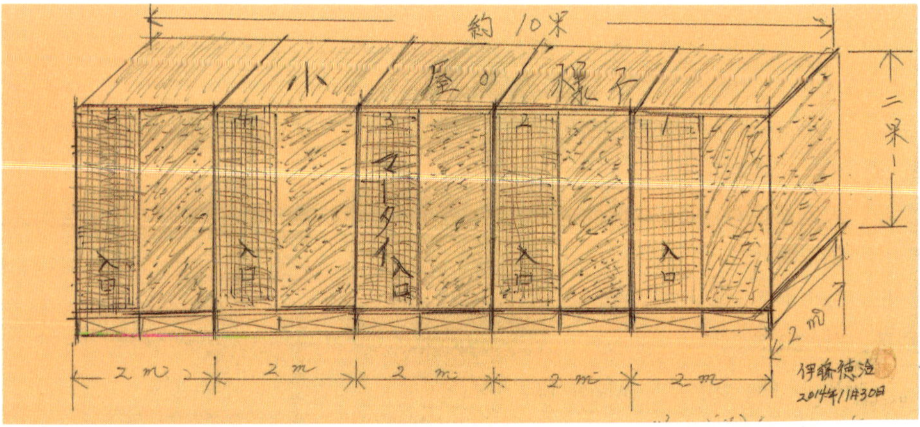

2014 年 11 月 30 日，伊藤德治手绘用麻袋围起来的临时慰安所

田：啊，那在麻袋围起来的慰安所中的女人，都很苗条漂亮吗？是怎么样的状态？

伊藤：嗯，各种各样的。大家都喜欢有女人味儿的女人吧。

田：衣服是和服？

伊藤：嗯，和服比较多。那个时候，穿和服的，穿普通裤子的，都有。其实，穿裤子的很多，裤子用来代替日本的和服，代替旗袍之类的。

田：那么士兵们一个月只有一回吗？

伊藤：不，根本达不到。有一次就不错了。

田：那么，一个月轮不上一回吗？

伊藤：嗯，半年左右一回吧。

田：半年一回，你是说来回轮换？

伊藤：是的。

田：那么士兵们是怎么想的呢？卫生什么的不考虑吗？

伊藤：都不想那个。你想，都是年纪轻轻的小伙子啊，都在部队中吃苦，不论考不考虑，都先到那儿再说。中年以上的人，已经了解部队的人，即使知道是怎么回事，也去啊。

田：这是什么意思呢？

伊藤：是这样的，在部队里一两年的人是新兵，是不太去做这种事情的。在部队中到了 3 年兵、4 年兵和 5 年兵的时候，就都去了。已经习惯了，也不知道害怕了。

田：那么没有 1 年的新兵去吗？

伊藤：比较少。1 年和 2 年的新兵都轮不上的。

田：因为钱？

伊藤：也有钱的原因，怎么说呢，有的是没时间，没有空余时间。新兵训练 6 个月，其间不让出军营。

田：嗯，第一次听说。第一次听说用麻袋……

伊藤：麻袋，麻袋坐垫。

田：嗯，有多少麻袋？麻袋围成的慰安屋，里面面积有多大？

伊藤：两个榻榻米吧。两个榻榻米那么大（约一张床大小）。

田：仅仅是两个榻榻米吗？

伊藤：就是。所以是坐垫。就是这样。

田：坐垫，就是在仅两个榻榻米大的地方。

伊藤：一个坐垫。

田：坐垫有多大？现在我的……（手指一个坐垫）

伊藤：就那个坐垫那么大。

田：就那么一点儿大？

伊藤：对啊。

田：啊，真的是坐垫，一块屁股大小的地方。

伊藤：是的，是的。

田：之后就围上？用麻袋围上？仅仅是一条麻袋那么长？

伊藤：很长的，很长。因为要连起来，有身高那么高。

田：有木头支撑什么的吗？

伊藤：竹子，用竹子支撑。用竹子做成圆形。

田：噢，用竹子做的。

伊藤：中国有很多竹子，对吧？

田：那个，麻袋里面是什么样？去过的士兵们，为什么想去，听说过吗？中队长问“谁想去？”举手去，还是申请去？想去的人就去？

伊藤：不，不是那样的。

田：那是什么样呢？

伊藤：就是那个，有去的指示啊，有命令的啊。

田：哦。

伊藤：做的话，有命令的，去的话，一个中队的人，大家一起去。

田：啊。没有不想去的人吗？

伊藤：其中也有。因为大家都去做的话，会很脏，所以不想去的人偶尔也有。

田：嗯，也有啊。

伊藤：有的，只是这个不是问题，因为全体都要去做这个事是事实。做这个事和不做这个事已经不是问题了，这就是日本军。

田：那么，第一个做的人和最后一个做的人，怎么做？怎么排呢？

伊藤：是按顺序去。

田：大家都想最先进去吧？

伊藤：是啊，先去当然比较好，后去的都没感觉了。

田：那么，先去的人和后面的人……谁先谁后，这是谁的命令啊？

伊藤：命令？

田：谁去安排这个顺序？

伊藤：按照 4 年兵、3 年兵、2 年兵、1 年兵，按照这个顺序，这是普遍的。

田：那么中队长呢？

伊藤：嗯……这个不知道的。

田：排队吗？

伊藤：排队的。

田：恐怖啊。

伊藤：是很恐怖。

田：排的队伍有多长呢？几百人？

伊藤：慰安一整个中队，也没有二三十名女人，也就 5 人或 6 人吧。慰安完了，简直就像死掉了一样吧。这些女人真是很可怜，但她们当时也没办法。

田：在白天，也用麻袋吗？

伊藤：嗯，用麻袋，麻袋的上方有乌鸦在天空中鸣叫。

田：嗯？

伊藤：天上有乌鸦在叫。

田：什么？

伊藤：屋子的上方（临时搭建的简易慰安所没有房盖），有乌鸦在上空鸣叫。

田：乌鸦啊，乌鸦在叫啊。

伊藤：阿呆、阿呆地叫着。

田：阿呆是什么意思？

伊藤：就是笨蛋的意思。

伊藤：赤裸着在麻袋里做那种事情。乌鸦就在上方周围来回飞，阿呆阿呆地鸣叫着。

田：那么这些麻袋屋（慰安所）里面是什么样的？几个麻袋屋的周围都是什么样的？

2014 年 6 月 28 日，伊藤德治接受口述访谈照

伊藤：嗯，几个屋子都在做这种事，一直都是。

田：在野地里?

伊藤：是的。

田：一直这样吗?

伊藤：是的。

田：那么 8 个麻袋屋就有 8 个慰安妇，8 个简易慰安所了。

伊藤：是的。

田：啊，是这样啊。（慰安妇们）这个月是这个中队，下个月是那个中队。

伊藤：嗯。

田：这是什么时候的情况?

伊藤：败战前。

田：败战前?

伊藤：嗯，当时士兵们对中国人做了太多的坏事——强奸或其他之类的坏事，几乎所有的士兵都做过。

田：啊，果然是从军的慰安妇啊。

伊藤：是，慰安妇是从军的慰安妇啊。

田：是中国人吗?

伊藤：也有中国人吧，这个我不太清楚，朝鲜妇女多吧。

田：有日本人吗?

伊藤：我不知道。日本人也有的吧，日本人也有。有去慰问这个，慰问那个的，也是有的。

田：那么，伊藤看到过日本的慰安妇吗?

伊藤：我看到过。

田：她们什么样? 都很年轻吗?

伊藤：年轻的姑娘不太多啊，都是过了 30 岁的。她们家里生活很贫困，被卖了的，被强迫的；或者是喜欢做这种事情的，但这样的人很少。

田：那么，伊藤怎么接触的日本慰安妇?

伊藤：我给她们做向导。

田：那些日本来的慰安妇吗? 怎样做向导?

伊藤：做向导就是，“来这儿”，类似做这样的事情。“叫什么名字? ”然后，结束时说“辛苦了”，就结束了。

田：向谁说? 是向中队长说吗?

伊藤：是向中队长说的。

田：向中队长说“这次带来几个人”？

伊藤：对啊。

田：那么，总共做过几次这样的向导呢?

伊藤：有三次。从日本来的慰问团。

田：慰问?

伊藤：慰问，就是这样的慰问啊。

田：啊，慰问，慰安妇的慰问。

伊藤：不称为慰安妇。从日本出来的时候，叫作来慰问凯旋的士兵们。这样在日本就显得不难堪，然后再去进行所谓的慰问。

田：说是慰问，这个是慰安妇的“慰”吗？“质问”的“问”吗？那么，三次向导，有多少人呢?

伊藤：大概七八人吧，一次。团体来的。

田：一个中队，要住几天?

伊藤：这个我不知道的。我只是把人接来。“接来了，再见”，然后就结束了。嗯，所以不知道后面的事情。什么时候回去，去哪儿也都不知道。

田：那么这样从日本来的慰安妇……当然不在野地的麻袋屋里吧，在部队里住吗?

伊藤：她们有住的地方。但在哪儿，我并不知道的，很隐蔽。在很隐蔽的地方。

田：那么，士兵们能得到她们的慰安吗?

伊藤：士兵们不能的……不能。军阶高的人才行。

田：少尉以上官衔的人可以吗?

伊藤：嗯，那就可以了。

田：那么，你接她们之前，她们是从哪里来的呢?

伊藤：嗯？连队，从连队的本部里来的。

田：从连队本部来的？啊。那个时候的女人们，穿着华丽的衣服吗?

伊藤：嗯……衣服并不华丽。

田：看起来很贫穷吗?

伊藤：是贫穷吧，很普通的样子，普通的感觉。但是啊，虽然看起来普通，但是比普通的人打扮好一些。不过不是华丽。

田：那个人的名字和在日本哪个县居住什么的，你都知道吗?

伊藤：这些都知道。

田：你有名单吗?

伊藤：嗯？没有名单。名单是用电报传来的，用电报，tatatatatata……

田：啊，是使用无线电报啊。那么，是怎么带来呢?

伊藤：嗯，车啊，用车运来。

（四）按兵龄排队

伊藤：3 年的士兵先去，然后是 2 年士兵去，这是常识。不然就会被打耳光。

田：啊，这样。从军慰安妇是真的存在了?

伊藤：山东省啊，从日本来的慰安妇。嗯，山东省是有的。山东省的济南，不是战斗地区。济南，不是战场。日本人慰安妇就来济南。

田：那么，其他城市市内没有妓院吗?

伊藤：妓院? 有啊。有的有的。那个就是去的话价钱稍微有点高。有钱的人去，一般都是 3 年兵、4 年兵和 5 年兵能才去。1 年的新兵一般都不去，因为没有钱。

田：价格高是多少钱呢?

伊藤：我也不知道。

田：也就 10 分钟的时间吗?

伊藤：嗯?

田：去那里的妓院……

伊藤：不是的，不是的，就是普通的房间，普通的人家，并不是漂亮的房子。

田：有没有时间的限制呢?

伊藤：嗯，没有。是啊，因为 1 年和 2 年的新兵是不能去的。只有 3 年兵和 4 年兵才知道去哪里找妓院。

田：啊，这个样子啊。那么大家都在野地里、用麻袋做的慰安所吧?

伊藤：那个就是和被抛弃了的野猫聚集成群是一样的。杂乱无章。

田：那慰安妇什么样啊?

伊藤：这样，仅仅是这样子（仰面朝天的姿势）。

田：她们什么也不说。

伊藤：嗯，只是就做这个事，很脏的。

田：就像电影中死去的人那样吗?

伊藤：嗯? 死了? 不，只是晕过去了。

田：这样的事情，你看到过吗?

伊藤：看过那样的状态。

田：是什么样的状态呢?

伊藤：这样（翻白眼）的状态。

田：没有意识吗?

伊藤：就是这个样子（仰面朝天），不过没有死。

田：啊，感觉很可怜啊。那么，那个时候士兵们没有一点同情心吗?

伊藤：都是魔鬼啊，一群魔鬼，完全没有同情心。

（根据 2015 年 10 月 13 日伊藤德治受访口述记录整理）

2015 年 10 月 13 日，伊藤德治接受田刚口述访谈照

猪熊得郎

1928 年 9 月 16 日 出生于日本东京。

1944 年 4 月 作为陆军特别干部候补生，15 岁志愿入伍。入水户陆军航空通信学校学习。

1945 年 入关东军第 2 航空军第 22 对空无线队。在吉林省敦化地区假飞机场对空发电报以迷惑敌人，历时 1 个月左右。后转入公主岭飞机场，任机场对空通信电报士兵。

1945 年 9 月 战败被俘，17 日渡过黑龙江，入苏军收容所，劳动改造两年。

1947 年 于舞鹤港登陆，返回日本。

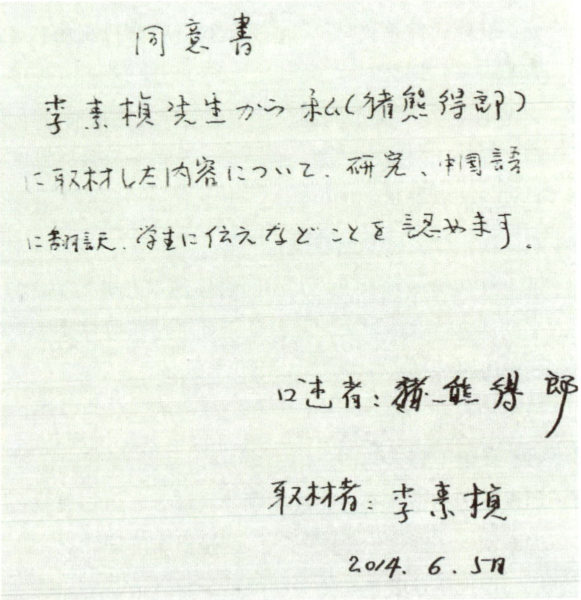

同意書

李素楨先生から私(猪熊得郎)に取材した内容について、研究、中国語に翻訳、学生に伝えなどことを認めます。

口述者：猪熊得郎

取材者：李素楨

2014. 6. 5日

采访者：李素桢（以下简称“李”）
上田美每（以下简称“上田”）
上田厚子（以下简称“上田小姐”）
采访对象：猪熊得郎（以下简称“猪熊”）

慰安妇和慰安所

李：公主岭有慰安所吗?

猪熊：估计有日军的地方到处都有这个吧。

李：您见过吗?

猪熊：我没见过，但是有日军的地方都有慰安所的。有日军的地方一定会有慰安所的。说这是为了提起士兵的战意。

李：战意?

上田：战斗意志高涨。

猪熊：去中国的时候，在满洲第一次外出记忆特别深。外出的时候如果不带着“突击一号”，在服装检查的时候会被当班或上司卡住。当时我没有带，所以被训斥：“为什么你不带突击一号呢? ”我说：“那个东西是理所当然的吗? 必须要带吗? 不去慰安所就成为不了出色的帝国军人吗? ”上级骂我：“你这个混蛋，连女人都不敢找的家伙，还能让你杀敌吗? ”说完就是一顿拳打脚踢。这是令我一生难忘的事情。

李：突击一号是什么?

上田：突击的汉字。“突击”的“突”是宝字盖下面有一个大写的八那个字。“击”是……嗯，男性用的避孕工具。避孕套。突击一号是在军队中的叫法。

猪熊：是军队的必需品。

上田小姐：因为要去慰安妇那里。

上田：嗯。性病是一种困扰。外出的时候基本上士兵都会去那种地方，如果把性病也带回来的话会在军中扩散，就打不了仗了。所以那是士兵们外出的时候的必备品。

李：如果没带的话……

上田：没带就会被训斥。

上田小姐：要是不想去的话……

猪熊：如果没带的话，不可想象。刚才说过了，上司骂我：“你这个混蛋，连女人都不敢找的家伙，还能让你杀敌吗? ”这是日军的理论。

上田小姐：但是避孕套也是要买的吧。

猪熊：嗯?

上田小姐：是买的吧? 避孕套是买的吧? 还是发的?

猪熊：买的。自愿买。

上田小姐：所以说不需要的人不买也可以。

猪熊：嗯? 大概没有不买的吧。

上田小姐：刚才您说的连女人都不敢找……给慰安妇钱吗?

猪熊："连女人都不敢找的家伙还能让你杀敌吗" 这句话吗? 慰安妇是这样分配的，大致上军官们的对象是日本慰安妇，其次士兵对象是中国慰安妇。

上田小姐：是中国人呀。

猪熊：在那里已经就有差别了。

上田小姐：这样啊。是中国人呀。

猪熊：这是事实，但大家都不说出这种差别。根据实际情况，找慰安妇的方式也有所不同。比如在战场，只隔上一块板，或布帘什么的，就能做慰安所。即使这样，日本兵外出时，也有 95% 的人去找慰安妇或妓院。

上田小姐：为什么日本的政治家们总是说没有慰安所、慰安妇呢? 这是我的疑问，为什么要撒谎呢？

猪熊：基本上有日军的地方就会有慰安所。

上田小姐：是这样的。

李：慰安所是什么样子的呢?

猪熊：根据地点的不同每个慰安所都不一样。

李：不是像妓院那样吗?

猪熊：在中国的大城市，也有漂亮的房间。但是在战地、接近敌人的地方，用所谓的板子围住，或者是在空房子里，慰安所，空房子，没有门。首先是设立慰安所，总之日军有了慰安妇士气就会高涨，是为了增强战斗力。有日军的地方就有慰安所，一定要设立慰安所。

上田：虽说是基本上的，但几乎都有。

李：但是政府现在不承认。

上田小姐：为什么那样说呢? 到现在士兵们说做过那样的事情，可是政府却说没有做过。

上田：尽管如此，战前的日本，数十年间政府是公认可以花钱嫖娼的对吧，虽然现在不允许嫖娼了。

猪熊：例如在印度尼西亚等地方，慰安妇不够，强制当地女人成为慰安妇这种形式也是自然而然的。

李：这是您听说的吧?

猪熊：总之，如果没有慰安妇的话，军队里面从上到下都会有意见，并且会向上级施加压力的。慰安妇也是，她们说如果不建立慰安所，难道要让我们去打仗吗？这就是日本军，日本军的性格。

上田小姐：这样做了，为什么不承认事实呢？

猪熊：可能是去找慰安妇的士兵在家人面前没法说吧，不好意思吧。

上田：这倒也是。

猪熊：“我爷爷去找过慰安妇”这样的话谁也说不出口吧。没办法告诉别人。这是个公开的秘密。其实大概有 95% 的人都去找过慰安妇。如果没有找过慰安妇，那在内务班是件大事，大家就会觉得那家伙必须得经受锻炼啊，连女人都不去找还能跟敌人战斗吗？然后就不得不去找慰安妇。回到班里每天都要开玩笑谈论慰安妇的事。

上田小姐：您还真能冷静下来呢。

猪熊：我做过侦察兵。侦察兵出去的时候可能会去有八路军的地方侦察。那是命令，所以必须那样，不能去找慰安妇。那家伙必须经受锻炼，而且也已经被锻炼了，所以不用去找慰安妇了。不只那个时候，在军队的日常生活中也是一样，日常生活就是很残酷的战斗。

李：13 日元的话，能去“女郎屋”吗？

上田：啊？如果是 13 日元的话能够去几次的了。一般来说。

猪熊：一般来说每到周日的时候就会去，这也是一种快乐的生活方式。如果没有这项活动的话，在军队就没有了所谓的自由，也没有什么愉快的生活。

上田：现在 40 万的工资，相当于花费在慰安上 13 万日元。所以说 13 万日元的话，从 4 周的时间来考虑，每周使用 3 万日元，每周都能去“女郎屋”。

猪熊：大概是 1 日元。

李：不是万，是 13 日元，那个时候。

上田：13 日元。所以说现在说的话，一万倍的比例应该是 13 万日元。

李：嗯，是啊。

上田：一般的工资是 40 万日元。

李：所以说，去“女郎屋”一次的话相当于 10 日元。

上田：去住一宿的话是多少钱？

猪熊：什么？

上田：一晚上大概多少钱？

猪熊：大概是 1 日元。

上田：是 1 日元吗？

猪熊：嗯，是的。

李：只有 1 日元?

猪熊：1 日元。

李：我听说过是 10 日元啊。

猪熊：慰安妇中，中国的慰安妇和日本的慰安妇，价格是不一样的。

李：日本慰安妇是多少钱?

猪熊：大概高出一倍，一般是供将校用，下级士兵们去“满人”慰安妇那里。

上田：是在自己的部队周围有这样的地方吗?

猪熊：是啊，所以大家都去。

李：我小的时候看见过公主岭的“女郎屋”的残留建筑，现在已经没有了。

猪熊：特别是不与慰安妇进行交易的士兵，数量是少之又少。反之如果坚决不交易的话，就会变成被欺负的对象。

李：这样啊，如果不去的话会被欺负啊。

猪熊：不去的话会被欺负的。

上田：也可以说是现成饭菜。不吃现成饭菜，是男人的耻辱，特别是拒绝和这个女人玩玩的时候。有句话："辜负女儿心，愧为男子汉。"嗯，总之整个日本是男尊女卑的社会。这是那时日本国家的一种风俗。

猪熊：所以说，日本的民主主义有些晚。可见当时日本水准之低。

（根据 2014 年 6 月 5 日猪熊得郎受访口述记录整理）

2015 年 9 月 20 日，猪熊得郎讲演:《绝不允许再次发动侵略战争》

桥口杰

1927年6月5日 出生于日本宫崎县。

1941年4月 东乡小学高等科2年，进入“满蒙开拓青少年义勇军”内原训练所。同年5月，加入“满洲国”东安省勃利县“大东义勇队开拓团”。

1944年2月 进入关东军第50特警大队接受训练。

1945年2月 在东安陆军医院，接受卫生兵训练。

1945年8月9日 苏军进攻后逃亡，加入土匪谢文东武装。

1946年7月 脱离谢文东部队，于七台河附近被东北民主联军俘虏。进入东北民主联军第八后方医院工作。其后，转至阿城第五后方医院，随军南下，参加辽沈战役、平津战役等，直至武汉、长沙。

1953年5月 从上海乘白龙丸号返回日本。

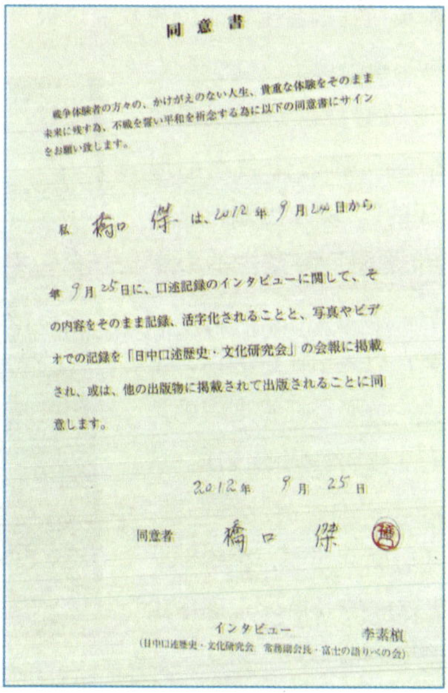

同意書

戦争体験者の方々の、かけがえのない人生、貴重な体験をそのまま未来に残す為、不戦を誓い平和を祈念する為に以下の同意書にサインをお願い致します。

私 橋口 傑 は、2012 年 9 月 24 日から

年 9 月 25 日に、口述記録のインタビューに関して、その内容をそのまま記錄、活字化されることと、写真やビデオでの記録を「日中口述歴史・文化研究会」の会報に掲載され、或は、他の出版物に掲載されて出版されることに同意します。

2012 年 9 月 25 日

同意者 橋口 傑

インタビュー 李素楨

（日中口述歴史・文化研究会 常務副会長・富士の語りべの会）

我参与检查性病

我在 1944 年 2 月进入关东军第 50 特警大队训练，一年后的 2 月被派往黑龙江省东安陆军医院，接受卫生兵的训练。那时，我参与了对慰安妇性病检查的工作。

当时来到这里的慰安妇在军医部里，她们所有人员的照片都附在了姓名册上，而且还有慰安妇的户籍册。在宪兵队里也有照片记录。后方负责的军医这样说道："关于这些慰安妇的所有资料，通过看这些照片便可知道。"后方的妇产科军医负责这项工作。原本的妇产科军医只负责召集医生，具体工作大体上都是由内科医生、外科医生来完成。

首先，把性病预防放在了重要位置，同时，虽说是民间的合法经营，但是同样受军队的直接管理。

关于这件事，听我们连队军医太田早苗说，东宁的实情也差不多。在昭和十六年（1941）春天开始赴任的小川军医少尉专门接受了"显微业务"检查性病细菌，大约是每周一次。在东宁厅的一室设立了诊所，在这里慰安妇们接受检查，他在昭和十七年（1942）末晋级到了中尉。

他身材矮小，皮肤白皙，是妇产科中的俊男，在将校军官聚会的酒席上表演了节目，与当时的首相东条英机在国会上发表的施政演说极为相似，不论是外貌，还是声音，使人有种错觉就是首相东条出现了。

他经常拿着避孕套说："这是我最重要的商业道具之一。"因为在满洲的时候是用这个"吃饭的"。现在想想，真的是值得考虑。这也是妇产科医生的心中所想。

姑且不说这些，以太田氏说的话，士兵每次外出的时候，务必委托管理者确认是否携带了避孕套。预防性病的传播，这个是最有效的方法。

我们部队，年轻新兵居多，精锐部队"日圆"部队有着很好的名声，患病率少之又少，军医给予了表扬。

桥口杰夫妇青年照

这个时候，在北满地区已经有大约七十万的兵力，约十四万匹马，飞机约六百多架。为了做好战前准备，收集了“满洲”、朝鲜的作战资料，对慰安妇性病的检查也是战前准备之一。

据说，大约一万人的朝鲜女性聚集在北满的旷野上，特设了一些设施以供“营业”。

把朝鲜女性称为“挺身队”这是个事实。“从军慰安妇”的事实在“痛苦——挺身队”这个项目中详细地记述了。以朝鲜总督府那里收集的资料为证据，就像是在《首尔新闻》的纪事中所报道，战败前后的有关书籍被焚烧，证据是“无”，对于朝鲜女性是极大的屈辱，大多数的生存者都闭口不提这件事。

1945 年 8 月 9 日之后，关东军有计划地撤退，逃跑；残留下来的慰安所，只能是休业的状态了。

2012 年 9 月 25 日，桥口杰夫妇接受李素桢（左）口述访谈照

我做的性病检查工作比较简单。先将提取“黏液”的各种工具小玻璃瓶等用醇锰剂消毒。在检查中，在军医的指示下，从慰安妇的阴道中提取“黏液”。慰安妇半卧坐在布帘的那面，我们从她阴道中用玻璃匙提取黏液，然后放入玻璃的容器中，保存好，提交上去。

最初看到女性生殖器很感兴趣，但当只有一个人检查的时候，会觉得很无聊，同时那种工作令我感到非常肮脏。

那个时候大约收集了 30 名左右的“检体”，这些检体之后怎么样了，我们这些卫生兵是无权知道的。

（根据 2012 年 9 月 25 日桥口杰受访口述记录整理）

桥口杰讲述“开拓团”就是“怪盗团”

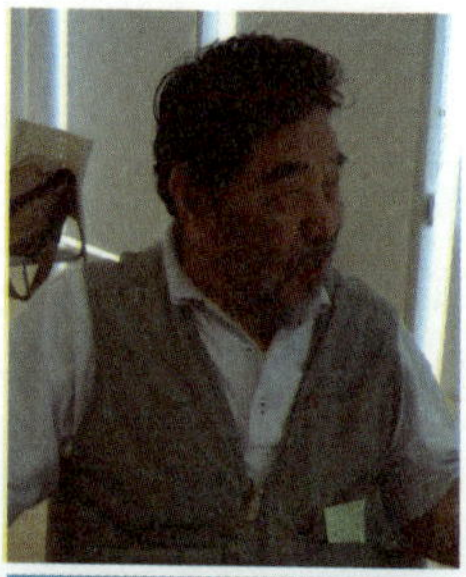

今村真

1924 年 3 月 出生于日本长野县。

1939 年 4 月 -1944 年 3 月 以青少年义勇军身份来到中国哈尔滨训练所，之后进入木兰县老石房川路村“开拓团”。

1944 年 3 月 现地被征，入孙吴第 1 师团野炮第 1 连队。

1944 年 5 月 考入“新京”宪兵教习所，关东宪兵教育队第 13 期生。

1945 年 4 月 从“新京”宪兵教习所毕业，入关东军宪兵司令部科学侦探班（通称司令部 4 班）。

1945 年 8 月 -1950 年 2 月 从长春逃到沈阳，被苏军俘虏，在西伯利亚劳动改造 5 年，后返回日本。

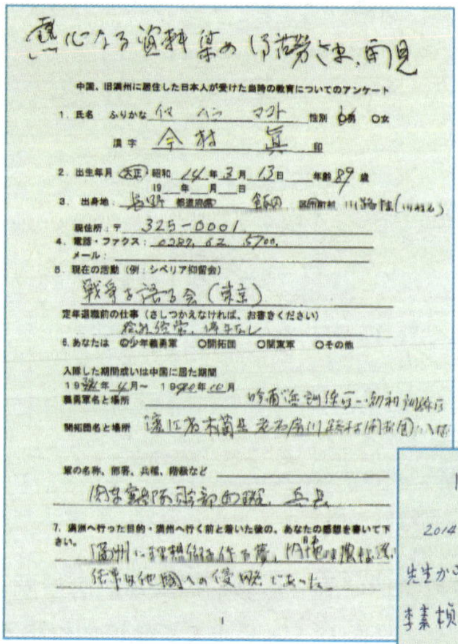

中国、旧満州に居住した日本人が受けた当時の教育についてのアンケート

1. 氏名　ふりかな　イマ ムラ マコト　性別 ◎男 ○女
漢字　今村 真　印
2. 出生年月 大正 昭和 14 年 3 月 13 日　年齢 89 歳
19__年__月__日
3. 出身地：長野 都道府県　飯田　区市町村
現住所：〒 325-0001
4. 電話・ファクス：
メール：
5. 現在の活動（例：シベリア抑留会）
戦争を語る会（東京）
定年退職前の仕事（さしつかえなければ、お書きください）
6. あなたは ◎少年義勇軍 ○開拓団 ○関東軍 ○その他
入隊した期間或いは中国に居た期間
19__年__月～ 19__年__月
義勇軍名と場所
開拓団名と場所
軍の名称、部署、兵種、階級など
7. 満州へ行った目的・満州へ行く前と着いた後の、あなたの感想を書いて下さい。

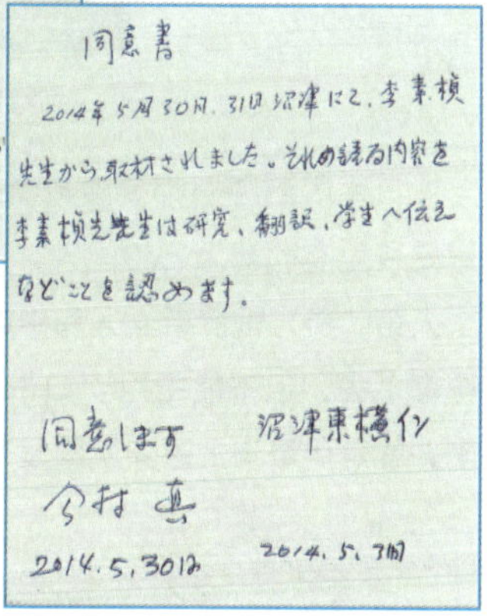

同意書

2014年5月30日、31日沼津にて、李素桢先生から取材されました。それの話る内容を李素桢先生は研究、翻訳、学生へ伝えることを認めます。

同意します　沼津東横イン
今村 真
2014.5.30日　2014.5.31日

军营的慰安所

当时的慰安所我们叫它“廓”（日语：**くるわ**），一般不设在显眼的市区中。

我在齐齐哈尔和牡丹江看到的慰安所都设在军营后边，房子比较简单，四周挖两人多深的壕沟围起来，以防慰安妇逃跑。

入门处设有吊桥。士兵们去慰安所就说“过桥去”。如果部队驻防转移，慰安所也随着转移，这些慰安妇专供日本士兵用。

亲笔回答问卷

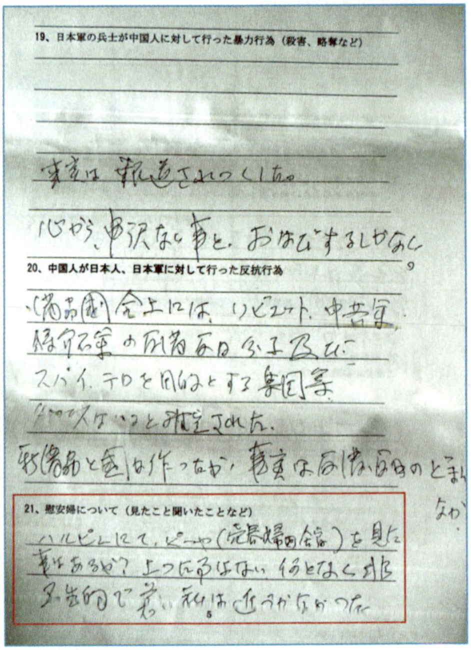
19、日本軍の兵士が中国人に対して行った暴力行為（殺害、略奪など）

事実は報道されつくした。

心から申訳ない事と、おわびするしかない。

20、中国人が日本人、日本軍に対して行った反抗行為

21、慰安婦について（見たこと聞いたことなど）

ハルピンにて、ピーヤ（売春婦商会館）を見た事はあるが？上った事はない。何となく不潔で若い私は近づかなかった。

“我在哈尔滨看到过慰安所，但我很年轻，觉得太脏，没进去。”

日本人到哪里都要建造类似“廓”形状的慰安所。有妓院，也有军队专用的慰安所。慰安所里有朝鲜人、中国人、日本人、俄罗斯人。她们的价格不同，日本女人最贵，朝鲜女人第二贵，俄罗斯女人和中国女人差不多，当地的女子最便宜。要带着“突击一号”（避孕套）去，但不能把慰安妇带到慰安所外留宿。“廓”形慰安所的周围，挖深沟，但没有水，就是用壕沟把慰安所围起来。有一个简单的吊桥。

（根据 2014 年 5 月 30 日今村真受访口述记录整理）

依田安昌

1924年9月30日 出生于日本长野县。

1940年 作为军属（非正式军人，但从事与军队有关的工作）在北京气象站工作3年。

1944年12月25日 “现地入伍”，加入了独立步兵第74大队卫生队，一等兵卫生兵。

1945年1月 入北京的陆军医院研修5个月。

1945年6月16日 被八路军俘虏，受到优待，参加学习和劳动。

1945年9月1日 苏联抑留，到苏联后又被遣返回内蒙古，在农家学习劳动。

1946年6月 返回日本。靠岸3小时前，战友6人被同船归国的右翼者装入麻袋殴打，投入大海。

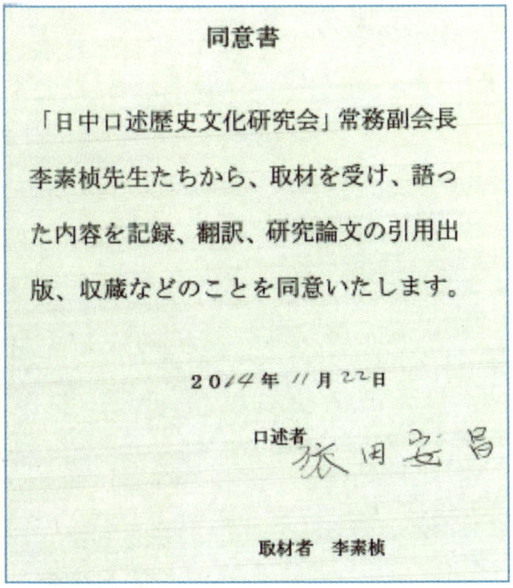

同意書

「日中口述歴史文化研究会」常務副会長李素楨先生たちから、取材を受け、語った内容を記録、翻訳、研究論文の引用出版、収蔵などのことを同意いたします。

2014年11月22日

口述者 依田安昌

取材者 李素楨

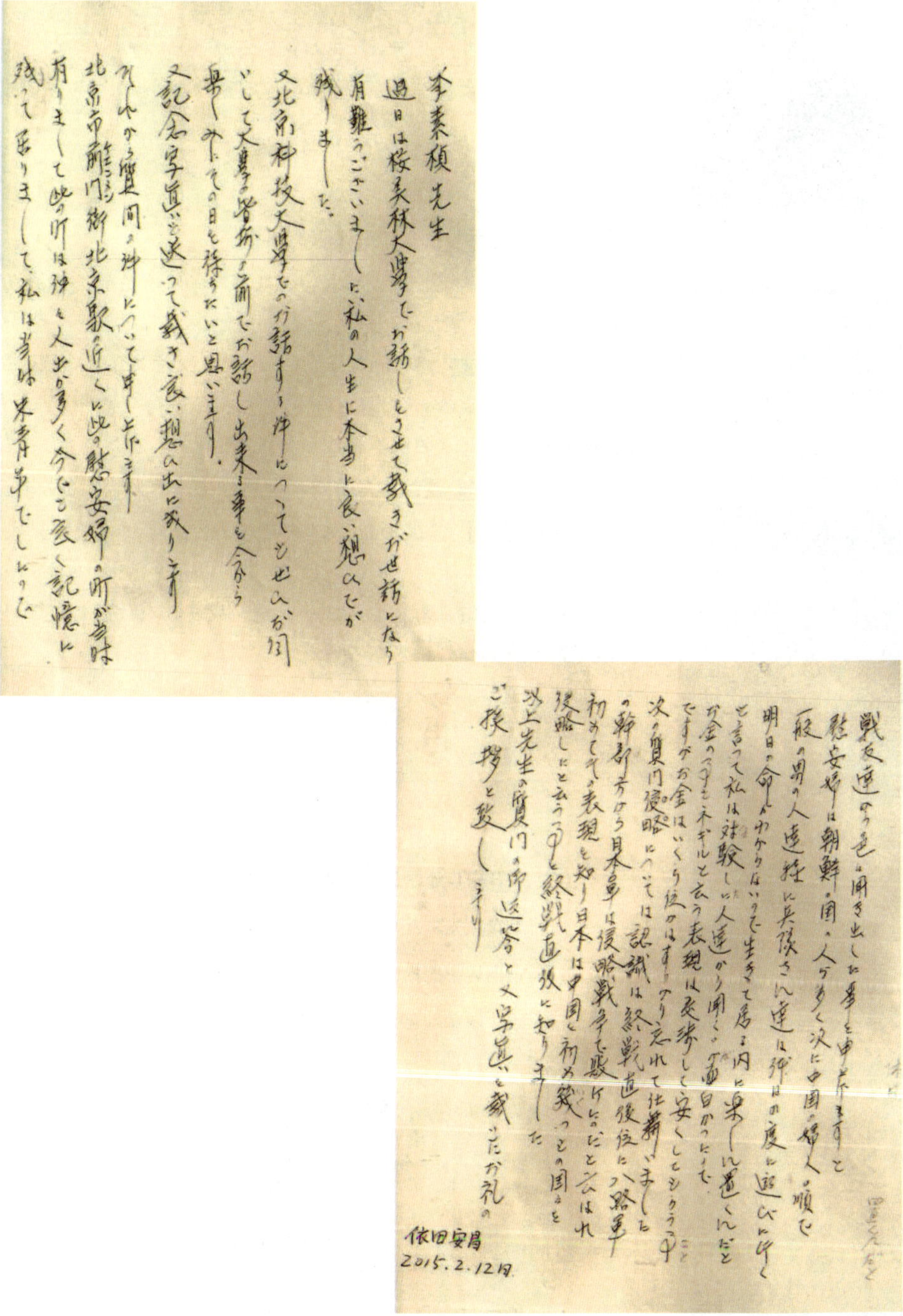

李素楨先生

過日は桜美林大学でお話しをさせて戴きお世話になり有難うございました。私の人生に本当に良い想ひでが残りました。

又北京科技大学での御話する件についてぜひお伺いして大学の皆様の前でお話し出来る事を今から楽しみにその日を待ちたいと思います。

又記念写真を送って戴き良い想ひ出に成ります

それから質問の件について申し上げます

北京市前門街北京駅の近くに此の慰安婦の所が当時有りまして此の所は沢山の人出が多く今でも良く記憶に残って居りまして私は当時未青年でしたので

戦友達から色々聞き出した事を申し上げますと

慰安婦は朝鮮・国・人が多く次に中国の婦人の順で

一般の男の人達様に兵隊さん達は毎日の夜に遊びに行く

明日の命がわからないので生きて居る内に楽しい遊ぶんだと

と言って私は体験しない人達から聞くと面白かったとて

お金のことをチギルと云う表現は交渉して安くしてもらうことで

ですがお金はいくら位かはすっかり忘れて仕舞いました

次の質問侵略については認識は終戦直後位に八路軍の幹部方から日本軍は侵略戦争で敗けたのだと云はれ

初めてその表現を知り日本は中国を初めその国々を侵略したと云う事を終戦直後に知りました

以上先生の質問の御返答と又写真を戴いたお礼のご挨拶と致します

依田安昌

2015.2.12日

2015 年 2 月 12 日，依田安昌写给李素桢的信

很多人对我说去慰安所

尊敬的李素桢老师：

感谢您前些日子让我在樱美林大学演讲，在我的生命中留下了很美好的回忆。另外送来的纪念照片引起了我的很多回忆。接下来，我开始回答您的提问。

我清楚地记得慰安所在当时北京市前门街北京火车站附近，自己当时是未成年人。

听到了很多战友们讲述的事情，慰安妇里朝鲜人最多，其次是中国人。一般的男人，尤其是士兵们在休息日去慰安所玩乐。很多人和我说去慰安所，是因为不知道明天是否能活着，想要在活着时过得快乐点儿。

因为花多少钱可以讲价，所以不记得具体是多少钱一次了。

您问的关于对侵略的认识，这一点是在战败被俘后，听八路军的干部讲话明白的。他们说日本部队在侵略战争中失败了，日本侵略了很多个国家等等，那是我第一次听到侵略这种说法。

以上是对您提问的回答，感谢您给我的照片。

依田安昌

2015 年 2 月 12 日

2014 年 11 月 24 日，依田安昌在日中口述历史文化研究会讲演照

今井弘

1922年7月15日 出生于日本神奈川县。

1940年3月 从神奈川县横须贺中学毕业，进入日立高等技术学院。

1942年 征兵检查乙等合格。

1943年2月 入日本麻布的近卫第3连队，之后被派遣到北支部队，驻中国山东临沂。

1944年-1945年 入保定干部候补生班。后晋升少尉。

1946年5月 从上海返回日本。

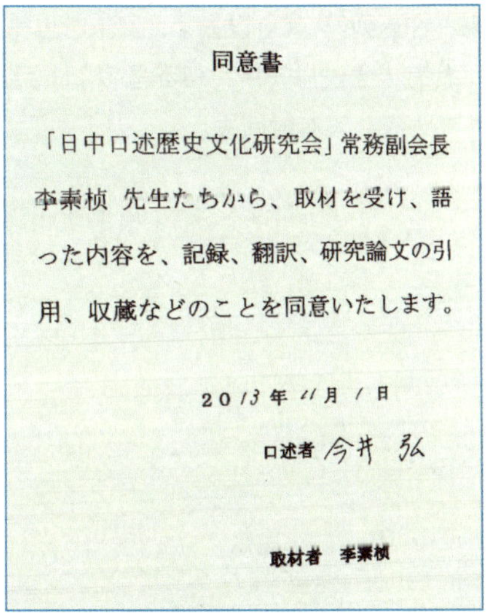

同意書

「日中口述歴史文化研究会」常務副会長李素桢 先生たちから、取材を受け、語った内容を、記録、翻訳、研究論文の引用、収蔵などのことを同意いたします。

2013年11月1日

口述者 今井 弘

取材者 李素桢

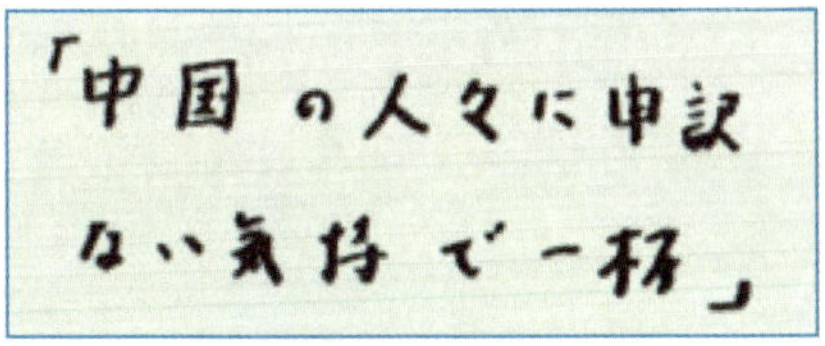

“我深深地对不起中国人民。”

今井弘少尉军装照

我的士兵们（今井弘时任少尉，管理六十余名士兵），对中国姑娘无礼的事情并不多，因为他们基本上都看不到，都在军营里。但是，职业的慰安妇是有的。日本士兵们对慰安妇很感兴趣，但也不是每个人都极度地热衷于此。

军人都是男性，不过在性问题上也不都是魔鬼。慰安妇问题主要是违反了慰安妇本人的意愿。战前，日本国内就有“卖春妇”(妓女)，有人以此为职业。在战时，因为军队的需要，慰安妇也就应运而生了。以慰问的名义，出现了慰安妇。当时，有慰安妇本人自愿来慰安的，也有本人不愿意而被抓来的，这是后期了。而且慰安妇们不是一个人一个人地来，而是有慰安所。一般的部队没有能力自己配置固定的慰安所，比如一个 300 人的部队，那就只能轮流慰安。有的士兵需要慰安，由士兵提出申请，上级批准，慰安妇才会来。士兵们要到上司那里提出申请。例如，“我是上等兵田中，我要申请外出军营，去慰安。”上司回答：“你可以去，但回来不许迟到。”就可以去了，回来时也得报告。

我的部下就有人去过慰安所，但不是每个士兵都去过。特别是二十一二岁的年轻新兵们，他们得忙着训练，没有时间去。

（根据 2013 年 11 月 1 日今井弘受访口述记录整理）

2013 年 11 月 1 日，口述访谈照，今井弘（左）、李素桢（右）

2013 年 9 月 28 日，今井弘自制“日本军侵略中国”图片展出

第三章/伪满“开拓团”

山野井公一

1919年1月 出生于日本长野县。

1920年 通过考试进入大藏省。

1939年12月 来到满洲，就职图们海关。

1942年 通过考试入旅顺中坚官吏培训所。

1945年 考试成为经济省高级官员，4月入牡丹江燃料省。曾任“满洲国”海关税务主任，在牡丹江、图们、旅顺等地海关工作。

1945年9月 日本投降，于苏联劳动改造5年。

1949年8月1日 于舞鹤登陆，返回日本。

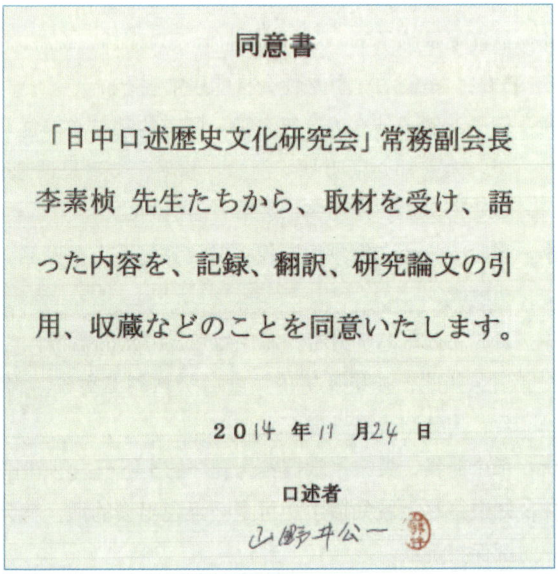

同意書

「日中口述歴史文化研究会」常務副会長李素楨 先生たちから、取材を受け、語った内容を、記録、翻訳、研究論文の引用、収蔵などのことを同意いたします。

2014 年 11 月 24 日

口述者

山野井公一

采访者：李素桢（以下简称“李”）
　　　　今村真（以下简称“今村”）
采访对象：山野井公一（以下简称“山野井”）

（一）伪满洲国——日本掌控的傀儡政权

李：“满洲国”应该叫作伪满洲国。

山野井：是，是。

李：关于伪满洲您有什么看法呢？是不是傀儡政权？

山野井：是受关东军的支配。

今村：关东军是愚蠢的，没有一个家伙是令人满意的。

山野井：关东军的确粗暴至极。

李：对于关东军，以你们当时是“公务员”的立场来看，认为关东军如何呢？

山野井：关东军的……那个时候是谁呢？石原莞尔等，像这样的人操纵着。所以我认为关东军不了解政治，又做出一些粗暴至极的事情。难道不是自己将自己引向最后的灭亡吗？

李：愚蠢具体是指什么事情呢？请举个例子。

山野井：愚蠢就是脑子笨。

李：举例，举例说一下是什么样的事情呢？

今村：例子？例子什么的就算了吧。所有的都被掌握住了。一定要做这个，一定要做那个。大家都必须听从。例如：和平、文治是理想化的想法。“五族共和”就必须要实行文治。但那些都是单方面强制的。

李：当时就是关东军掌握实权，溥仪只是一个摆设品，当时作为公务员，您是怎样认为的呢？

山野井：当时还是军队掌握着，溥仪也是没办法的事情。

今村：话虽如此，如果反抗的话就会被送到监狱去。那个时候的宪兵很坏，不仅是宪兵，连警察也是一样。

李：那个时候，关东军掌握着伪满洲的实际权力您知情吗？

山野井：知道是马上就知道了。可是一旦说出去的话，就会遭到关东军的压制，所以大家都保持沉默。

今村：大家都要听从军方的命令。

山野井：当时盛装打扮的女性，干走私的事，走私鸦片和进口金条。那种事情我看过。走私女性把鸦片藏在她自己的性器官里。像金条什么的都是藏到阴部里面，藏起来别人发现不了。做走私这种事情就是那种长得端正、非常漂亮的美人。如果怀疑这样的人，就让她站起来一下，照她后腰下部击掌，走私物就会从阴道掉下来，也会发现她的同伙。

李：真的掉下来吗?

山野井：真的，然后就会被没收。

今村：鸦片我倒是知道，金条之类的，得手的话会卖个高价吧?

山野井：会卖得很贵，10倍高。比如鞋子拿到满洲去卖，价格就是日本的5倍。

今村：到满洲的话，价格就会上涨。

山野井：价格上涨。

今村：因为没有这些东西。

山野井：没有这些东西，即使有，价格也贵。

今村：货币价值不同。

山野井：当时的税金、关税、海关的税金都非常高。因为“满洲国”的经济是靠海关的关税来维持的。

今村：第一次听说呢。

李：“满洲国”本土的一般的工作人员是不交税的吧?

山野井：是的。

今村：所以没有户籍，作为不动产。

李：关于户籍的事我也想问一下。身为“满洲国”的“公务员”，国籍是日本的吧?

山野井：是的。当时在“满洲国”，取那里的“国籍”还是可以的。我没取得那里的“国籍”，依然是日本国籍。

李：啊，如果是出生在“满洲国”的怎么办呢?我是说日本人，日本人出生在“满洲国”，是“满洲国”的“国籍”吗?

山野井：是的。

李：例如成为“满洲国”的“公务员”，就承认归化到满洲的“国籍”吗?

山野井：不承认，没有归化这类的事情。但是会写着“原籍日本·长野县上水内郡”。现居住在“关东省·图们·门牌号·山野井公一”等。所以原籍上会写着日本籍，随后会写上现在的图们住所等。

李：您当时在满洲没有结婚吧?

山野井：没结婚，一个人。

李：如果结婚的话，孩子出生在那里，那孩子就是满洲的“国籍”吗?

山野井：应该是吧。

李：当时的“公务员”，普通的公司、私企的职员，都不向“满洲国”缴纳税金吗?

山野井：不，我那个时候在“满洲国”政府工作。“满洲国”的经济，买东西有生活工团，电之类的有“满洲电业”，而且电子电话之类的有“电电公社”，一共有6个公社，全部由他们组织进口。“满洲国”与日本不同的是，“满洲国”的制度都是新制定的。所以，电器制品就在“电电公社”购买，电力什么的就由“电业公社”负责，日常我们吃的东西也有组织专卖。普通人是不能随意做进出口的。

今村：是经济限制。

山野井：对，是的。

李：我听老人们说当时“满人”不能吃白米饭，日本人可以吃白米饭。“满人”吃白米饭要犯罪的。

山野井：在您的问卷调查中，我在最后写道：“和我在同一职场工作的人，有很好的人，每个星期天都会为我打扫卫生，让我感到很安心。所以我邀请他们吃饭，和食就是吃白米饭，可是他们绝对不会来，说是自己带了盒饭来，没有一次接受我的邀请来我这儿吃饭的。”

李：为什么呢?

山野井：为什么我也不知道。我只知道他们只吃高粱饭，所以绝对不和我们一起吃白米饭。所有的“满洲民族”，是接受命令了呢，还是有规定? 反正是绝对不会和我们一起吃白米饭的。都是说带了盒饭，然后在机关的角落里独自暗暗地吃着高粱饭。我只知道这些。像李老师说的，日本人吃白米饭，“满人”不许吃这种事情，是因为当时有些规定吧。

今村：抵抗吗? 也许是一种抵抗。我们不吃日本的食物，也许是这样的一种抵抗。

李：不是抵抗，听说当时中国人没有权力吃白米饭。如果吃了，会被视为经济犯罪。和您一起工作的是“满人”吧。

山野井：是“满人”呀。

李：是“公务员”吗?

山野井：是“公务员”。在一起工作，他们都懂日语，所以工作起来很方便。而且关系好的话，星期天会来我宿舍帮忙打扫卫生，于是我就说：“喂，今天在我这里吃饭吧。”即使那样说他们也绝对不吃。

今村：您在“满洲政府”工作可以得到多少工资呢?

山野井：那个时候……

李：很多吧?

今村：应该比日本高出 3 倍吧。

山野井：不到 3 倍。因为是公务员所以不到 3 倍。

今村：不翻倍吗？

山野井：翻倍。

今村：听说一般日本人警察官的工资是 42 日元。公务员的话，高薪的公务员有 70 日元？不到吗？

山野井：差不多 70 日元吧。

今村：从去满洲开始的吗？

山野井：嗯。

李：70 日元，是高薪呀。

今村：我在 1945 年听宪兵队曹班长说的事情。他不久以后升为了队长，工资是 200 日元。

山野井：那是在基础工资的基础上再加 40% 的工资。

今村：那个时候我是新兵，一个月工资是 100 日元。50 日元作为自己的生活费，50 日元邮回国内。

山野井：我记得我是邮 40 日元。

今村：嗯，那个时候您不是得到的工资，只有 70 日元吗？

山野井：70 日元是基础工资还要再加上百分之多少的。

今村：所以工资大概是 100 日元吧。

山野井：应该是那样的。

今村：在国内的工资是多少呢？老师的工资？

山野井：我的工资，当教员的时候，是 42 日元。

李：去满洲就翻倍了。

今村：还有翻 3 倍的人呢。

山野井：也许有吧。

今村：有，有，“开拓团”的，像我们“开拓团”的指挥者，工资大概是 200 日元。所以每个星期天都出去玩。

李：您会说一些汉语吗？

山野井：不会汉语，只会日语。

李：在旅顺的管理讲习所待了一年吧？

山野井：一年半到两年左右的时间。

李：两年左右的时间，在那里学习。

山野井：在旅顺的中坚管理培训所，去那里考试。

李：主要是海关知识？

山野井：不是，不是那样的，还有“满洲国”的法律等。比如“组织法”。从溥仪皇帝开始，下面是“满洲国总务”，叫什么来着有些记不清了，那是“满人”。再下面的总务长官是日本人，两个人都是领导。然后“经济部”的大臣是“满人”，下面的“经济部”副部长是日本人。

李：我听说，“满人”官吏只是摆设没有实权。

山野井：嗯，是那样的。总务大臣虽说是“满人”，但实际权力在总务大臣下面的日本人手里。

李：安倍的外祖父有权力吧？

山野井：岸信介？岸信介是次长。

李：在满洲时见过吗？

山野井：回日本后见过岸信介。在满洲没有见过。

今村：岸信介和东条等人可以说是早期满洲的风云人物。

李：“满人”官吏虽是公务员，也只是摆设。请举例说明一下。

山野井：是的，因为“满洲国”还没有议会，所以那里的“经济部”或者是治安部的日本官吏决定事情，都是和一个行政组织相关联的。所以李女士所说的摆设品，实际上日本人也全部是这样认为的。

今村：“满洲国”不是一个法治国家，法律是令人厌烦的。

山野井：法律还是组织法，是日本人去后制定的。最先整顿的就是海关。日本官吏完全掌握“满洲国”的财政。收取税款仅是海关的关税，进口和出口物品。

李：收取税款是国家的大事呀。所以“满洲国”的税款是怎么收纳的呢？怎样的基准？

山野井：只决定了海关的。例如买回来一个手提包，手提包是100日元。因为是奢侈品，100日元收取120日元的税款。所有的进口大米，大米是10日元，收取20到30日元的税款，“满洲国”物价高涨。

（二）关东军增加燃料配给

李：您在牡丹江是燃料省吧？

山野井：昨天说过了，是燃料省。

李：和关东军接触，有什么感觉？

山野井：当时在满洲并没有认识到战争的严重性。只是想着战争快结束了吧？有一种希望安定的心情。没有想到后来成为俘虏。

李：那一时期十分缺乏燃料吗？

山野井：缺乏。那时燃料，从烧酒、高粱中提取。90度就可以作为燃料使用。当时我作为责任者向专卖所收纳。收纳的三成供给给关东军，七成给民间。

李：燃料是百分之多少给民间用？百分之多少给军队用？这个事非常的重要。请再仔细地说明一下。

山野井：收纳的烧酒酒精，90 度以上作为燃料使用，90 度以下经过多道加工后由饮品店使用。所以，收纳依然是收集 90 度的，收纳的 30%，也就是三成供给军队，剩下的七成民间使用。民间使用主要就是汽车行驶和电影院放映电影等用。分配是由我来主管的，但是松前町少将、关东军的经理部长们说：“迄今为止的 30% 不行！”向我施压，要求把 30% 提高到 70%。我回答他们：“如果要是那样的话，‘满洲国’的汽车无法行驶，满映也不能放映了。那样的话是不行的。经过几番交涉，给关东军提高了 0.5%。”结果是变为 30.5%，增加了 0.5%。然后第二天关东军就向我表示感谢，送了我 10 瓶酒、衣服等很多东西。

李：因为增长了 0.5%，所以感谢您？

山野井：是的。

李：如果不增加的话不行吗？

山野井：那个嘛，关东军拥有军队的势力，无论怎样也都是要给个答复。

李：为什么只增加 0.5% 呢？不能更高了吗？

山野井：如果增长更多的话，刚才说过“满洲国”的汽车无法行驶，满映无法放映。那样的话，百姓的生活不安稳。

李：关东军一定想要更多吧？不增加的话，军队不会发怒吗？

山野井：只能增加一点点啊，我想在牡丹江的地下，关东军保存着大量的燃料。战败后，被运送到没人知道的地方，应该还有吧。

李：还有吗？

山野井：我认为还有吧。不太清楚。

（三）“伪满经济部”

李：那时候日本人有来满洲旅游的吧？

山野井：有的。

李：那些人去“满洲国”旅游的时候，需要护照吗？

山野井：通过海关的时候不用护照。日本人是自由通行的，就像在“满洲国”国内一样。护照，只有现在才说护照。那个时候不用护照。

李：啊，没有。自由地出入？

山野井：自由地。日本人可以在满洲的任何地方自由旅行。

李：在满洲买了很多东西想要带回去，通过海关的时候也随便吗？

山野井：出满洲的时候不需要税金，进日本的时候需要税金。

李：在“满洲国”的时候什么手续也不用做吗?

山野井：什么也不用。

李：日本人在满洲是享有高级自由的。

山野井：是，是的。

李：那么日本人在哈尔滨、牡丹江，现在的长春是当时的“新京”，想要买土地建房子的时候，也不交税吗?

山野井：当时不交税。日本人可以自由建造房子。

李：你不是管理税款的官员吗?

山野井：是“经济部”的。

山野井：我在经济大臣的下面，不是第一号，第二号吧。

李：不好意思，请在这里写一下儿。

山野井：(写着)这是日本的省，叫做“经济部”。

李：当时是“经济部”。

山野井：(边写)嗯。

李：您是“经济部”的副部长?

山野井：(边写)“经济部”下面没有副部长，“经济部”总务长官吧。

山野井：(边写)下面是“经济部”长官。

李：啊，长官。

山野井：(边写)不是长官是“经济部”次长，当时这个职位叫作主任。

李：是主任的话，能签署很多东西了?

山野井：是的。

山野井：我在关税部，关税部的领导是关税部长，和司长一样。因为是海关所以特殊。

李：关税部。

山野井：海关的领导，主管海关。

李：管理4个人?

山野井：是的。

山野井：“满人”有一人，其他人都是日本人。

今村：所以已经成为了高级官员了吗?

山野井：不是高级官员。

今村：对于日本来说，是中坚官员。

李：工作的时候，都是说日语吗?

山野井：说日语。所以没有学习“满语”的机会。我们如果不始终学习所谓的关税的话，就不能顺利工作。是要引进新产品的吧，必须认真学习关于关税的内容。大家都懂日语。

李：是呀。大家都说日语，平常都用日语。

山野井：是的是的。

李：工作内容都是用日语吗？

山野井：不，关税、关税表是英语、“满语”和日语。

李：文件，正式的文件是汉语还是日语？

山野井：正式的文件只用日语。说起关税、文件，从海关发出的文件都是只用日语写的。

李：我听说满洲时代，出台正式文件，都是用汉语和日语两种语言公示的。

山野井：一开始是那样的，但是最后只用日语。关税，也就是所谓的税率表，是使用英语、“满语”和日语写的。有一册这样的书。

李：通用语到底是哪种语言呢？因为“五族协和”，那么蒙古语用吧？

山野井：不用。

李：虽然蒙古族也是五族中的一个，但是不用蒙古语。

山野井：完全不用。

李：完全？

山野井：完全。

李：也不用朝鲜语吧？

山野井：有用韩语的人，有翻译。

今村：但是公用文不用吧？

2014 年 11 月 23 日，山野井公一接受口述访谈照

山野井：没有公用文。

李：公用文只是用日语吗？

山野井：是，是的。

李：最初是用汉语和日语两种语言。

山野井：是，是的。

李：那之后逐渐不用汉语了？

山野井：不用了，只有日语。基本上大家从申请书开始都是使用日语。所以，日本人在“满洲国”就像在日本一样，没什么不方便的地方。

（四）伪满时期的走私

李：公务员当中没有女人吗？

山野井：没有，当时没有。

今村：当时还没有。我在宪兵司令部，指纹的分析师、打字员、文件保管员，做这些事情的有日本的女人。主要是来自九州的。当时我们说：看，船来了。女子学校毕业的人来了。当时女子的工资是 70 日元。我们宪兵是 20 日元。

山野井：在海关也有女人。例如有的女性阴部藏着鸦片，检查这种事情就是女人去做。

李：啊，是女性。

今村：女性做的就由女性来检查。是那么容易藏进去的吗？我们虽然听说过那样的事。

山野井：我们试验过，能放进去。

今村：试着放进去吗？

山野井：看试验了。实际上能做到。

李：戒指？

山野井：戒指、金条，在纪州一带，弄成沙金。能放很多，让人感到很惊讶。

李：走私的女子是朝鲜人吗？

山野井：大多是日本人。

李：大多是日本人？

今村：当时是不许日本人这么做的。

李：在满洲买入后，再卖向日本？

今村：恰恰相反。

山野井：从朝鲜或日本买入，自己走私带进满洲，卖出去就是原价的 30 倍。像金子呀、鸦片什么的，都是能卖出好价钱的。

今村：我呢，小的时候去过鸦片窟，去过磨坊。那里有地下室，全都是黑漆漆的。有一张张的床摆在那里，我看到那些人就躺在那里吸食鸦片。然后，“满洲国”应该是认可鸦片患者的。所以让他们吸食鸦片，那是无法挽回的。正因为如此，所以有鸦片窟。

李：关于鸦片的事怎么样？海关也……

山野井：海关只是一味地放行，关于鸦片的事，稍后处理……

今村：没有监督吧？

山野井：没有监督。没收走私的鸦片，将没收的东西送往“经济部”这样专门的地方。金子即使是钱，也要送往财务省，也就是所谓的“经济部”。

李：但是，携带金子的人不算犯罪，携带鸦片才是犯罪。

山野井：携带金子也是犯罪，因为是走私。

李：噢，不仅是罚款？

山野井：不仅仅是罚款。

李：携带鸦片一定是犯罪吧。

山野井：是的。

（根据 2014 年 11 月 23 日山野井公一受访口述记录整理）

2014 年 11 月 24 日，山野井公一于家中接受访谈照

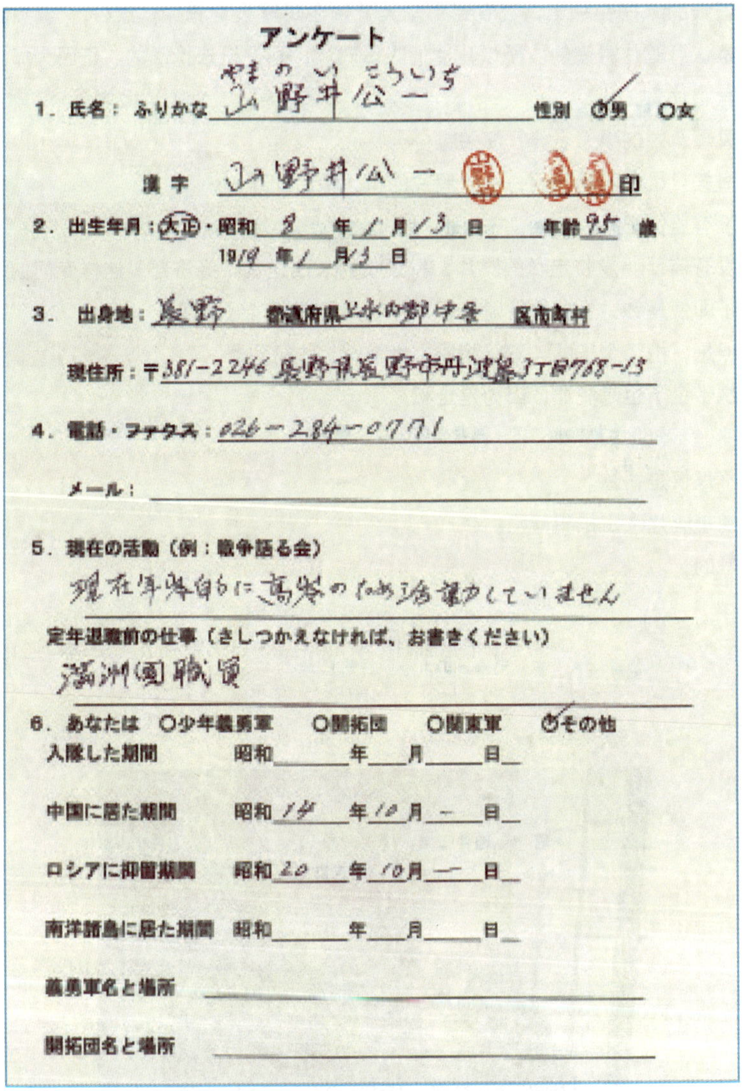

アンケート

1．氏名：ふりかな やまのい こういち 山野井公一　　性別 ◯男　○女

漢字 山野井公一 印

2．出生年月：大正・昭和 8 年 1 月 13 日　　年齢 95 歳
19 19 年 1 月 13 日

3．出身地：長野 都道府県 上水内郡中条 区市町村

現住所：〒381-2246 長野県長野市丹波島3丁目768-13

4．電話・ファクス：026-284-0771

メール：

5．現在の活動（例：戦争語る会）
現在年齢自らに高齢のため活動していません

定年退職前の仕事（さしつかえなければ、お書きください）
満洲国職員

6．あなたは　○少年義勇軍　○開拓団　○関東軍　◯その他

入隊した期間　昭和　年　月　日

中国に居た期間　昭和 14 年 10 月 — 日

ロシアに抑留期間　昭和 20 年 10 月 — 日

南洋諸島に居た期間　昭和　年　月　日

義勇軍名と場所

開拓団名と場所

山野井公一的调查问卷

松本元吉

1928年1月1日 出生于日本静冈县。

1942年3月-1945年1月 加入“满蒙青少年义勇军”,“满洲国”黑龙江省瑷珲大额训练所池谷中队，在孙克县逊河第二次“大公河开拓团”。

1945年8月 日本投降后逃亡，留在鹤岗煤矿。

1958年 返回日本。

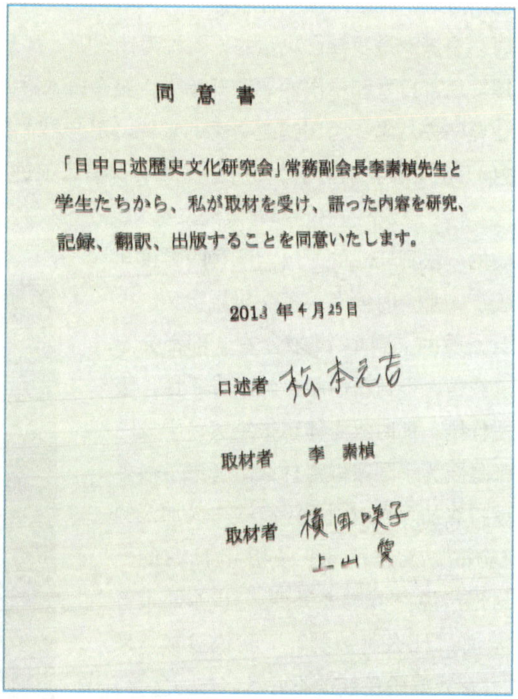

同意書

「日中口述歴史文化研究会」常務副会長李素楨先生と学生たちから、私が取材を受け、語った内容を研究、記録、翻訳、出版することを同意いたします。

2013年4月25日

口述者 松本元吉

取材者 李 素楨

取材者 横田咲子
上山 寛

加入“少年义勇军”的经历

我叫松本元吉，生于挂川市。到中国的时候是1942年5月29日。我是志愿加入“满蒙开拓青少年义勇军”的，当时学校教育我们为了国家而去满洲，所以就一心抱着那样的想法去了中国。

在我少年时，日本的教育都是军国主义教育。从小就被教育“日本大和民族是世界上最优秀的民族，和德国的日耳曼民族一样是统领世界的民族”。还有日本天皇万世一系，因为是天皇的国民，所以就是世界第一等的人。那时觉得满洲人都不能被称作人，真的，没觉得他们是人，就是那样一种感觉。

当时，去满洲是我自己决定的，要说为什么呢，那是因为“‘支那’事变”(“九一八事变”)爆发后，日本和中国的战争开始了，整个日本进入了一个战争时代。国内的学校教育都是让男子去从军，为国捐躯之类的宣传。那些书本教育，首先从一年级开始。有一本《盛开啦盛开啦，樱花盛开啦》的书。之后，又有《前进！前进！军队前进！太阳旗万岁万岁！》，全是关于战争的书。那时候大家每天会在学校商量好今天谁去谁家帮忙种地、买东西啊之类的。快到毕业的时候，所有的男孩儿都会去工厂，那个时候有很多少年航空兵、少年坦克兵之类的，到了14岁左右全部都会志愿参军。我当时很讨厌学习，什么都不懂，整天只会恶作剧。那时候身体也很结实，学校的教育也都是要为了国家做点什么。考虑了很多之后，就打算加入当时村里没有一个人加入的“满洲义勇军”。记得那是(1942年)5月的一天，我对母亲说：“我想去满洲。”母亲吓了一跳。母亲说：“什么满洲啊？”我说参加“义勇军”，然后妈妈脸色就很不好了。作为父母，肯定不希望自己的孩子去到那么远的地方，但是母亲说：“是为了你自己，所以我同意你去，要为国家献出一份力啊。”得到母亲的同意后，我提交了志愿书，加入了“义勇军”。

1941年松本元吉(前排右)15岁赴满洲前与两个哥哥的合影

当时我只有13岁。然后，关于去满洲的目的，还有关于“义勇军”的情况，我看了很多书，这本书是描写“义勇军”最详细的。这个应该是“义勇军”里的人写的。这里写着去满洲是为了国家。最开始啊，我听人说满洲是日本的生命线，当时是这么宣传的。还说如果不能加入军队，在军队前扛着步枪也是和军队一样的，这样不也很好吗？当时全都是为了国家着想。

刚进入“义勇军”的时候，军事训练很多，还要干很多农活。不过因为还是小孩子，干不了太重的农活。有很大的农田工具，中耕机啊等等，那些东西坏了后就没法用了，人力又干不了，就只好用马了。干了活肚子就很饿，我们就会晚上偷偷去菜地偷些土豆之类的东西吃。自己白天种的东西晚上又偷回来，那时的生活真是苦啊。

因为我们“义勇军”不属于正规军队。就是训练的时候属于军队的资格。当时不发给我们吃的，只能自己想办法，基本上是以偷盗的方法弄吃的。冬天大家的生活基本就是军事训练，会和军队一起进行军事演习，一般两个月有一次，附近的军队会派来一些将校、少尉、下士官、伍长，普通的士兵不过来，来教我们步枪的射击方法等。我现在都还记得当时我们“义勇军”被称为“挡枪子儿的”，战争时“挡枪子儿的”。“挡枪子儿的”被叫作“移动的碉堡”。碉堡就是用混凝土建的，可以进到里面藏起来防御敌人并攻击，现在电影里面很少见了。我们就是移动的碉堡啊，被称为舍了命的人，就是那样的啊。演习结束之后，会有一个叫作队长的人讲话，都是些总结性的话：“你们都是作为少年来到满洲这个偏僻的地方的，一定要多注意身体，好好训练，一旦有紧急情况，就要为国家全力以赴完成任务。”说要誓死完成任务。一个中队里大约300人呢，做饭都是在很大的炊事房里做的。但是米发的很少，白菜、萝卜、土豆、卷心菜都是大家偷来的，不那样的话根本吃不饱，对饭菜方面的问题向上面提过很多不满，也不给解决，就只好干坏事儿了。

“义勇军”的纲领上写着“五族协和”。所谓纲领就是去满洲的目的等内容。我现在还记得当时的纲领，一个是“我义勇军是奉天命，……投身于建立‘满洲国’，奉天皇陛下之命，忠心侍奉天皇”。还有一个是“要铭记我义勇军为实现民族协和的理想，建设充满道义的世界”。每天早上都要读“五族协和”的纲领。冬天很冷，6点半就起来集合点名。让我们和其他民族友好相处，实际上是不可能实现的，那只是一个标语。

我啊，当时每天都会碰到几个满洲人，用马车给我们拉来东西。一般的名字我会记得，比如小王啊，小李啊，小张啊，如果不记得名字，就喊“笨蛋”。当时就是那样的生活。当时周围就像现在的冲绳一样，到处都是铁丝网。没有关东军司令长官的允许是不能入内的。私自闯入的人是要受到严厉的处罚的。

其实，当时“满洲国”的皇帝没有任何实权，也包括总理大臣。关东军司令长官相当于日本的最高权力大使。如果没有关东军司令长官的允许，就什么也干不成。当时就是这么一个时代。五民族当中最多的还是满族和汉族。汉族一般都是从山东省过来的民众，山东省的人很多，日本某一时期称这些人为挖土工，满洲苦力，写成“苦力”，就是雇佣工的意思。那种人很多，都被派去修建阵地，就是作战的地方。夏天的时候经常能看到乘着大卡车光着膀子扛着枪的士兵们。

那是支配和被支配的关系。满洲人是没有权利的。“满洲国”的皇帝就是一个摆设。

1950 年新中国成立一周年在中国鹤岗煤矿与工友们的合影（后排右 1）

我们战败逃亡的时候，在山里过了 60 天啊。出发的时候大约有 300 人呢，但是只有 5 个人逃进了山里。有人问说“哎呀你也逃到山里了啊”，我就回答说“是啊”。听说有一个叫齐齐哈尔的地方，人们在那里的山里迷路了，待了两个月，变得都很消瘦，有一个叔叔是谁不知道，很瘦，那个叔叔有个儿子，是儿子还是外甥啊不太清楚。

那时吃人肉啊。有人竟然切女人的乳房，把乳房切了之后，没有火就生吃，还有的装到袋子里带走。战争时期就是那样啊，吃人，并不是因为喜欢才吃的。我还听过很多很多那样悲惨的事。

之前看书的时候，看到说在“新京”附近发生了暴动，记录的人是静冈县的，他在逃跑的途中发现水沟里有死人，地上还有陷下去的坑，当时觉得很奇怪，就过去看了一下，后来听说是刨坑吃人脑呢，好像是能治病什么的。真是悲惨啊。在战败后的 12 月吧，冬天特别冷，大家都冻得要死，有人就从死人身上扒衣服，那死人就裸着了。大家当时都没啥衣服，就有人拿着衣服卖，人冻得都发紫了，尸体就被野狗叼走吃了。

日本政府为了战争为了国家号召我们：“去吧！去吧！”让我们去了满洲，想回日本的时候却回不去。日本政府不管我们了。之前对我们说为了国家去吧去吧，结果回国的时候就这样不管我们。

（根据 2013 年 4 月 25 日松本元吉受访口述记录整理）

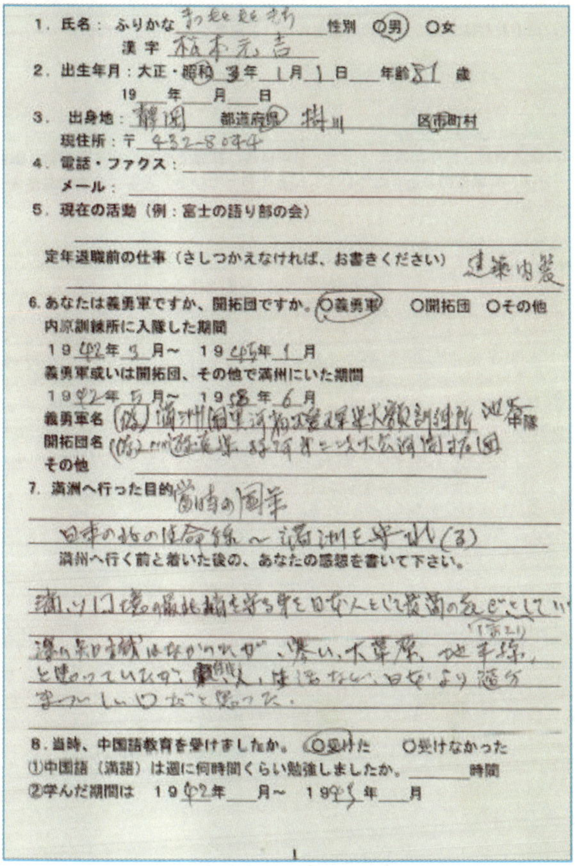
1．氏名：ふりかな [illegible]　性別　〇男　〇女
漢字　松本元吉
2．出生年月：大正・昭和 3 年 1 月 1 日　年齢 81 歳
19＿年＿月＿日
3．出身地：静岡　都道府県　掛川　区市町村
現住所：〒 432-8044
4．電話・ファクス：
メール：
5．現在の活動（例：富士の語り部の会）
定年退職前の仕事（さしつかえなければ、お書きください）　建築内装
6．あなたは義勇軍ですか、開拓団ですか。〇義勇軍　〇開拓団　〇その他
内原訓練所に入隊した期間
19 42 年 3 月～　19 45 年 1 月
義勇軍或いは開拓団、その他で満州にいた期間
19 42 年 5 月～　19 53 年 6 月
義勇軍名 [illegible]
開拓団名 [illegible]
その他
7．満州へ行った目的　当時の国策
[illegible]
満州へ行く前と着いた後の、あなたの感想を書いて下さい。
[illegible]
8．当時、中国語教育を受けましたか。〇受けた　〇受けなかった
①中国語（満語）は週に何時間くらい勉強しましたか。＿＿時間
②学んだ期間は　19 42 年＿月～　19 45 年＿月
1

松本元吉回答问卷的手记

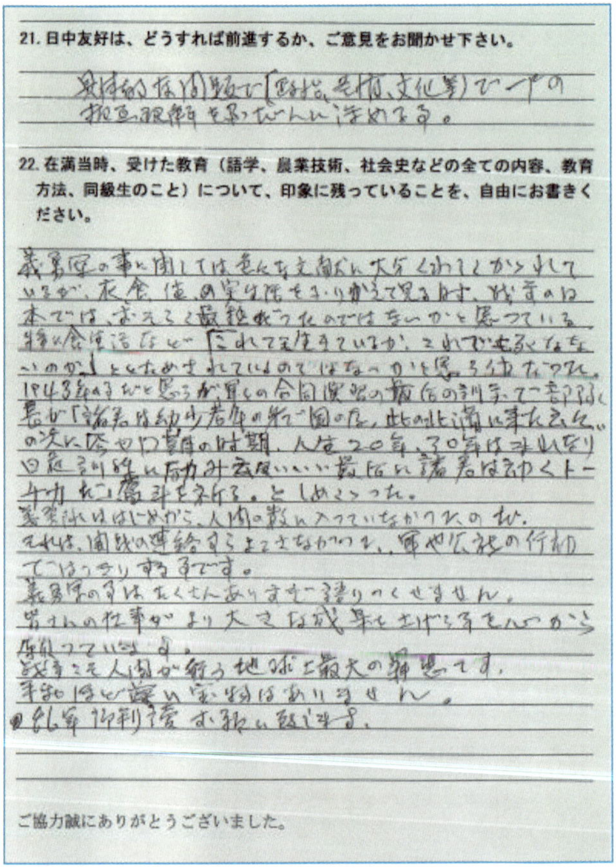

21. 日中友好は、どうすれば前進するか、ご意見をお聞かせ下さい。

具体的な問題で（政治、経済、文化等）で一つの相互理解をいったんに深める事。

22. 在満当時、受けた教育（語学、農業技術、社会史などの全ての内容、教育方法、同級生のこと）について、印象に残っていることを、自由にお書きください。

義勇軍の事に関しては色んな文献に大分くわしくかかれているが、衣食住の実生活をふりかえって見る時、戦前の日本では、おそらく最低だったのではないかと思っている。
特に食生活などは「これで生きていけるか、これでもう少しならないのか」とためされていたのではないかと思う位だった。
1943年頃だと思うが、秋の合同演習の最后の訓示で部隊長が「諸君は幼少者年の第一回の生、此の北満に来たるもの次に啄木の如き青年の時期、人生20年、30年は之れなり日夜訓練に励み忘れないで最后に諸君は宜しく一生懸命に奮斗を祈る。」としめくくった。
義勇隊ははじめから人間の数に入っていなかったのか。
それは、開拓団の連絡すらよこさなかった、軍や官僚の行動ではっきりする事です。
義勇軍の事はたくさんありすぎて語りつくせません。
皆さんの仕事がより大きな成果をあげる事を心から願っています。
戦争こそ人間が作る地球上最大の罪悪です。
平和ほど尊い宝物はありません。
●乱筆御判読お願い致します。

ご協力誠にありがとうございました。

松本元吉回答问卷的手记

饭白荣助

1933 年 1 月 28 日 出生于日本东京。

1944 年 4 月 随父母去中国东北，加入第 13 次"满洲兴安东京荏原乡开拓团"，居内蒙古王爷庙（兴安），现乌兰浩特市。

1948 年 3 月 15 岁，在吉林省洮南县参加当时的东北民主联军，在辽吉军区卫生部第 36 干部休养所工作。

1951 年 4 月 参加抗美援朝，同年 5 月从集安渡过鸭绿江，赴中部战线。于第一后勤部第二卫生队，任卫生兵。

1953 年 3 月 - 1956 年 6 月 在北京军政干部培养学校学习。

1956 年 6 月 - 1958 年 6 月 在长春市第一汽车制造厂辅助车间工作。

1958 年 6 月 返回日本。

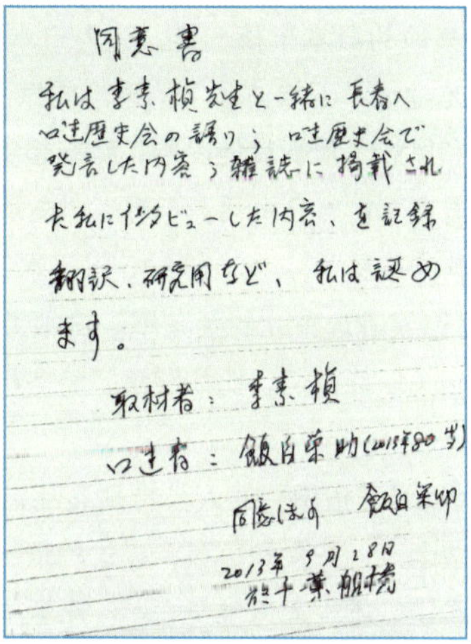

同意書

私は李素楨先生と一緒に長春へ口述歴史会の語り；口述歴史会で発言した内容；雑誌に掲載された私にインタビューした内容、を記録翻訳、研究用など、私は認めます。

取材者：李素楨

口述者：飯白栄助（2013年80岁）

同意します　飯白栄助

2013年9月28日

於千葉船橋

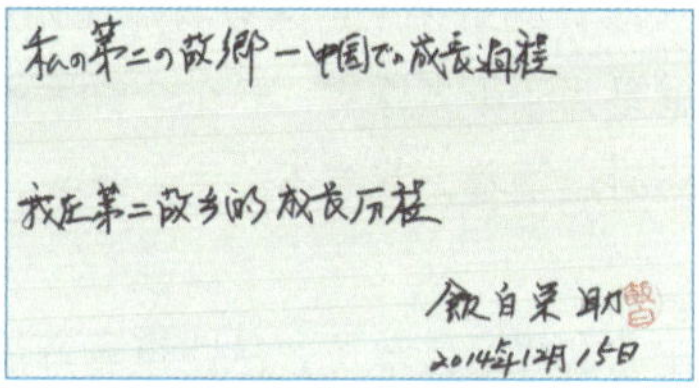

私の第二の故郷—中国での成長過程

我在第二故乡的成长历程

飯白栄助

2014年12月15日

2014 年 12 月 15 日，饭白荣助手书"我在第二故乡——中国的成长历程"

我在第二故乡的成长历程

今天我又回到养育我的第二故乡——吉林大地，我用汉语和大家说话，我很高兴也很激动。

不知道该和各位说些什么好。我今天是鼓起勇气敞开心扉来和大家交谈的，如果有什么地方说的不妥，让大家感觉不舒服了，还请大家见谅。

关于我在第二故乡的体验和感受，我在这里就说一说 1945 年日本战败后，我在农村如何生活，怎么参加的解放军，一直到参加“抗美援朝，保家卫国”成为一名中国人民志愿军战士的一些经历，以及在工作过程中，自己内心对于历史认识上的一些变化。

首先让我自我介绍一下，我 1933 年 1 月出生在日本东京，现在 78 岁。1944 年读完小学五年级后，随着当时日本向中国大量移民的国策潮流，跟着父母和大姐一起来到当时的伪满洲内蒙古王爷庙 （现在的内蒙古自治区乌兰浩特市郊）。

当时的我和其他的日本小孩一样，认为日本对中国的侵略战争是正义的，是为了东洋和平，在满洲是建设“五族协和”的理想国家。当时年少的我认为，“五族”之中最优秀的是日本的大和民族，蔑视其他民族，瞧不起中国人。我们每天下课必定是玩战争的游戏，大家都梦想着参军，当日本兵，不想当“支那”兵。日本是神国，必胜;“支那”兵软弱，必败等等。其结果是 1945 年 8 月 15 日日本帝国主义者无条件投降了。

1945 年 8 月苏联进攻东北的关东军。日本关东军完全不是对手，溃不成军。丢弃日本民众逃跑了。相关职能部门，比如警察、特务机关、地方行政机构，统统溃散，日本居民流离失所。

因为没有领导，“开拓团”的人员特别混乱，乱成一团。青壮年的人都被关东军征兵了，剩下的都是些老人、妇女和小孩，在这种情况下，开始了艰苦的逃难旅程。途中被苏军和当地的土匪袭击，不少人遇难身亡。一个更严重的现象是，在逃难过程中，由于受到当时日本军国主义教育的结果（当时教育国民如受屈辱就应自杀），很多人自杀或是被自己的亲人所杀。就是为了不当俘虏，一个个鲜活的生命就那样消失了。现在的我不禁时常想，如果我父亲当时还活着，我能不能活下来呢，是否也像有的日本少年那样被自己的家长给杀了呢？！

逃难的过程中我和母亲失散了，从此杳无音信。后来受到附近的中国农民的救助，我和大姐在农村生活了下来。那期间我也是一个劳动力，一面种地收粮食（高粱、谷子、苞米等），一面放猪、放牛，冬天帮忙拾柴火等。村里的同年龄段的中国人也都干着差不多的活。当时社会大变革，土地改革、斗地主、诉苦运动、拥军爱民、组织儿童团等等。虽然对于那些翻天覆地的运动，我当时并不清楚其意义，但是对我这样一个日本少年来讲，允许我和中国少年一样，没有差别和歧视地参与各种社会活动，我当时非常感动。因为我是一个侵略过中国的战败国的孤儿呀，我想你们大家能体会到我当时的感动心情。

有一次，从前线撤退下来的解放军住在我家里，其中有个干部说他们部队里有不少日本人，特别是医疗单位的技术人员很多，我听了这句话心里非常激动，忍不住马上就去报名参军。就这样，1947 年的春天，我到区政府报名参军，当时一见面就问我多大了，我回答说 14 岁，他们一听就说不行，太小，让我回去。我没办法，只好沮丧地回到家。后来家里人知道我偷着报名参军的事，姐夫对我又打又骂，打得我满地打滚。

当时我自己也不知道是怎么想的，为什么参军，参军又是干什么的呢？但是对于姐夫来说，在最困惑的危机中给我们吃的、穿的。而我却隐瞒他，急着要离开。所以，后来我理解了姐夫气愤的原因。

1948 年 2 月开始，战争的形势已经从战略撤退、防卫，转变为反攻。部队开始了征兵，负责征兵的战士和我们一起干活。平时一起玩耍的中国朋友总共有三个人报名参加了东北民主联军。当时，我已经 15 岁了。我被分配到辽吉军区卫生部干部疗养所，所里的医生是日本人，护士大部分也是日本人。附近还有辽吉军区第三十六医院，医院中也有大量的日本医生、护士和其他的技术工作人员。我的主要工作是担任日本医生大桥的翻译、通讯员和助手，并且照顾大桥医生夫妻的日常生活。他们都亲切地叫我“小鬼”。

1956 年，饭白荣助（右 2）与长春第一汽车制造厂工友合影

2011 年 9 月，饭白荣助重访第一汽车制造厂留影

随着解放战争的推进，我们休养所也跟着移动，到过洮南、郑家屯、四平等地，直到辽沈战役胜利后，转移到锦州。至此，东北全境获得了解放，有一部分部队被就地整编，剩下的队伍在“将革命进行到底”的号召下，被编入了第四野战军。跨过黄河、长江，一直打到广州、海南岛。我当时留在锦州，在辽北省的军区卫生部，后更名为辽西省（现在的辽宁省）的省政府医院门诊工作。

这期间，每天早晨、晚上在业余中学一边学习文化，一边为了改造思想，学习政治、中国共产党的历史，特别是党的统一团结问题，以及克服左倾、右倾思想，统一战线等问题，还有一些时事问题，比如“目前的形势和我们的任务”、“论联合政府”等等。还有作为日本人的我们，学习了日本帝国主义的侵华历史、政策，比如日本施行的“三光作战”，同时也学习了对日本帝国主义战争指导者和日本人民区别看待等中国政府的政策等等。

刚参军时，从学习“三大纪律、八项注意”开始，到后来学习民族主义、国际主义、无产阶级思想和阶级斗争。那时候正在开展“镇压反革命”的斗争运动，我们学习其内容，但是没有参加实际的斗争运动。那几年我学习了很多东西，但是因为我基础比较差，理解上相对比较困难，所以进步很慢。

1950 年 6 月，朝鲜战争爆发，同年 10 月中国人民志愿军开赴朝鲜，和以美帝国主义为首的联合国军作战。

当时，在机关工作的人员，在“抗美援朝，保家卫国”口号的号召下，情绪非常高涨，大家纷纷报名，要求参加中国人民志愿军，我也不例外。在一次省卫生部组织的一个卫生队经过战斗后需要补充人员的时候，上级意外地批准了我的申请。

1951年5月，我从集安渡过鸭绿江，经过江界、球场，来到中部战线，第一后勤部第二大站卫生队开始工作。主要的任务是药品、卫生器具的管理，还有跟着医生做一些看病治疗的辅助工作。当时我们单位没有一个人会说朝鲜语，有时，村落里住着的朝鲜人过来看病，因为药品欠缺，又没有人懂朝鲜语，基本上我们不看当地居民的病，另外附近也有朝鲜人民军的医院，我们就让居民们去那里看。可是朝鲜人民军的医院拒绝给他们看病，没办法，最后又折回我们这里，请求我们给看，但是因为我们沟通起来问题很大，实在逼的没有办法，只好说一些日语，还好居民里年纪比较大的人会说一些日语，终于得到了沟通。当时部队规定我们不能说日语。那时候，我心里觉得很痛苦，为什么中国人民志愿军和朝鲜人民军同样是人民的军队，但实际上在对待一般民众的态度上却有这么大的差距呢？我们当时非常不满意朝鲜人民军的做法。在参战的两年多时间里，我参加了整风运动和三反运动。由于在管理药品上有过一点疏忽，我受到过批评，进行过自我批评。

1953年2月，我偶然知道在中国各地工作的日本人回国的消息（包括四野复员的人），内心有些动摇，很想回国看看。几天后，跟领导申请想要回国，没想到马上得到了批准。政委还说那年的七八月份有可能和美国签订停战协议，这两年你辛苦了，保重身体等慰问的话，我很感动，流下了眼泪。

不久，跟在一起工作的富医生、张医生、于护士长、文化干事等人一一告别，到现在已经分别了六十多年了，非常想念他们。

同时，和朝鲜居民也告了别，他（她）们在食品物资匮乏的情况下还给我开了告别宴会，那次，是我人生中第一次吃到朝鲜冷面，他们还赠给我亲手做的绣花领子、手帕等等，我非常感动。不知道他们现在生活得怎么样了。

怎样从朝鲜回来的我都记不清楚了，我只记得拿着政治部发的通行证，还有一些钱，坐了几天的卡车，最后坐火车到丹东，4月初到达沈阳后勤部招待所。

那时，我上街就看到挂着“回国日侨”布条的日本人，都穿着新衣服，两手拿着买的东西，我呢，还穿着沾满了油的军衣，很羡慕他们。

1956年6月，我被调动到长春第一汽车制造厂，工作单位是辅助车间，1957年参与制造了第一辆国产的“红旗”牌高级轿车，赠送给了毛泽东主席，当时我和第一汽车厂的职工们一样兴奋，感到非常荣耀。

1945年日本战败以后直到1958年的十三年里，我受到了无数中国人的照顾、帮助，以及温暖热情的接待。从一个分辨不清日本关东军、国民党的中央军、共产党的八路军和解放军的无知的日本少年，经过吉林农村的生活、儿童团的活动、人民解放军、抗美援朝志愿军的部队锻炼，以及地方各单位的工作和学习，我成长了起来。我渐渐明白了过去日本军国主义的侵略本质，也理解了“为人民服务”的精神、中国革命成功的历史、党的建设、统一战线等。

这几年，每年来到中国，参观中国人民抗日战争纪念馆、九一八纪念碑、平顶山同胞受难地、731 细菌部队的罪证、侵华日军南京大屠杀纪念馆等地，真正体会到了“以史为鉴，面向未来”的含义。

今年是“九一八事变”80 周年，回想起日本侵略中国的历史，现在的日本宪法正是基于这样的历史教训产生的，我们必须严格地遵守，反对一切企图破坏、改变和平宪法的做法。这是我今后人生的目标。

（根据 2011 年 7 月饭白荣助于长春参加中日口述历史国际研讨会的演讲整理）

饭白荣助（前一）访问长春第一汽车制造厂

高木孝义

1928年3月31日 出生于日本静冈县。

1942年3月-5月 进入内原训练所。

1942年6月-1946年10月 加入第五次“满蒙开拓青少年义勇军”，池谷中队第二次“大公河开拓团”。

1946年 留在中国鸡西煤矿工作。

1958年 返回日本。

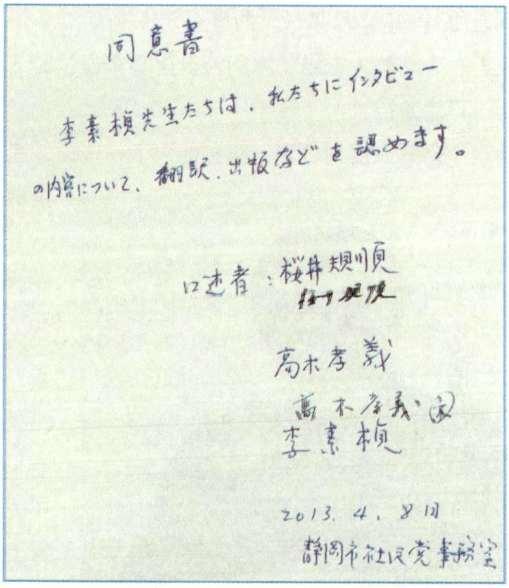

同意書

李素楨先生たちは、私たちにインタビュー

の内容について、翻訳、出版などを認めます。

口述者：桜井規順

高木孝義

高木孝義

李素楨

2013. 4. 8日

静岡市社民党事務室

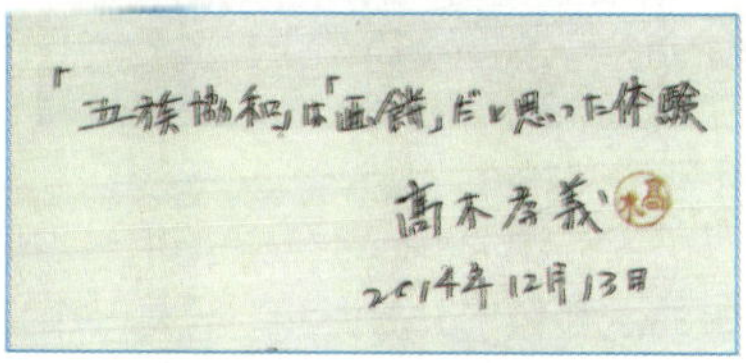

「五族協和」は「画餅」だと思った体験

高木孝義

2014年12月13日

我认为“五族协和”是“画饼”。

高木孝义
2014年12月13日

“五族协和”是“画饼”

我于1928年3月31日生于静冈安部郡有度村。

1942年3月到5月，在日本派满洲的训练所“内原训练所”培训了3个月，加入静冈县第五次“满蒙开拓青少年义勇军”池谷中队。

我从1942年6月1日到1945年2月末在五道岗外面执勤，1945年3月1日开始在屯力木小训练所执行警备任务。我们12人在一个发音叫“**トリウム**”的地方（是一个从黑河车站向南第三个小城市的地方，东南方向4000米处）。以下的一件事，让我至今记忆犹新。那是1945年4月某一天的事。

那天，一个朝鲜人在结了冰的河上坐马车通过时，我阻止了他的马车，对他说：“这里是训练所，不能通行。”

因为这个朝鲜人能说日语，我和他谈了一些话，还邀请他到宿舍，对他说：“到吃午饭的时间了，一起吃吧。我这里有茶喝。”

2013年4月8日，高木孝义接受口述访谈照

他打开了大型饭盒的盖子。映入正在期待着的我的眼帘的是金黄色的米饭。我便问道：“这是什么？”他告诉说：“朝鲜人的主食是稻米。虽然我们种水稻了，但是都被关东军强制征收了。我们不能公开吃白米饭的。为了应付日军宪兵检查，就把白米饭藏起来，上面盖上粟米饭。”

我仔细一看，上面一半是粟米饭，下面是白米饭。原来在满洲可以随便吃白米饭的，只有我们大和民族，其他四族：满族、汉族、朝鲜族、蒙古族，都是不能吃白米饭的。那么“五族协和”只是一个口号，一张“画饼”啊。

（根据2014年12月高木孝义受访口述记录整理）

樱井规顺

1934年 出生于日本静冈县。

1944年8月 全家随“富士乡开拓团”移住辽宁省抚顺市清原县湾甸子镇富士乡。

1945年8月 日本投降前一个星期，父病亡。日本投降后开始逃亡，后住在煤矿宿舍。同年6月返回日本。1989至1995年任日本国参议院议员，静冈县社会民主党代表。

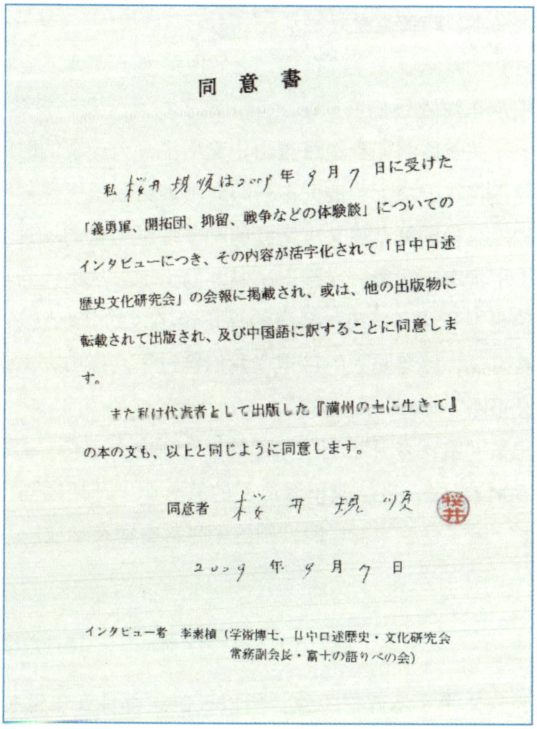

同意書

私 桜井規順は2009年9月7日に受けた「義勇軍、開拓団、抑留、戦争などの体験談」についてのインタビューにつき、その内容が活字化されて「日中口述歴史文化研究会」の会報に掲載され、或は、他の出版物に転載されて出版され、及び中国語に訳することに同意します。

また私は代表者として出版した『満州の土に生きて』の本の文も、以上と同じように同意します。

同意者 桜井規順 （桜井）

2009年9月7日

インタビュー者 李素楨（学術博士、日中口述歴史・文化研究会常務副会長・富士の語りべの会）

开拓—侵略

（一）渡满

1944年8月，我十岁，小学三年级的夏天，我们一家从富士市今泉迁到了满洲。

父亲、母亲、姐姐、哥哥还有我。父亲原是富士胶卷工厂的一名工人，后来有门路就到了辽宁省抚顺市清原县湾甸子镇的“富士乡开拓团”本部工作了，由此我们一家就随父亲到了满洲。

翻天覆地的变化从我们一家向亲友们告别便开始了。在金谷的舅母家，我的舅舅给我取名叫“规顺”，“寓意到了满洲以后能够得到很多土地，能吃到很多玉米，”我记得舅舅曾面带微笑地这么对我说。在榛原上庄内的伯母家，表兄跑到4000米远的静滨去买生鱼片来招待我们。在榛原姥姥家，表兄弟们带我去静滨海的太阳浴场，途中还给我买了梨子，蘸上海水，味道真是好极了。

总之我们得到了大家的祝福，之后便踏上了渡满之旅程。

我们从东海道线的吉原站上车，走了一天一夜，抵达下关。在弥漫着大蒜的浓香中，我们乘上了关釜联络船到达了釜山，又用了一天一夜的时间穿过了朝鲜半岛。早晨开始起了雾，被围绕在云海之中的列车一路北上。给我留下深刻印象的是，朝鲜人拿着像是移植器一样的农具把朝鲜苹果又小又红的种子埋进土里的场景。到了满洲，我们在奉天站（今沈阳站）下了车，我第一次踏上了满洲的土地。从奉天到我们的目的地清原站时，天色已晚。我们坐上从“开拓团”派来的马车走了大约33公里的山路到了“开拓团”本部。马车上挂着灯笼，伴着防狼的铃声，我们翻过了几座山，又走过几个“满人”部落，半夜才到达“开拓团”本部。

这里是“富士乡开拓团”本部的一个部落。这个“开拓团”在1941年的时候只有静冈县的50位县民，是从属于派遣团的第一个“开拓团”。这个“开拓团”分有5个部落，一所小学，除了住在本部村的，别的学生都寄宿在学校。

（二）“开拓团”的生活

因为我父亲在本部村工作，所以一家人都住在本部村。本部村里大约有50户居民，两层的砖瓦长房子，没有电，全点煤油灯，没有榻榻米，全部用草席，冬天零下三十多度，全在土炕上取暖。既没有广播也没有报纸。

“开拓团”团员都能分到土地，我家只有母亲种地，有一块平的小方地，还有山斜面上的一块小方地，合一起两块地方。这么大的地方母亲无法一个人耕作完，所以我家就强行用了苦力。我们要了一头耕牛。平地上的田里种了玉米和麻，山上的地里种了大豆。

我姐姐在清原镇不远的医院里做护士，哥哥上小学六年级，我上三年级。过年后，也就是 1945 年 4 月，我哥哥就进了抚顺中学，家里就只剩父亲、母亲和我三个人。

在开拓村里，我每天要上学，还要帮忙种田和喂牛。

秋天收获的时候，大豆能在由校园那么大的空地上被堆起 10 米高，马车和牛车排着队列把粮食运出清原站的场景甚是壮观。

（三）战败的苍凉

1945 年 8 月初，正是战争结束之前的日子，父亲从“新京”出差回来一个星期就住院了，7 天后离开了人世。

已经迎来战争结束，可是开拓村里的人却全然没有得到通知。传言“日本人战败了”，苦力也不来了，我们被隔绝了，村子里好像变得一片空白，时间像是静止了，我们被寂静所包围。

姐姐在离我们 30 公里的清原，哥哥在离我们 100 公里的抚顺，所以家里只有我和母亲两个人。我家祭坛上摆着葡萄酒，不知道是不是从“开拓团”分配来的。我知道葡萄酒有酸味，但还是想着什么时候能喝上一口，不知道外面发生了怎样的恐怖，就一直盯着葡萄酒。

8 月底的一天，那天我和母亲去扫墓。正要上大路的时候，不远处的马车朝着我们驶来。我跟母亲说：“会不会是姐姐或者哥哥呢？”母亲回答说：“怎么会回得来呢。”走近点一看确实是姐姐和哥哥。就这样，我们四口人重逢了。

第二天，满洲人就开始了袭击。

村子里的日本男人都不在了。不知道什么时候来了几个健壮的叔叔来保护我们。我们家在开拓村的最西边，门口有条小河流过，离小河 5 公里的地方被筑起了台地，从这里能够清楚地看到部落周围的一举一动，所以那些叔叔们选择在这里站岗。总是有三四个叔叔在这里站岗。他们用望远镜观察，说是有很多人，而且在不断集中，正向这边靠近。后来我才听说，这些人是在满洲和朝鲜前线败下阵来，来“开拓团”找家人的。不可思议的是，村里的警察、校长以及老师们这个时候都从村里销声匿迹了。

如果这些人不回来的话，村里就只剩老弱妇孺，必定只能以集体自杀来收场。

这个时候，本部村的小学宿舍里，都已住上了来自“富士乡开拓团”各个部落的人。

前辈说，那个时候大家心里都有自杀的想法，已经在身上带好石油做了准备。

最后，很多“满人”挥舞着镰刀、棍棒向村里的屋子蜂拥而来。哥哥拿起木刀抵挡，被一顿脚踢，他们从玄关、从窗户冲进来任意抢走家里的东西。那时候，母亲已经尽量给我们穿多些衣服，将随身物品放进背包，把我们送到学校。

本部村的人都去了学校。那天，太阳正要下山的时候，“满人”们冲到学校，四百多“开拓团”的人集中在校园里。在那里，“满人”骑在日本马上，用日本军刀割烂了日本军服。我听到他们在马上喊着“我们战胜了，日本人从这里滚出去”。

（四）逃亡

“开拓团”400人一行避开大路，沿着我家旁边的小河一路走下去。不久，有人向我们射来子弹。一声“卧倒！”我们卧倒在河原上。子弹在空中飞，打破柳叶，从我们头顶飞过。

叔叔们放弃自杀，决定乘着夜色走过三十多公里抵达清原镇投入战争。枪声结束，漫长的行军就这样开始了。我暗暗地告诉背着重重背包的自己，为了不输给别人，我必须坚持。我们穿过了几座山。身后的恶狗声不知道什么时候消失了。瞌睡虫袭来，每个人都抓着前面的人一边走一边睡。过了很长时间，终于听到休息的命令。就这样我们仰天倒下睡着了。不久就被叫醒。睁开眼睛，还是满天星星。又走，我们走过一座座山，队伍被“满人”追赶逼迫着。因为再也抬不了生病的老婆婆，索性连担架一起抛弃了。我们刚休息，又听见了“满人”的怒吼声，他们又追来了。我们围成一团。他们大喊“打，打”，于是

2009年9月7日，樱井规顺接受口述访谈照

举起棍棒来打我们。“满人”们抢走了我们的东西。母亲一直抱着用白布包着的我的父亲的骨灰。“满人”想把那个抢走。母亲说那是骨头，但是“满人”们并没有理解，母亲只能把东西打开来给他们看。袭击不久停止了。

我们继续走。走到平地，我们不得不穿过“满人”的部落。穿过部落的路要过城门，可是城门已被关闭。叔叔们去交涉。给了他们些钱财，又说了些好话，他们就放我们过去了。

我们登上山不久，再次遭遇了“满人”的袭击。我们又一次被乱棍殴打，手上剩下的东西也被抢走。母亲抱着的骨灰被抢走。母亲喊道这是骨灰。抢走后打翻了，母亲用手把骨灰抓进盒子，这样的事情反反复复。黎明时分，我们在河边准备吃饭。上方指示不要有烟。

太阳出来，天渐渐亮起来，一百多名“满人”袭来。这是我们逃亡以来第一次白天遭到袭击。叔叔们拔出日本军刀进行反抗。有个拿着日本军刀袭来的“满人”被叔叔们包围了。

我不知道他们在那里对峙了多久。我们又开始了逃亡。之后的白天和夜里我们都遭到了好几次袭击，前辈们说是第 18 次。我们穿的衣服被一件一件掠走。我穿那么多，最后上身就只剩下里头的一件衬衣了。父亲的骨灰盒也被抢走了。

第二天天亮的时候，我们到了视线很好的台地。那时候从下方来了个挑着担子的“满人”。两个桶里装着粟粥、黍粥。我觉得好吃极了。

我们又开始逃亡。不久，我们遇到了“满人”大规模的袭击。有的孩子走散了。这时，大家手上什么东西都没有，就只能被抢走身上穿的衣服。

（五）收容所的生活

到了城镇，中国兵让我们坐在路上，大家就坐下来。他们让男、女、孩子分开坐。虽说是收容所，其实我们被关在像学校的教室的地方过了一夜。我茫然想到他们会不会就在今天夜里把我们给杀掉。但第二天，我们在清原坐上了开往抚顺的车。当天车子抵达抚顺，我们“开拓团”一行人先是被集结在抚顺公园，有人给了我们吃的。

在这里好像第一次了解了对死的恐惧。据说有人从背上把孩子解下来，他已经硬了。

不久，我们被收在工业学校的宿舍里。拥挤不堪，但总算大家都能躺下来，总比在山中逃窜强多了。饥饿，艰苦的生活开始了。早晚各一个土豆，孕妇和有喝奶的孩子的人两个。真羡慕那些拿两个土豆的人。不知道大家从哪找来盆煮野草来吃。

街上苏联兵扛着被称作曼陀铃的机关枪徘徊。夜里，苏联兵来到收容所里，吼道“交出女人”，大家不肯，苏联兵就朝天放枪。那是恐怖的夜晚。

（六）抚顺的宿舍

一个月后，我们搬去了离这儿大概一里地的抚顺炭矿的东乡宿舍，那是盖得很结实的砖房。每人分半个榻榻米，我们家 4 个人（3 个榻榻米），有个 7 人家庭（4 个半榻榻米），团长家两个人（2 个榻榻米），一个单身的叔叔（1 个榻榻米），还有一个跟我们家住一起的“义勇队”青年，有这么多人被收容在这里，新生活开始了。

这个宿舍在小河对岸，是抚顺炭矿的宿舍。

屋子里安装上了直径约 10 厘米的管道。

在零下二十多度的冬天，早晨会准时发出滴滴声给我们送暖，托管道的福，我们度过了这个冬天。

一搬到东乡宿舍，虽然哥哥只有 14 岁，但也和“义勇队”的松村先生一起去抚顺东乡炭矿做工了。街上到处写着“不工作的人不许吃饭”。还有微薄的工资。姐姐住在稍远的地方，那是岛田市六合出身的人经营点心店的地方，承蒙他们的照顾。

在那里我见到了穿着很旧的服装的八路军，他们像哥哥一样照顾我。

我们败给了虱子。也不知道是从哪里出来的，衣服的缝口处生出了大量的虱子卵。以虱子为媒介，传染病、伤寒发疹开始流行。伤寒发疹容易发高烧，我家先是我患病，很快母亲也被传染。我们就把枕头放一起睡了。住在点心店的姐姐回来看护我们。

哥哥在 4 月 17 日，母亲在 4 月 24 日相继死去了。但是母亲死后，遗体被抬出去之前，姐姐也染上伤寒发疹倒下了。像是哥哥之前帮助别人一样，有人帮忙把母亲的尸体用门板抬到原野上的墓地去了。

樱井规顺于日本国会会议发言照

（七）看护姐姐

之后我就开始照顾姐姐。

钱在姐姐的坐垫下面。肯定是姐姐和哥哥攒下的一点儿钱，我全用来在附近的店里买豆腐渣了。没有蔬菜，我就在附近的野地里摘了蒲公英、车前子、艾蒿、野草一起煮，去了涩味吃。

狭窄的玄关那儿，祖孙三代在炉子上烧炭煮东西，头晕眼花。

自从姐姐倒下后，我要照顾她排便、换内衣、洗铺盖。当时还是孩子的我脑袋一片空白。

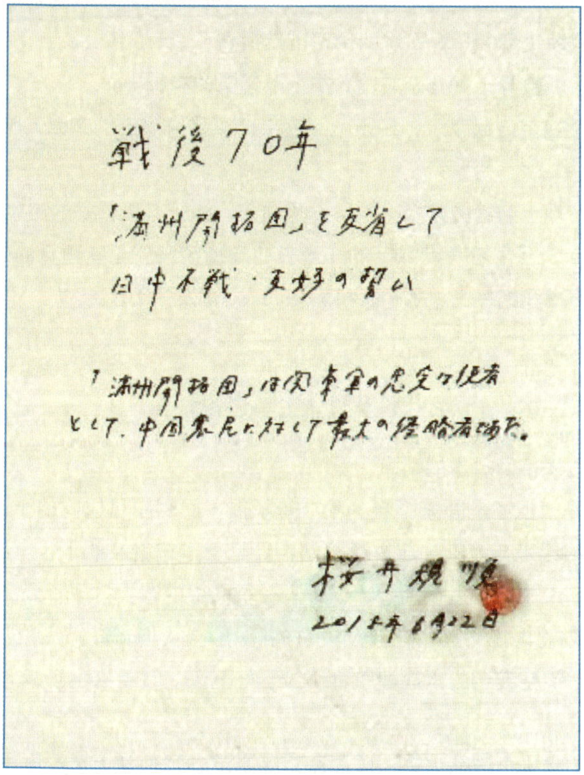
戦後70年

「満州開拓団」を反省して

日中不戦・友好の誓い

「満州開拓団」は関東軍の忠実な使者として、中国農民に対して最大の侵略者であった。

桜井規順

2015年6月22日

战后 70 年

反省“满洲开拓”，发誓日中不战，日中友好。

“满洲开拓团”作为关东军忠实的使者，对中国农民是最大的侵略者。

樱井规顺

2015 年 6 月 22 日

让我得救的是，父亲给姐姐许婚的小泉先生（虽然姐姐没有同意这婚事）从战场上回来找姐姐，他不见姐姐，但是给了我葡萄糖。姐姐让我把注射器煮沸，然后她自己在腿上注射了葡萄糖。这时还在高烧的姐姐看到了小泉先生的身影，害怕地问我“是谁，是谁”。

我在母亲过世后开始捡石炭，虽然母亲一直禁止我这么做。抚顺炭矿有几条铁道线从我家门口的河上过，装满石炭的货车在接口处有时会相互碰撞，就会有石炭散落，而我就把散落的石炭装进麻袋里。背着麻袋，从我家走 300 米到集上去卖，能卖到好价钱。但是这是非常危险的事情，可能会被炭矿警察狙击，或者被抓去关禁闭，都是非常严重的后果。有时候还会爬上火车当小偷。我还有个大哥，他很厉害，他把无篷货车的护栏给卸掉，石炭就会像雪崩一样往下掉。在留意了远处士兵的动向，确保安全后，被称作黑钻石的上好石炭就被我装进麻袋。好石炭的价格当然很高了。

就这样，每天我会弄上好几麻袋卖给街上蒸馒头的店铺。

不久，我的腰包就鼓起来了，在街上买馒头，买我喜欢吃的东西。腌鱼这些有营养的就给姐姐吃。

一直发烧、在地上躺着的姐姐，到了 5 月中旬，终于有了转好的迹象。

大概 5 月下旬，我拿着长满绿叶的一米长的洋槐树枝朝正在睡觉的姐姐的脸上靠近，姐姐“哈哈”一声把我抱住了。那个生机勃勃的表情我至今记忆犹新。

（八）回国之路

到了 6 月，传来撤回日本的消息。

姐姐渐渐转好，但还是卧床不起。我准备了很多回程中可以吃的干面包。启程那天，姐姐终于第一次站起来与大家一起去抚顺站，但是上了车就又躺下了。我们坐的是夜车，目的地是葫芦岛。大家在车上很拥挤，还有人在行驶中的车上排尿。天亮了，姐姐躺着唱起了赞美歌。旁边的人说“唱歌应该没关系的”。不久我们在葫芦岛附近的车站下车了。我们被收容在像是被空袭过的水泥建筑物里过了好几天。我看到由于战火被弄弯掉的水管道散落着。

几天后，我们又坐上敞篷火车，驶向葫芦岛海港。我们坐上了载重 1 万吨的货船。这船分好几层，我们到了船的第二层，姐姐还是躺着。

船开始走了，朝着舞鹤港行驶。需要一个星期。途中，有几个人死了。然后，遗体就被卷在床单里扔进海里，船鸣着汽笛绕尸体一周，然后继续驶向舞鹤港。

船快到舞鹤港的时候，出现了几座被绿色包围的小岛，明亮平和，在如此沉静的景色中，我们继续前进。那时候觉着那个地方就是日本。

船到达码头，我们在全身被喷洒 DDT 粉末后登陆。

我们被收容在像是学校宿舍的二层木屋里。我们在那里待了一个星期，姐姐也能够坐起来，能慢慢走路了。

（九）回国之后

我终于坐上了回家的火车，可是我们要去的是舅妈的婆家——金谷。到了舅妈家的门口，舅舅舅妈前来迎接我们。

就这样，回国后开始了受亲戚们照顾的生活。姐姐去了姥姥家旁边的医院当护士，但是后来因为肺结核住进了富士宫的国立医院。而我开始到处寄宿，父亲的大伯家、姨家，母亲的大伯家、姨家，还有父亲的姑奶家，各住过一年。这些亲戚对我已经失去了当初我们决定渡满时的热情，他们各自背负了战争的伤痕。但我已经是个能过上普通生活的孩子了。

三年过去，姐姐在静冈县的国立医院当上了护士，稍微安定下来，初二的我就在姐姐的庇佑下在静冈市住下了。

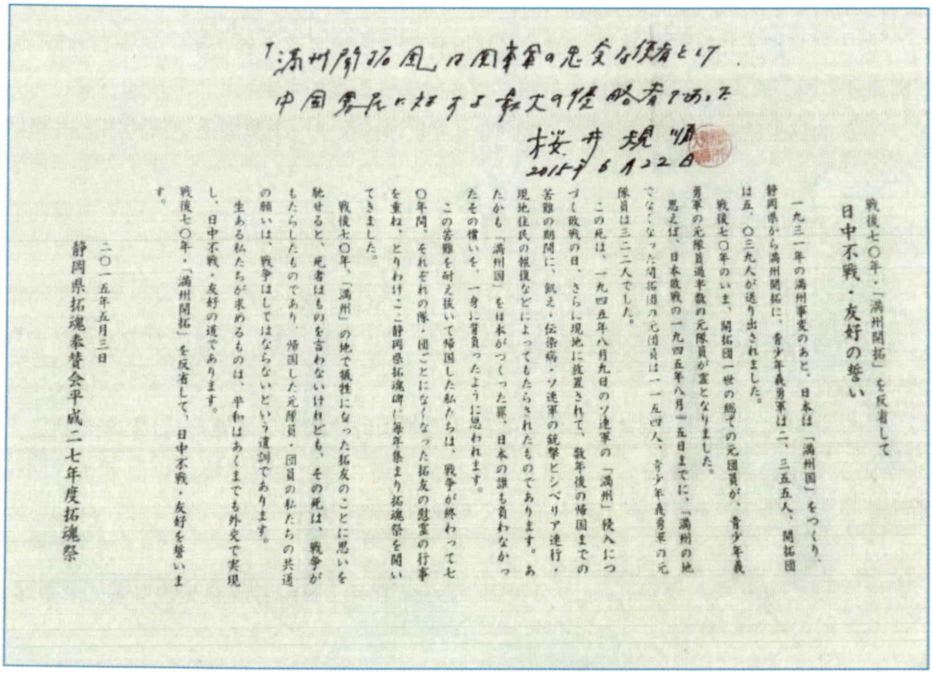

「満州開拓団」は日本軍の忠実な後衛として中国農民に対する最大の侵略者であった。

桜井規順

2015年6月22日

戦後七〇年・「満州開拓」を反省して

日中不戦・友好の誓い

一九三一年の満州事変のあと、日本は「満州国」をつくり、静岡県から満州開拓に、青少年義勇軍は二、三五五人、開拓団は五、〇三九人が送り出されました。

戦後七〇年のいま、開拓団一世の総ての元団員が、青少年義勇軍の元隊員過半数の元隊員が霊となりました。

思えば、日本敗戦の一九四五年八月一五日までに、「満州の地でなくなった開拓団の元団員は一一五四人、青少年義勇軍の元隊員は三二二人でした。

この死は、一九四五年八月九日のソ連軍の「満州」侵入につづく敗戦の日、さらに現地に放置されて、数年後の帰国までの苦難の期間に、飢え・伝染病・ソ連軍の銃撃とシベリア連行・現地住民の報復などによってもたらされたものであります。あたかも「満州国」を日本がつくった罪、日本の誰も負わなかったその償いを、一身に背負ったように思われます。

この苦難を耐え抜いて帰国した私たちは、戦争が終わって七〇年間、それぞれの隊・団ごとになくなった拓友の慰霊の行事を重ね、とりわけここ静岡県拓魂碑に毎年集まり拓魂祭を開いてきました。

戦後七〇年、「満州」の地で犠牲になった拓友のことに思いを馳せると、死者はものを言わないけれども、その死は、戦争がもたらしたものであり、帰国した元隊員・団員の私たちの共通の願いは、戦争はしてはならないという遺訓であります。

生ある私たちが求めるものは、平和はあくまでも外交で実現し、日中不戦・友好の道であります。

戦後七〇年・「満州開拓」を反省して、日中不戦・友好を誓います。

二〇一五年五月三日

静岡県拓魂奉賛会平成二十七年度拓魂祭

2015 年 5 月 3 日樱井规顺在“满洲拓魂祭”会上的反省文，宣誓：日中友好，永不再战

（十）逃难思考

父亲在昭和初期带着祖祖辈辈走出榛原郡胜间田村桃原，进城了。我开始记事的时候，他做了富士市今泉的富士胶卷的职工。为什么就去了满洲了呢？那是昭和十九年（1944）。星期天，父亲背包里背着很多蕨菜、小根蒜等回来。夜里，附近国防妇联的阿姨像往常一样来到我家，对父亲的发言一番批判。

我觉得父亲渡满的决定是错误的。

从1945年8月15日起，"开拓团"就成了被遗弃、被孤立在异国山中的集团。不知何时，团长、警察、医生、校长、老师们从我们"开拓团"消失，男性大人们都被召集走了。从别的开拓部落疏散过来的人都带着石油，而留在家里的我和母亲也准备了有毒的葡萄酒，大家都准备好了自杀。这时从战场上回来了几个男人，他们指挥大家，开始逃亡之路。我们遭受了上千人的袭击，他们抢走了我们的所有财产，我们开始了逃亡，有的被枪杀了，有的被刀刺了，老人和病人被遗弃在山里，我们遇到了18次袭击，被抢得只剩下一件衬衣。

我们家失去了母亲和哥哥，"开拓团"半数的人死去了。

这是谁的责任呢？是选择这条路的我们家的责任吗？可以说是因为我国向他国武力入侵和无端的殖民政策所引起的。这是自食其果。

由于"满洲开拓"移民政策，每一家都承受着失去一半家人的苦果，这是自食其果。"满洲开拓团"的人们受到当地住民的报复，战败逃亡后丧失了全部财产是罪有应得。

我认为这些就是给我们国家错误政策的一个教训，吸取这个教训是中日两国人民和平共处的出发点。

关东军的干部们在抚顺战犯管理所，穿暖吃饱，学习娱乐，无一死者，后来还对他们实施了宽大释放政策。与此相比，该如何看待日本的侵略行为呢？

由于苏联的围剿等许多原因，"开拓团"在中国留下许多幼儿。那些残留在中国的孤儿成了绝望的牺牲者，他们蒙受了日本战争史上史无先例的伤害，这是日本军国主义者带给他们的伤害。

为了让那些现在已经迎来老年生活的孤儿们能够说"回到日本真好"，国家必须对于这个问题有所行动。若是日本政府对此毫无措施，那么可以说日本政治仍旧存在错误和扭曲。

（根据2009年9月7日樱井规顺受访口述记录整理）

第四章／反战与改造

筒井重雄

1920 年 10 月 11 日 生于日本群马县。

1940 年 12 月 自愿参加日本航空队。

1941 年 1 月 南京第三飞行集团司令部参谋部电信班二等兵。

1941 年 11 月 - 1942 年 8 月 新加坡电报班。8 月返回南京。

1943 年 4 月 返回日本，在北九州岛福冈县甘木市太刀洗陆军飞行学校学习飞行，分配到战斗机组。10 月返回南京。

1944 年 3 月 转属天津教育飞行队。8 月转入唐山第 19 练成飞行队。

1945 年 1 月 15 日 因飞机故障迫降于山东泗水，被八路军俘虏，加入反战同盟，从事反战活动。

1946 年 9 月 任东北民主联军航空学校飞行教官。

1953 年 - 1957 年 于北京马列学院学习。

1958 年 5 月 返回日本。自营果树园。后被邀请参加中国空军建军 40 周年，反法西斯胜利 60 周年等庆典。

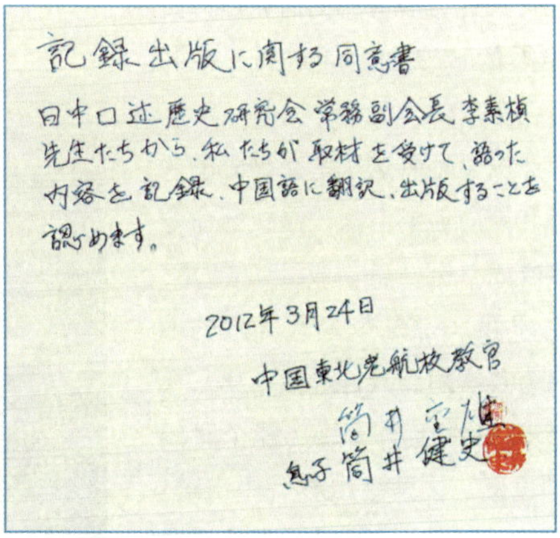

記録出版に関する同意書

日中口述歴史研究会常務副会長李素楨先生たちから、私たちが取材を受けて、語った内容を記録、中国語に翻訳、出版することを認めます。

2012年3月24日

中国東北老航校教官

筒井重雄

息子 筒井健史

迫降被俘

1945年1月15日，我接到了去领收南京航空修理厂的鹰型战斗机的命令。

当时，我作为内务班长，负责检阅少年飞行班的十五期生寄回祖国日本的信件。“妈妈，让我们下次在国家处于安定的状态下见面吧。”“妈妈，下次我一定会做让您感到开心的工作，您要保重。”每当读到这样的信时，总说不出来写这些信的飞行员是怎样的心情。那些飞行员们总是对我说：“班长你是为了接收战斗机去南京，所以为了不让飞机发生事故，希望你认真慎重地飞行。”与此同时，我也把这边的一些事情拜托给了隔壁班的班长松冈军曹。

从唐山出发去南京的时候乘坐的是由谷口英治班长驾驶的双练（双发高等练习机），与我一同乘坐的还有本庄曹长以及去领取材料的石田伍长。

15日我们从唐山的飞机场出发，沿着一望无际的北方原野一路南下。通过天津后我们在济南着陆了。在飞机滑行道上听到情报说敌机正在向济南方向进攻中。于是慌慌张张地起飞，飞往在胶济线（连接着济南和青岛的线路）上的张店的飞机场避难去了。在那期间，情况再次好转，于是我们再度返回到了济南。之后我们再次起飞，飞往目的地南京。这个时候的战况是美军空军正在日本本土进行全面而大规模的空袭。与此同时，从美国的航空母舰出发的大量战机通过中国上空飞往成都以及昆明等地。因此我所在的飞行队每天在对少年飞行兵进行教育的同时，还肩负着与美国空军的B29和P51进行交战和防空的双重任务。

教育飞行队合影（筒井重雄，后排左2）

飞机终于安全地到达了南京城外的飞行场，于是我就向他们汇报我是执行命令来修理厂接收战斗机的。

南京对于我来说是个令人怀念的地方。那是因为我在刚当兵的时候在第三飞行集团司令部工作过的缘故。那个时候会去玄武湖逛逛，去紫金山参观中山陵。而且在18教育飞行队的时候，常常在城外飞行场进行编队飞行训练、射击训练、战技训练以及每日飞行演习等。那个时候看到眼前的山川就不禁发出感叹："啊，这就是南京啊。"

后来得到了飞机场那边的回复，由于受到敌军飞机的攻击，我们要领取的飞机已经没有了。

对此我感到手足无措，于是向部队的上级询问应该怎么办。部队方面来了消息，叫本庄曹长一个人搭乘最近的列车去汉口的修理厂领取飞机，其他人员迅速返回。

因为石田伍长领取材料的任务顺利完成了，于是和没有达成目的的我们一起返回。从打听的情况来看，因为中日双方战机相互出击的次数很多，我们乘坐的双练要等到 4 点的时候出发才是比较安全的，所以我们一直等到 4 点，才离开了南京飞行场。

当飞机飞到扬子江上空 3000 多米的时候，往下望去田野被白雪覆盖，大地银装素裹，而且能清楚地认出在雪地里笔直地延伸着的津浦线（连接着天津和浦口的铁路）。有两个歌谣是关于徐州这个城市的，一个是"徐州啊徐州，到处都是人和马"，还有一个是"走啊走，走啊走，可看到的除了麦子还是麦子"。我们一边确认着哪是徐州，飞机也慢慢地靠近了济南，就在这个时候，飞机的气压高度表上的数字开始变小。

"发动机有点奇怪啊。"谷口曹长说道。因为我们是 4 点过后从南京出发的，现在外面已经是蒙蒙亮了。即使折回到徐州，也没有可以夜间着陆的设备。如果一直飞到济南的话好是好，就是前面有座泰山（高度在 1500 米以上），能不能飞过这座山我们当时都很疑惑。

就在这个时候旁边发动机的仪表盘上的数字降到了零。我心里想着"不好，这附近既有铁路通过，又有河流经过，必须找一个地势平坦的河岸准备紧急降落"。于是向坐在后面的石田伍长报告了要进行紧急着陆。之后就慢慢地降低飞机的高度，一边盘旋着一边找

战时新加坡，电报班先遣队合影（筒井重雄，第二排左 1）

可以着陆的地方。如果在铁路附近的话就可以马上和友军取得联系，想到这点，就决定了在河流旁边比较平坦的地方进行着陆，之后便开始了降落的准备。

高度在慢慢地下降，速度也渐渐地慢了下来。但是在接近地面之前，我们发现从上面看起来很平坦的地面实际上比想象中要更凹凸不平，而且有很多粗大的树木。在着陆前飞机的速度很慢。但是飞机的机翼还是撞到了一棵大树。“哐哐……”接下来的一瞬间飞机好像从悬崖上滑落下去了，我也失去了意识。

被捕与逃跑

“嘣嘣……”在手榴弹和狙击炮的炸裂声中我恢复了意识。想睁开眼睛看看四周，但是怎么也睁不开，于是慌慌张张地擦了擦眼睛。定睛一看，飞机的发动机都七零八碎了，天盖也不知飞到哪儿去了，我被安全带绑着忽悠忽悠地漂浮在空中。头被操纵杆狠狠地撞了一下，血都流进了眼睛里，于是用手擦了擦血。在解开安全带的一瞬间，我“扑通”一下掉进了河里，第一次知道了在河边进行紧急降落是一件很不明智的事。

“没事吧？”谷口曹长问道。“嗯。”我回答道。于是也问了石田伍长。石田伍长回答道：“没事。”

但是，之后发生了与我们的判断完全相反的事，我们降落在了敌军领地的正中央。

“我们被敌人包围了，赶紧逃跑。”不知是谁喊了出来。但是石田伍长采取了个人行动，从飞机下来后就离开了，这也成了我和石田伍长最后的分别。

当时，我们在上空看到的黑色的铁路其实是防空沟，看起来像铁路旁边的灯其实是村落里百姓外出时拿着的灯。“今天竟然有飞机蠢到在低空飞行。”当地的人们都不可思议地想着，纷纷走出来看。我们两个人最后离开飞机的时候，谷口曹长拿着枪，叫我拿着九五式的军刀，很认真地对我说万一被敌人抓到的话，先把他杀掉再自杀。接着我们到达了河边，稍微放心了。回头看看我们紧急降落的地方，好像有堆堆火焰从那边燃起。而后听到敌方不知道在喊着什么。“我们该往哪边逃跑呢？我们试着去河边的草丛里躲着吧。”我们边说着边跑进了河里。仔细看了看河流的流向，才知道我们只顾着逃跑却没有察觉到是向着敌方的根据地逃跑的，顿时心里万念俱灰。这条河是向着西面流淌的，因为我们已经知道如果沿着这条河走的话会一直到曲阜，所以我们又沿着逃跑的方向原路返回了。

就在这个时候，我感觉到头和脚异常疼痛。由于在紧急降落的时候崴了一下，脚脖子已经肿起来了，虽然头已经不流血了，但还是感觉到刺痛。“我们休息会儿再走吧。”我第一次说出这样的话。“不行啊，我们在铁路旁边紧急降落，明天一定会有友军来对我们实行救援的，今晚再忍耐忍耐吧。”我们就这样相互鼓励着继续往前走。

但是，脚上的剧痛变得更加严重。而且我们落水的时候穿着飞行长靴，水进到长靴里面，鞋子里面变得黏黏糊糊的。休息的时候我把脚放在谷口曹长的怀里，谷口曹长也把他的脚放在我的怀里。当时真的是全身心感到了温暖，有一种又活过来的感觉。当我们又准备把飞行长靴穿上的时候，却发现长靴已经被冻得变形了。当时真的不想把好不容易暖好的脚放到这么冰冷的靴子里。后来我考虑到今晚还是就这样的好，就只穿着袜子起身了。但是，脚还是很疼，已经疼到不能行走的程度了，每走 3 分钟就得休息 10 分钟。于是我说道：“我们还是在这里等着吧，友军明天一定会派来救援的。”为了不让敌军发现我们，我们开始在河岸边寻找一个不让敌军发现的地方栖身。可是根本找不到合适的地方，想用石头堆积一个洞或棚，可是石头都被冻住了。后来我们找到了一处凹地，就打算在那度过一晚了。“睡着的话会被冻死哦。”我们相互激励着对方，各自用自己的怀来温暖对方的脚，就这样等着明天的到来。

东边的天空开始露出了鱼肚白，同时饥饿感和寒意也向我们袭来。当我们想着友军会不会早点来的时候，从远方向我们这边走来了两个人。“有人来了。”我们两个人警备起来。等到他们慢慢靠近的时候我们发现原来是老百姓啊。老百姓知道了昨晚飞机在空中盘旋，后来紧急降落的事了。于是想走最短的距离，经过收割完了被冰冻住的田地，去飞机紧急降落的地方去看看热闹，所以不走道路而走田地。两人并不知道我们的存在，一边交谈着一边向我们这边走近了。我们商量着：“等等，等他们走近了再决定怎么应对吧。”同时尽量隐藏我们自己。但是在这样想之前我们就站了起来，然后举起了我们的枪，百姓们吓了一跳。突然看到穿着飞行服的日本人，同时举起了双手。在双方都听不懂对方的语言的情况下，这样的状态持续了好一会儿。在我们脑子一片空白的时候，两个中国人脱下了自己的靴子递到了我们的面前。这是他们看到我们只穿着袜子而对我们的示好。之后又做着吃饭和烤火的动作，好像示意我们他们家就在附近。我们也因为对方不是敌方的士兵而是百姓，也想通过他们了解一下现在的情况，所以用枪指着他们，让他们走在前面，我拖着病腿走在后面。不过一会儿我们就到了百姓的家，他家是被土墙包围住的面积很小的房子。他们很快拿出了高粱秆、夏草等干枯的东西给我们烤火。在忍受了一晚的寒冷后能烤到火真是感到很开心，之后百姓告诉我们说附近有日本的军队，又给我们倒了热茶。我们受到百姓一连串的好意，用手势表达了我们的谢意。等身体烤暖后我就去厕所了。当时，我被眼前的一幕给惊住了，在百姓家的土墙上面对着这边排列着 30 厘米的枪口。“不好。”我飞也似地冲进房间向谷口曹长喊道，“终于到最后的时候了啊。”作为日本人、作为帝国的军人终于到了绽放生命花朵的最后时刻了。“不能去做炸毁一机一舰的特工队，而只能惨死在这种地方，虽然说很遗憾，但是我会战斗到生命的最后一刻。”我心里默默地想着。

一旦心里决定了就不再惧怕任何东西了。当我正想回到房间的时候，看到一个人登上了土墙，没有带着枪而是拿着纸片靠近了我，又把那张纸片交给了我。我与他进入了笔谈。在这位百姓的妻子向我们表示好感接待我们的时候，她向前线八路军总司令部报告了。这件事也是我后来才知道的。

筒井重雄（右）与哥哥（左）军装照

笔谈的主要内容是“放下你们的武器，我们就保证你们的生命安全”。我们当时没有对这个抱有信任。就这样持续了一段时间后，一个军人进入了房间。我警惕地注意到那个士兵在示意我们，在我们看纸条的时候火快要熄灭了。我们的笔谈持续着，就在我们准备写字的时候，刚才进来的那个士兵突然从后面向我们突围过来，同时在外面的士兵也一齐突围了进来，就在那么短短的一瞬间。自杀什么的在那个时候根本就没有时间来实施，之后我们就被收缴了武器，被绑了起来。

就这样我们被俘虏了。

于是我们被带到了八路军前线的根据地去了。我脑海里不断地涌现出当时我们在战争前所接受的教育——要经常想起出征当时的决心和感激，把想法转化成对父母、妻子和孩子的思念，绝不体会作为囚犯的耻辱之感，宁愿死也不要留下罪犯的污名。今后我是要自杀呢，还是逃跑后再回到日军部队呢，或者就这样被带走之后被杀呢？反正都是要死的，就不必害怕了。“走不动了，我的脚太痛了，已经不能走了。”我拒绝继续走下去。敌方比划着好像说着什么，我坚持着不能再走了。敌方没有办法，他们几个人商量着，但是对于不走的我束手无策。后来军医过来给我包扎了一下头上的伤口。先用红药水给我消毒了一下，然后给我擦了点药，再后来用白色的绷带把我的头像包头巾一样包了起来。我还告诉他我的脚也很痛。军医用很惊讶的眼神望着我，并给脚肿的部分上了药，之后他告诉刚才那个士兵我脚痛后就走了。就这样休息了一会儿，有一名百姓搬着凳子进来了。士兵点头示意了一下。我正想着这是准备干什么呢，就被抬到椅子上坐下了。在凳脚的地方绑着两根竹棍，棍子的前面有一个圈，棒子被插在圈子里面，有四个人架着竹棍，同样的在后面也有四个人架着竹棍，也就是说一共有八个人抬着我坐着的凳子开始前行。

当时真的感觉到就像是古代皇帝的出行一样。当然谷口曹长也同样坐在那样的凳子上。附近的百姓一传十十传百都知道了日本飞机上的人被抓了，黑压压的一片都来看热闹。看到穿着飞行服的我就指指点点相互在说着什么。因为我们当时被百姓用竹棍抬着，所以能从高一点的地方看到来看热闹的群众。在那些群众中，有一个人拿着一根棒子，好像要冲上来打我，可是当时士兵及时出来把百姓给制止了。就这样熙熙攘攘的场面持续了一段时间。

就在这个时候，别的部队有稍微懂点日语的士兵来了，开始为我们做起了翻译。他给我们翻译道："那些人谈论的是，那个拿着棒子的百姓的儿子被日本士兵给杀了，为了发泄自己的心头恨，哪怕能打你们一棍子也好。"而且给我们传达道："谁扔掉武器就不会被杀，在根据地里还有很多的日本人，其中最知名的是冈野进。"但是我们连冈野进是谁都不知道，就这样一头雾水地被他们抬着向根据地的方向前进。虽然在村落与村落之间的路走得比较顺利，可是一进入下个村落就有黑压压一片的百姓出来围观。山东地区百姓的村落都是被土墙围住，有好几个进出的门，这些门外站着民兵，如果没有通行证的话就无法进去。在把一家一家围住的土墙里面有百姓们各自的家，百姓们就生活在里面。翻译还告诉我们，中国的女子在嫁人之前都要用布把脚裹起来，使脚变小。脚越小的人就越美。而且有女子专门用的厕所，如果有男人用的话就会被认作强奸。并且她们基本上都不出门，一直待在家里。这些女子中的很多人都想看看驾驶飞机的人长什么样，都跑出来了。

在紧急降落的第二天，我们来到一个村落准备休息。这时突然听到"嘣嘣"的爆炸声。抬头看看天空，发现两架战斗机在 1000 多米的高空飞行，之后在我们紧急降落的地方盘旋着。当时我真的很高兴，不自觉地脱下帽子并对着飞机挥舞。大大的机翼左右摇摆开始上升，之后继续盘旋又飞向我们休息的村落。我高兴地大声喊了出来："我在这儿，看到了吗？"就在此时中国的军队好像在商量着什么似的，拉着我们进到房间以后就用枪口对着我们，而且为了不让我们出去把门关了起来。因为有了这件事，我知道了我们的部队正在调查我们紧急降落的地点以及我们是否活着，想到这里我就安心了。但是，八路军对我们看管得更加严了，几乎没有一分钟把视线从我们身上移开过。应该是我们被俘虏的第二天晚上，我和谷口曹长偷偷地交谈了一下我们的逃亡计划："今天如果到达一个村落的话，我们要假装去厕所的时候偷偷从敌人的眼皮下逃走。"

那天吃完饭的时候，他们端出来了煎饼。我们假装吃着，同时偷偷地把煎饼装在飞行服的口袋里。我们假装全部吃完了，好让敌人放下戒备，之后就穿着飞行服上了火炕（火炕是一种高度为 60 厘米左右，外面是土做的，下面会有烟雾流动的床。如果在下面烧枯草的话，就会有温暖的暖气，这种床大概有 9 尺）。八路军在地面铺上东西就睡下了。白天的时候大体上看了一下附近的地形，然后我们就等着深夜的来临。

我不知道是什么时候，但是感觉是时候了，就先起身去厕所。躺在地上的士兵们什么也没有察觉到。于是谷口曹长就迅速出来了。我们互相打气道"要上了啊"，一边爬上了土墙，然后越过土墙跳了下来。虽然我们白天观察过这墙，但是比我们想的要高得多。下来的时候一下就摔了个屁股蹲儿。谷口曹长也迅速地下来了。两人都顺利地越过了土墙，成功地逃到了田野上，在慌忙中听到了有声音从刚才的村落之中传出来，我们意识到他们发现我们逃跑，开始搜索我们了。我们渡过了河流来到了野地里。当时真是一片黑暗。我们发现了闪烁着微光的北极星，就沿着西面的方向走去。没过一会儿，就从各个村落传来了枪声。狗的叫声，马的奔跑声，各种声音都开始沸腾起来了。看来敌人已经进入了非常警戒的状态。因为如果在今天找不到藏身之地的话，我们的逃跑行动就会失败，所以我们先开始找藏身之处。我们找到了棉花被摘了但是秸秆还在的一块地，这儿很适合藏身，于是决定今晚在这儿看看外面的情况，到明晚再开始行动，之后就躲进这块地的中心位置了。

白天的时候我们已经仔细地观察了附近的村落、河流以及道路，然后就等着到夜里再采取行动。我的脚又开始痛了，但是，走错方向的事绝不能再发生。如果以北极星为参照，沿着西面的方向走的话，应该能和友军取得联系。虽然被俘虏了，到时候被军法会议追问的话，向他们报告我们紧急降落后的行动，他们应该能够理解。我们两个人这样互相鼓励着，继续走着。那天我们在河边躲了一个晚上。想喝水的时候我们就去河里拿一块冰来吃，之后就又等天色变暗后开始行走。走了一会儿，就碰到了两个百姓，百姓在绳索的前端点上火，拿着那个跟我们说话。当然他们说的话我们都听不懂，我们就那样离开了。“我们真是遇上了好厉害的家伙啊，如果不发生什么事就好了。”我们一边说着一边走在远离村落的小路上，向着西边走去。过了一会儿，想着那些百姓应该到达村落了的时候，从村子里面传来了枪声。然后从旁边的村落到其他的村落连续不断地响起了枪声。还听到了狗“汪汪”的叫声。我拖着隐隐作痛的脚，走在远离村落的地里，向着西面行走着。那天晚上走了很长一段距离。吃的东西已经没有了，只好往肚子里塞冰冷的雪和寒冷的冰块。东方的天空已经露出了鱼肚白，我想应该快天亮了吧，寒冷已经蔓延到了全身。遥远地可以看到前面的村落的墙上写着“皇军万岁”等字，我们就决定白天也走路，希望能够早点到达日本军队驻扎的地方。我们又向着西方行走起来了，走了一会儿就碰到了两个百姓（之后才知道，百姓们在干什么事的时候一定会两个人一起，特别是夜里的时候，把艾草的叶子做成绳子点着，拿着走路，从这点来判定是不是自己的同志）。百姓用手比划着吃饭的动作。我们判断这一带应该是日本军队管辖的地区，我们问他们是不是有日本军队在附近，但完全交流不了。没有办法，我们比划着只能用笔写下问他们，叫他们回去拿笔。他们中间的一个回去拿来铅笔和纸，还带来了其他的几个人。我赶紧用笔写起来，他们点着头告诉我旁边有日本的军队。我当时非常高兴。“现在只要再加把劲儿就可以回到友军的地方去了。”这样想着就觉得真好啊，一下子安心了。百姓们说会给我们做饭吃，就带着我们进到了村落里面。因为当时肚子非常饿，而且认为这一带的百姓已经没有问题了，就被他们带进了村落里。然后就在一个百姓家坐了下来，等着他给我们端上饭菜。

我们等啊等啊，可是就是没有等来饭菜。“再稍微等会儿，马上给你们端过来。”他们回答着，所以我们就又开始等。但是过了好久都没有端过来，所以我们拒绝继续等下去。当我们走出那个房子，走出村落继续向前走时，这次我们被几个百姓给架住了。我们拼命抵抗，然后又双手合十跪下来祈求他们，无论怎样他们都不松手。我们只有彻底地抵抗了，然后就被牢固地绑了起来，就这样我们再一次被逮捕了。

反战同盟会的学习

本来知道有日本的军队就在附近，却不能去和他们会合，又被百姓们逮捕起来，当时有种不甘心的感觉。想着是不是在异国他乡被杀掉，永远都回不到祖国，当时的心境是现在不能用文字表达出来的。我又想到母亲的脸庞，从小时候到青年后的事，以及在军队里等着我们回去的战友，这些事一直不断地在我的脑海里盘旋。

百姓们从旁边的房子里拿出来了一个只有一个轮子的车子。虽说是独轮车，轮子是用木头做的，与古代日本的货车很像。在车的中间是轮子，一边绑着的是我，另一边是谷口曹长。沿着冻着的小路，开始返回到之前的根据地去了，后面还跟着 20 人左右的民兵。这附近一带，时而被日本军队控制着，时而被八路军控制着。后来我才了解到，虽然这儿附近驻扎着日本军队，但是战况越来越不好，日本军知道我们紧急降落和被抓走的事，但是由于兵力不足，所以就没有采取营救我们的行动。不仅如此，之后的几天，驻扎在这儿的日本军队遭到了包围和炮轰，其中的几个日本人也被八路军抓住带到了我们这儿。这是后来听说的。

被绑在独轮车上，去往根据地，在傍晚的时候我们被移交给前线基地的队长。这个队长是我逃走之前的那个队长，我们又被送回到了之前的那个部队。我看着队长的脸，他的表情仿佛说着“你们又来了啊”、“这次绝对不能逃走哦”。当我认为这儿所有人都是中国的八路军的时候，当中一个穿着中国服装的人突然开口说：“我是日本人民解放联盟的小岛。”我从之前的翻译那儿听说根据地里面有日本人，原来是真的啊。小岛说：“之前听说有日本人紧急降落被抓了，就慌里慌张地赶到了这儿，但是又听说逃走了。今天能早点到的话就好了，没想到能够再次见面，真是太好了。这次就不要再逃走了，在根据地里还有很多日本的朋友，我们一起在这里学习吧。”“因为我还有一点其他的工作，你们就在这里等着吧。”说完他就走了。

因为我们逃走过一次，所以这次警备更加严了。走了几天之后，最后到达了八路军的根据地。

在根据地我与谷口曹长分开了，我们被迫一人一个房间，开始了完全一个人的俘虏生活。什么时候会被叫去调查，什么时候会被杀掉，我想着这些事情，想到如果我大声地喊谷口曹长，说不定会得到回应。想到这儿，我就大声地唱着“你去海里的话就是被海水浸泡的尸体，去天空征战的话就是被云彩染过的尸体……”但是却没有任何的回音，到底他被带到哪里去了，我完全不知道。

过了好几天，解放联盟的日本人来了，问道：“你的伤怎么样了，你是日本哪个部队的？”我坚定地回答道：“我的伤已经好了，关于部队的事我不会说的。”我感觉到敌人利用这个日本人开始对我调查，预测到终于轮到了对我施加压力，我做好了死的准备，也考虑好了如何抵抗。

八路军的用餐是一天两顿。早上 6 点起床开始帮百姓清扫庭院、挑水之类的事，然后开始学习。学习一两个小时之后，开始吃早餐，这个时候大概是 9 点。然后又进入学习，下午 4 点开始吃晚饭。这之后直到太阳下山之前是自由活动的时间，从晚上 7 点开始到 9 点是学习的时间，直到关灯，这就是一天的课程安排。虽然说是部队，但是没有像日本的那种兵舍，而是像百姓的房子。房子不充足的时候就在像庙的地方睡觉。到了吃饭的时间，部队里值班的士兵就会吹起笛子，然后大家都会拿着用泥土烧制的容器，去拿大概六七人份的粮食，带回自己的家里吃。所以，从百姓那里借来装饭菜的容器，士兵都各自拿着自己的勺子。主食是煎饼，就是把谷子磨成粉，再加点水搅和，然后变薄后烤着吃。还有称为馒头的，就是把小麦粉加水搅和做成馒头的模样，之后便会膨胀起来。小菜是把豆腐用油炸一下，或者把白菜和豆腐一起放进油里面炸，有时候还会放肉进去。除此之外，也会有汤，味道是咸味儿的。

穿的是用火药染的黄色的衣服，里面加一点棉，从帽子到裤子全是黄色的。感觉很特别的是，小便的时候必须把裤子给脱下来。鞋子叫布鞋，就是把几片破旧的布合在一起，用细线做成的坚固的千层底做底，在上面缝上布，就做成了。

军队要求把布团、衣服、帽子、外套、鞋子、换洗的 T 恤作为自己的东西装入包里。这个包里也装有学习用的书，以及烟、肥皂等一些生活必需品。这个就像日本军队里的背包一样，把柳枝编在一起，在中间放一些布团，里面放着换洗的衣服以及鞋子。士兵们在根据地里面学习，到前线去战斗。

几天过去了，八路军也没有对我进行审查。我不可思议地想：“为什么不对我进行审查呢？”其他什么也没有做。不仅仅是那样，他们对我说：“日本人的生活质量要高点，也许适应不了我们八路军的生活。”于是特别给我运来用小麦粉做的馒头。我一直想着什么时候会被杀掉，精神一直不能安定下来，食欲也不怎么好。值班的士兵拿来的饭菜原封不动地还回去，拿来洗脸的热水也原封不动地还回去。“要杀我的话就快点杀。”我自己一个人在房间里进行着抵抗。

有时候会有日本人来，问一些比如“能吃饭吗”的话。在某一天，他们邀请道：“正月的今天是休息日，我们会有聚餐（聚餐的意思是有好东西吃的聚会，特别是在日本人的解放联盟里，中国八路军的政治委员也会一起参加聚会），请你也一起参加吧。”每天待在自己的房间里面什么都不做，仅仅是这样就已经感觉很累了，虽然那儿被称为解放联盟，但是有多少个日本人呢，每天都干什么呢？我就决定去看看。我也曾想到：与其一个人死，不如和这个政治委员一起死。想到这儿就决定要去参加这个聚会。他们拿出了白酒，菜也有七八种，大概有七八个日本人。这时，政治委员带着翻译说道："日本帝国主义正在加深中日两国人民的痛苦。你们将来会回到日本，承担起解放日本人的任务，所以希望你们在中国好好地学习。"比起这些事，我当时想着等时机成熟，我会抢过值班兵的手榴弹，与他们同归于尽。但是如果失败的话，相反会有其他的事情发生。虽然我一直在等待着时机，但最终也没有等来那个机会。

2013 年 3 月筒井重雄接受口述访谈

之后，我开始了同日本人的交流。我被劝说道："要不要和我们一起参加解放联盟的学习啊？"想着比起我一个人待在房间里，参加解放联盟的话可以听到日语，更重要的是我可以让敌人有安心感，再等到时机成熟的时候就可以自杀了。就这样到了夜晚，我决定参加解放联盟组织的"日本人学习"会。我假装作为旁观者，看着这些日本人在学习。有一天，他们问我："今天的学习就到此为止，接下来是游戏时间，要不要一起参加？"我就这样参加了游戏。我们日本人坐成一个圈，然后在背后传手帕，当发出信号时，谁手里有手帕就要在中间的箱子里面抽出一张纸条。纸条上面写着很多的问题，比如说：卢沟桥事变是什么时候发生的，"榨取"是什么意思，"自由"是什么意思。回答完这个之后再开始传递手帕，回答不上来的时候必须表演一个节目。手帕在我这儿停了下来，之后我抽出的纸条上写着"榨取"是什么意思。对于政治的问题我不知道，想了一会儿回答道："是给牛、羊挤奶的意思。"大家大笑起来，这一轮结束，游戏继续。这一天就这样结束了。

第二天，学习的时候，大家都说"我们就昨天筒井重雄同学回答榨取的意思这件事情来讨论一下吧"。大家都说出了自己的意见。出现了资本家雇佣劳动者之后只给很少的工资这样的意见。我的意见是"资本家雇佣劳动者这件事本来就是理所当然的，把利益拿去也是理所当然的。"在这件事上大家开始了激烈的讨论，直到那天结束都没有得出结论，我也不能理解地回家了。

第三天，他们给了我《阶级斗争的必然性和必然转化》等书，告诉我说"夜里一个人的时候读一读这些书吧"。昨天的讨论会我的意见被大部分人反对，我也要对他们进行反击。就这样我从头到尾读了好几次，而且越读越意识到我的想法不但错了而且很肤浅。

有一个星期日，我们休息。听说附近的村庄有温泉，所以我就跟中国人一起去了那里。我想泡过温泉后，把自己的身子弄干净了就自杀吧。我就要求中国人去澡堂里面，我就趁他在澡堂的时候拿过他的枪，但是很遗憾的是他的枪里面没有子弹，所以这次也失败了。从这件事之后中国人对我的戒备心就更强了。

自我觉悟

因为在讨论时被反驳的事情一直留在脑海里，“一定要给解放联盟的人反驳回去”这一想法越来越强烈。然后，白天的时候一个人看书，晚上的时候就去参加学习会。

解放联盟的人在白天的时候就做对日本军队劝降、说明优待俘虏的一些工作准备。解放联盟的最高指挥人是冈野进（野板参三）。他反对战争，在日本悄悄地进行着地下反战活动，但是后来在日本的工作变得很困难，就到了苏联，在那里指导日本共产党的地下活动，之后与中国共产党取得了联系，来到了中国陕西省的延安，和中国共产党一起反对日本帝国主义发起的侵略战争，同时也拯救在战争中负伤或者遭到俘虏的日本人，而且教育培养日本军队特别是士兵们的反战意识：这场战争只不过是为了一部分资本家的利益，军部上层的人和他们勾结，利用什么都不知道的士兵发起的战争。

因此，解放联盟的人夜里的工作就是制作慰问袋，里面放着反战的传单、一些日用品，为的就是让更多的日本士兵看到。准备好，就到日本军队最前线的炮楼的附近，在那些铁丝网上挂上慰问袋，或者在撤退的地方用扬声器大声地喊：“这里有慰问袋，打开里面好好看看吧。”虽然有时候也遭到了射击，但解放联盟的人告诉我他们每天都做着这样的事情。

这是我第一次知道冈野进的事。他是日本共产党的指挥者，同时也是解放联盟的指挥者。我慢慢理解了被俘虏的时候，“如果扔掉武器的话就不会被杀掉”，以及“根据地里面有日本人”的一些话，也明白了为什么不把我们当作俘虏来对待，为什么中国的军队吃的是谷子做成的东西，而我吃的却是用小麦粉做的东西。我体验着中国共产党对日本士兵的态度。后来我知道了他们抱着“我们日本士兵也是与中国的劳动者、农民一样被剥削、被压制的无产者”这样的想法迎接我的。在学习的过程中，我了解到至今我一直都是紧握着操作杆，“为了自己的祖国日本，为了东亚的和平”这一想法是骗人的。大资本家利用了军队，为了积累自己的财富发起了战争，我开始了解到之前我是被骗了。

一天下午，小岛和田中问我：“最近过的怎么样啊？”我回答道：“现在每天晚上都去学习会，感觉自己的生活也变得安定下来了。”小岛对我说：“筒井你所说的和你所做的虽然不一样，但是你的心情应该会有所改变吧。”事实上，我的心里面出现了两个想法。那就是通过现在的学习，我虽然知道了正确的事，但是目前为止我对大家的态度是反对的，对于大家想诚心地道歉，想尽快地融入到大家的中间。小岛说道："人总有犯错的时候，重要的是能够大胆地在大家的面前承认。"之后又说道："有不知道做的是坏事的人和明知是坏事还做的人，也就是说有明知道是侵略战争而参军和不知道而参军的人。我刚开始的时候也是不知道的，但是后来被中国共产党解放了。我相信你也同我是一样的。握着手一起干吧。"说着他就伸出了他的手。我当时真是欣喜万分。就像"溺水者捞到救命稻草"一样，听到"我不知道共产党是干什么的团体，不知道解放联盟是一个什么样的组织"的时候，作为前辈的小岛说也跟我一样曾经被俘虏过，后来被中国共产党解放了，无论是他或者谁都在不知情的情况下参加了这场战争。然后，我紧紧地握住了小岛的手。

"真的是非常对不起，给大家添麻烦了。"我一边说着，眼泪止不住地流了下来。之后我宣誓道："我从现在开始和解放联盟的同志们一起干。"那天晚上我在大家的面前说了这些话，同时也说出了我的内心想法。大家都十分开心。大家一边剥着花生一边说道，我们又增加了一个同志啊。其他的同志也说："我成为俘虏之后直到了解到大家心意之前，一直都是很痛苦的。"他们都说出了自己的体验。我心里默默地起誓：我要和大家一起分享我心里所想的，和他们一起尽快走上新的道路，并且尽我所能去给予八路军协助。当时并没有想到我会在东北的牡丹江参加人民空军，为他们提供技术方面的协助。

山东工农学校

就这样，我开始和解放联盟的人一起学习和工作。某一天，小岛对我说："这儿有工农学校，可以去那儿学习更多的东西。"我想把我心情的变化传达给同我一起紧急降落的谷口曹长，一起努力，去学校从零开始更加认真地学习，于是我就同中国人一起去了工农学校了。

虽说是学校，但是并没有校舍，而是借用中国人家里的一部分，在一个村落里面生活着许多的日本人。并且这里的学生有的像在前线解放联盟的人那样意志还没有统一，像以前彻底反抗的我，我和他们说了很多。我作为新从鲁中地区来的被介绍到了一个班里。

一天下午，我被单独叫了出去。校长本桥先生和主任国保先生说道："学校的生活怎么样啊？"问了关于我来学校之后的生活，表扬我表现不错后，又问了一些班里的事情。但是我还纳闷为什么不去问班长而是问我呢？之后部队里的人便交给了我一个任务。那是完全与学习不一样的，是指出谁是特务分子的任务。部队里的人告诉我说，我们班里面有一些很值得怀疑的人。虽然那个人是从日本军队里逃出来的，来到了解放联盟，但是从实际的情况来看，他并不是和大家一起行动，嘴里说的和实际做的也不一样，希望你能好好盯住他。

那个班新来的人有很多。班长和副班长每周六都会把自己班的思想情况和行动情况向上面汇报。在这样的生活中，我要特地安排好时间，不让任何人知道，偷偷地去往部队，把他的行动向上级汇报，同时接受上面下达的指令，就这样和班里的人一起生活着。为了与特务接触，首先要与他建立良好的关系，这样就可以得到特务的信任，套出他的真心话，所以可以说绝对不能过于急躁，自然的交往是很重要的。在学校里因为有很多日本人，所以即使不说中国话，大家也能够很好地交流。因为当遇到学习和讨论的时候，大家都有不同的想法和意见，可以分为大胆地表达自己想法的人和一句话也不说的人。在班级内部的讨论中，也会以“为什么不表达出自己的想法”这样的题目为话题，首先不管怎么样都要从表达出自己的想法开始学习。

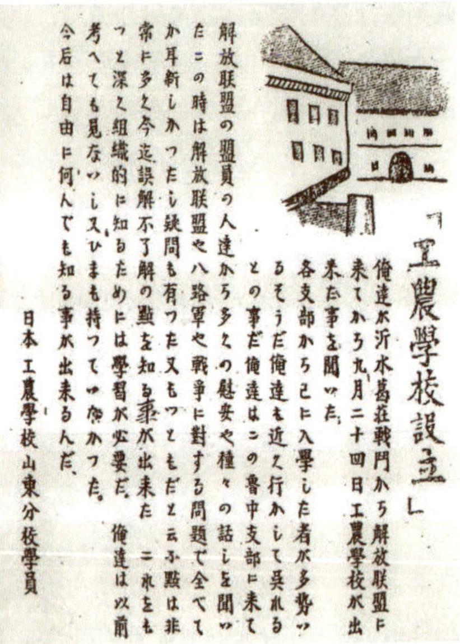
「工農學校設立」
俺達が沂水葛荘戦門から解放联盟に来てから九月二十四日工農學校が出来た事を聞いた。
各支部から已に入學した者が多勢いるそうだ俺達も近く行かして呉れるとの事だ俺達はこの魯中支部に来て解放联盟の盟員の人達から多くの魅要や種々の話しを聞いたこの時は解放联盟や八路軍や戦争に對する問題で全べてが耳新しかつたし疑問も有つたし又もつともだと云ふ點は非常に多く今迄誤解不了解の點を知る事が出来た これをもつと深く組織的に知るためには學習が必要だ。俺達は以前考へても見なかゝし又ひまも持つて無かつた。
今后は自由に何んでも知る事が出来るんだ。
日本 工農學校山東分校學員

山东工农学校

到了周六的时候，每个班都会按照人数在炊事班那儿领到包饺子的材料，每周都会有一次。有小麦粉、肉、白菜、葱、生姜以及油等。即使拿到了材料也会因为不知道怎么做而烦恼，这个时候我们总会向借住房间的中国人借用菜刀、菜板、混合小麦粉的容器等，然后会跟他们求教：“我们今天要包饺子，希望你能教教我。”中国人和日本军队有所不同，他们明白我们是工农学校的日本人的话，就会很亲切地教我们。我在那时记住了饺子的做法，即使现在回到了日本，也会时不时地包饺子，每次在包的时候总会回想起以前的事。

但是新来的学生和特务都不会很积极地包，他们就是等着吃的人，一般辛苦的都是班长和副班长。我们并不是一直都待在一个村落里，当得知日本军队在靠近这个村落的时候，就会转移到另一个村落。这样的消息一般都是从百姓那儿一个传一个过来的。因为在中国，大概一周会在村落和村落之间比较宽广的河源地带举办一次集市。行商的人会在杆秤上挑着箩筐，一路走着卖着。这样的人就把日本军队的行动一传十十传百地传开了。消息也就这样传到了我们的学校。

一天的傍晚，我和特务谈话：“我曾经是飞机的驾驶员，因为紧急降落而被迫过上这样的生活，真是好可惜啊。现在还想着什么时候能回到日本军队。”

这样跟他说了之后，他回答我说：“我虽然现在过着这样的生活，但是是站在痛苦的立场上的。”之后他还告诉我在开始行动的时候，他把路上的树枝、草等折断，暗示给日本军队从这儿经过了。之后又鼓励我道：“像你这样的人回到日本军队也不会有事的。”之后在熄灯之前，我们讲好这样的话不能对任何人说。

第二天，工农学校就开始了转移。我们排成一列，首先由八路军的部队在前面开路，接着是工农学校的学生们。八路军的士兵们唱着军歌和革命歌曲，向一个又一个村落行走着。特务果然像之前告诉我的那样，装着一副无所事事的样子，作为我们队列的一员行走着，可是就如同他之前说的那样，他一看到树枝就折断，看到很长的草就扯断，这一幕被我看得一清二楚。后来我把事情的经过报告了上级。

我们最终结束了转移，就这样开始了在新的村落的生活。某一天，一个中国人带着一个哭喊着的小孩来到了日本人的医疗室，说：“希望你们能给看看。”仔细看了一下，原来是被开水烫着了，幸亏烫到的面积不是很大，我们给他擦了点药油，又给他开了点必须的药叫他带回去了。后来烧伤变得浅了，很快就康复了，结果在村落里面就有了去看日本医生的话，病就能快点好这样的说法。药也是从八路军那儿拿来的，给中国人留下了“日本人的医术更加高明一些，去看日本的医生的话病就能快点好”这样的印象，说实话我们当时也很无奈。

在这个村落安定下来开始学习的过程中，因为我们这儿有特务，所以我们得到了在全校举行检举斗争的指示。学校方面以我为中心，从班里的谈话，以及与本人的谈话中捕捉是不是特务的信息。学校有关领导意味深长地表示了我们工农学校有打进来的特务，还说了他来我们学校之后采取了一些什么样的行动，为什么嘴里说的和实际做的不一样。但是无论我们学校来了什么样的人，说了一些什么样的话，也一点儿都不可怕，因为我们手上掌握着真理。大家对特务进行了批判斗争。

那时候现场响起了这样的声音。“不要怨恨他这个人，要怨恨他的心。”“只要还有被日

2012 年 3 月 24 日，筒井重雄（右 3）接受李素桢（右 1）口述专访

本帝国主义思想培植下的那种思想的人，就是我们的敌人。”“大胆地说出来吧。”之前我跟领导汇报的那个特务在全校学生的面前把至今为止所做的事情全都坦白出来了。他说：“我作为日本的特务，假装逃跑之后进入了八路军，虽然理应说要完成那些任务，但在日常的生活和学习中，我清清楚楚地知道了至今为止我的想法都是错误的，至今为止我干了这样一些事情。”之后他又说：“在大家面前表达我自己心情的同时，我也要揭露一下和我有同样罪行的筒井，请大家让我讲一下。”有关领导人说：“对于筒井的斗争我们会放到后面。”之后这一天的斗争大会就这样结束了。

反战劝降

1945 年 8 月 15 日，我们迎来了日本军队的无条件投降。我立刻去往前线，再一次回到了鲁中支部。之后和八路军一起去了张店。

我在前线工作的时候，有一次徘徊在了死亡的边缘。不知道是我的运气好呢，还是对手心地善良，我被救了，现在想想的话，当时可真是挺过来了啊。那一年我正好 25 岁。

进入张店，去青岛做日本军的工作。我和解放联盟的村井打扮成中国百姓的模样，进入张店的车站，通过领事馆发放一些宣传单。因为白天的时候会被认出来是日本人，所以我们趁天黑之后进入了张店。当我想着张店的车站真好进入的时候，却发现有军队在戒备着，根本就进不去。这时我们发现附近有一条小路，就从那儿进入到里面去了。当时我们想着国民党的军队会不会过来呢，就在那儿隐藏了起来。这个时候刚好照明灯从我们上方照来，在距离我们 5 米的地方停下来了。之后敌人也走远了，于是我们就从这儿进入到里面去了。

我们从远处看到列车到达车站，一大批国民党的军队从车上下来，之后我们便朝着领事馆走去。我们向日本领事馆的人发放了宣传单——我们是日本人民解放联盟的人，中国的军队保障了丢掉武器的日本人的人身安全，所以希望你们离开国民党的地区前往青岛。这场战争是一场侵略战争，共产党为了和平正在战斗着。如果在这住得越长的话我们的情况就会变得越坏，所以我们就撤退了。领事馆的人也很好地领会了我的意思。我和井上君再次进入了张店的街道。街道上的警备比进来的时候更严了。我们想着如果这样下去的话我们就回不去了，所以决定穿过车站，翻过墙回到根据地。车站里面堆积着数不清的木材。我们行走在这些木材中间，慢慢地靠近了墙。但是外墙很高，而且墙上还装有带刺的铁线。但是如果返回的话就会被发现，后来我们终于找到了一个可以登上去的地方。这个时候意想不到的事情发生了。带刺的铁线上带着报警器，突然“嗡嗡”地叫了起来。我们赶紧从墙上跳了下来。这时候听到从墙另一边传来“是谁，是谁”的声音。与此同时，有枪对着我们这边开始射击了。因为是深夜，我们尽量没有发出声音，悄悄地离开那儿，安全地回到了根据地。

解除日军武装

虽然知道了日本无条件投降，但侵华北支派遣军的部队一直不肯解除武装。国民党的军队在战争中不积极抗战，退到了重庆、成都等城市，当时在第一线抗战的是八路军的军队。但是当时的国际社会只承认国民党的军队，把共产党的军队看成是解除武装的对象，再加上当时美国的态度，情况变得很艰难。但是八路军毅然决然地走在第一线和日本的军队战斗着，所以解除武装变成了八路军要做的事，因此我被派往淄川、博山（以前那儿有矿山，很多的日本留住民居住在那里）等地方与日军谈判。我乔装成中国百姓的样子，穿着长长的中国式长大褂，戴上圆圆的八块瓦的中国帽子，陪我一起去的中国百姓走在前边，我跟在后边，大步地进入了日军营地。

我们两个人到达了放哨的地方，中国人告诉放哨的说“我带着日本人来了”。但是放哨的似乎一点儿都不懂，很粗暴地说“什么，什么”，所以站在后面的我用日语说道：“我是从解放联盟来的，希望能跟你们的长官见一面，多多关照。”放哨的人一直认为我们是中国人，却突然说出了日语，听到想见长官后吓了一跳，就赶忙飞奔回去了。这个时候我跟中国的百姓说你可以回去了，之后就进入了队部中。进去一看我吃了一惊，有种“这是日本的军队吗”的感觉，兵舍里面乱七八糟，士兵们都赤裸着身体在下着围棋、象棋等。有躺着看书的人，也有盖着毛巾睡觉的人。这个时候曹长向我走过来，说道：“我是负责人，队长去大队本部联络去了，我们会联系他的，你稍微在这儿等一下。”这样我就在那儿等着了。士兵们都一溜烟地起来了，整理了自己的衣服。之后收到了大队长从本部回来的消息。我首先要求队长要保障我的安全，约定队长会安排军队在往返于大队本部的过程中保护我。我当时想着，在日本的军队里面就我一个打扮得跟中国人一样的人走向大队本部，这样的场景真是非常奇怪。就这样在大队本部里面我开始了和大队长紧张的谈判。“我代表中国八路军，要求日本的军队解除武装。如果大队长杀了我的话，八路军已经集结三个师团在包围你们。日本天皇已经宣布无条件投降了。如果这个时候两军交火的话，那么所有的责任都在你大队长身上。你好好考虑后再给我答复吧。”大队长想了一会儿，说道：“明白了，我们在明天中午解除武装。”之后他派了 10 名士兵护送我回去，回到八路军前线司令部之后我把事情上报给了领导。与我有着同样任务的滨田去往了一个叫益都的地方进行谈判，但是之后便再没有回来。当时我想他一定是被日本军队给杀害了吧。

这次谈判之后，八路军警戒着他们会不会真的解除武装时，突然得到了日本军队要在今天晚上行动的信息。战斗开始了。虽然日本军队当时答应我说明天中午的时候解除武装，但在与他们的上级报告后，好像得到了尽早向济南方向集结的命令。紧急集合后，军队进入了战斗状态。因为八路军方面也料到会有这种事情，所以就把日本军队给包围了。但是为了避免伤亡，用政治攻势解决。解放联盟的人分成好几个班靠近日本军队，用扬声器大声地喊着："日本军队的士兵们，日本的军队已经在 8 月 15 日宣布无条件投降了。战争已经结束了。这是天皇陛下的命令。现在死了的话是很不值得的。家中的父母亲正期盼着你们能平安无事地回去。"就这样重复地喊着。日本军向着我们这边发射炮弹，扔手榴弹，一直"嗒嗒嗒"地响着。幸亏当时在黑暗中筑起了土墩，我们只是在后面用扬声器喊，所以没有被射中。我又继续大声地喊着："对于丢掉武器的人，八路军会保障你的生命安全。请丢掉自己的武器跟着八路军走吧。我们也是日本人，不要在这儿丢掉自己宝贵的生命。"但是枪声变得更加激烈了，日本军队从被包围的地方打出了一个突破口，一边与八路军交战一边开始向着南方逃窜。从包围战斗变成了平原对峙激战。我们渐渐地不能再在一个地方喊话，开始一边和八路军一起移动一边喊话。在日本军队进攻的时候，八路军的士兵说："即使我们死了也不会让你们日本人死的。"他们用自己的身体作为盾牌掩护着我们。战斗结束后，我发现刚才很痛的胸前已经被染成了紫色。当时想着是被手榴弹的碎片击中了吧。但是，在那场战斗中中国人采取的行动我永远都不会忘记。在这次战斗中有三名日本士兵听从了我们喊的话，放下武器得到了解放，听到这件事后我们感到很高兴。

在这次战斗中，淄川炭坑的居留民们在地下室里面集结，观察着事情的发展。当穿

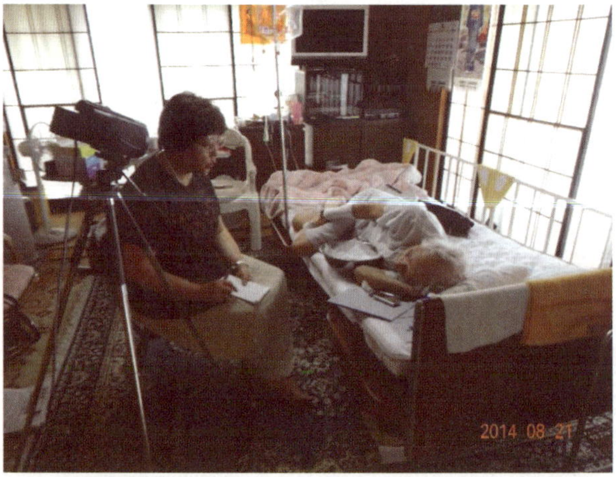

2014 年 8 月 21 日，病逝前最后的口述采访，采访者李素桢（左）与筒井重雄（右）

着军服的我们走进里面的时候，他们都退到了角落里，不停地颤抖着。但是，听我们说完后，他们又惊又喜，最后哭了出来。

在东北的工作

在解除日军武装的工作后，我们开始了返回日本的行动。在靠近山东半岛烟台附近的港口坐船，然后经过朝鲜向着日本进发。当乘着小船沿着大陆的沿岸，经过了旅顺、大连，靠近鸭绿江的时候，发生了紧急情况。在满洲还有许多的日本人，这些日本人应该怎么安置？就这样我突然接受了新的工作。本打算在新义州上岸的，后来变成在安东上岸了，开始了向北的行军。当来到本溪湖的时候，得到了国民党军队已经进入奉天的消息，于是我们决定进入山里面。

每天都在行军，终于到达了吉林。因为还不是特别了解情况，于是又北上到了哈尔滨。在街上从卖二手衣服的人那儿买了件类似日本和服的衣服，开始在哈尔滨市内调查居留民的情况。在此期间得到的一个消息是很多日本人集结在花园小学。其中也有用破旧的毛巾裹住全身、在草席中睡着的老人们，情景非常悲惨。与此相反，在另一条街的东本愿寺内，却是歌舞升平的景象。打听后才知道，这里的人从日军仓库中得到许多东西，但是由于不能带回日本，所以出现了这种情况。因为是非常事态，我迅速向哈尔滨的“日本人会”说了改变这一状况的意见。那天晚上，我得到了继续北上的命令，就北上到了佳木斯。

这里的治安很不好，一到夜里就会听到枪声，窗户全破了的建筑物和房子随处可见。我们借用寺庙的一间房子，在这里学习，开始准备接下来的工作。这个时候，指导我们的毛利突然发烧，一直烧到了 40 度。我们被派到街上去寻找冰袋。可是由于治安不好，没有一家店是开门的，没有办法只好返回去了，把这件事汇报给了上级。这个时候，有一个人主动说：“让我去吧。”说完便出去了。后来他找到了一个旧的、漏水的冰袋，拿到修自行车的地方补了补就带回来了。

在东北老航校时的家庭合影（筒井重雄，右 1）

共同经历过苦难的人都理解对方的心情，自己无论如何也要把对方治好。单单受人差遣去的人和无论如何都要把别人治好的人是不同的。我们现在都不会忘记，这才是真正的同志。

之后，通知我们要去牡丹江工作，我和几个日本人一起到达了牡丹江。在牡丹江的俘虏收容所里面收容着日本士兵和将校。与中国方面取得了联系后，通知我们先去收容所调查怎么处理战后的武器弹药，于是我们就开始了这项工作。在宁安的地下收容所里收容着30至40名左右的将校。我一个人一个人地问了，但是我本身没有在满洲的经历，对于弹药的了解远不及对飞机的了解，对于地上的武器一点儿也不知道，询问武器的事勉强结束了。我们得到的消息是大部分弹药都被苏联军队解除武装时带走了。

以后又去了液河军队的收容所。在那里，我讲述了自己被俘虏以来到现在的生活，明确表示了这场战争是侵略战争，现已经停战，希望大家能为和平尽自己的一份力，并向他们发放了宣传单。

之后，上级指示我带领日本平民向着哈尔滨前进，于是我们去了牡丹江车站。已经组织好了的居留民们背着背包站成了一纵列，在火车站前集合等待着乘车时间的到来。这个时候，中国方面传来了消息："我们需要卫生方面的专家，多少都可以，我们一定会保证其生命财产的安全，会让你们回到日本的，希望有人可以留下来。"我就开始寻找我们团中是否有人曾经干过和卫生有关系的工作。然后劝说他们走出队列，把中国方面的想法告诉他们，之后把他们交给了中国的军队。这些人后来随解放军南下，为新中国的解放贡献了力量。

1996年筒井重雄与东北老航校学生合影，韩明阳（曾任北京军区空军副参谋长）（左）、筒井重雄（中）、刘玉堤（曾任北京军区空军司令员）（右）

对于这个时候的记忆，有件事我至今记忆犹新。那是在海伦车站。我看到一个像有"开拓团"关系的穿得破破烂烂的妇人背着一个背包，拄着一根拐杖慢慢地走进车站，她用日语对我说："听说日本人开始回国了，这是真的吗？"我回答道："是的，我刚带着他们来到哈尔滨。"刚说完，她便一个屁股蹲儿坐了下来说道："请你一定也要带着我一起走啊。"我当时带着的钱是苏联发的、现在已不能使用的军票，我给留在牡丹江的坂谷写了封信，把带着的钱全给了她，叫她带着这些去牡丹江。她一边哭着一边给我鞠躬。这个人后来怎么样了我也不知道。

进入东北老航校

就这样负责日本人回国的工作告一段落后，我开始考虑自己的去向问题了。之前我在到达牡丹江的时候，从街上听说牡丹江有中国人民空军。在做居留民的工作的时候，我见到了从延安来的人，里面有一个懂日语的人叫张成中。那个人说："我来自山东，现在在为民主联盟做事。解放军正在组建空军，急缺教官，如果你结束了对日本留住民的工作的话，希望你能加入人民空军，和空军里面的日本人一起工作。这件事我们已经和上级机关说了并得到了许可。"大概是 1946 年的 9 月，这次对话成为了契机，我进入了现在的中国人民解放军的空军部队。

但是，在空军部队的教练生活非常地辛苦。

当时有着语言的问题，飞机数量的问题，燃料维持的问题。虽然教的学生们都非常努力，但是他们几乎没有关于飞机的知识，文化程度很低的学生占了很大的比例。因此，我们下了很多功夫来教授他们。当时我站在我所教的两个学生能理解的立场上写了教材。

无论是老师还是学生都特别努力，刻苦地利用九九高练飞机训练，克服重重困难，最终实现了单独飞行，其中有些人成为了新中国空军领导，有些人在抗美援朝战争中荣获战功。

（根据筒井重雄受访口述记录整理）

纪念抗日战争胜利 65 周年八路军中日老战士座谈会，
原空军副司令员林虎（右）与老航校教员筒井重雄（左）

小林宽澄

1919年9月2日 出生于日本群马县。

1940年 被征入伍，1月中旬由青岛登陆，入独立混成旅团第19大队第2中队，青岛受训5个月，入辛店中队本部。7月－9月被派往桐林。9月被派往第19大队烟台中队威海卫，后又被派往文登县、牟平县等。

1941年 6月19日深夜部队突然集合，20日，被八路军追击，自杀未遂，被俘。9月18日觉醒同盟胶东支部成立，后任反战同盟鲁中支部副支部长。

1943年春 向新泰县土门村日军据点喊话。

1946年 加入中国共产党，任内蒙古医院副院长。

1955年 返回日本。后成立“椰子会”（八路军、新四军的谐音），长年从事反战宣传、中日友好工作。

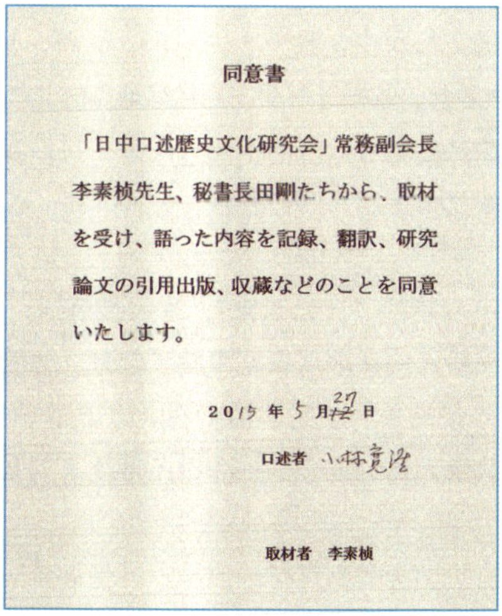

同意書

「日中口述歴史文化研究会」常務副会長李素桢先生、秘書長田剛たちから、取材を受け、語った内容を記録、翻訳、研究論文の引用出版、収蔵などのことを同意いたします。

2015年5月27日

口述者 小林寛澄

取材者 李素桢

彩虹的彼岸：我亲历的山东抗战

我在曲阜买过一本《论语》。

一翻开书，就看见了“子曰：学而时习之，不亦说乎。有朋自远方来，不亦乐乎。”这样一句话。

这句话让我们访问团的成员们都感觉很舒服。接下来是“人不知…”，“人不知…人不知…”我嘴里一直这么嘟囔着。突然脑海中浮现出“生之有吾师而不亦乐乎”。

八路军山东纵队胶东支队东海大队于 1941 年 6 月 1 日山东省牟平县枣林园附近的那场战斗中将我俘虏。要说明的是，我并不是心甘情愿被抓的。当时被围歼，我向自己的额头开枪，因子弹略偏，虽然昏了过去却没能绝命，但我尽了作为一名日本军人的本分。

正是因为在那种战争中，我遇见了只有一个小队的东海大队的各位战友们，才使我有了今天。自那以来，特别是在战争时期，当时那些非常年轻的战友们有的恐怕早已变成了被人祭拜的亡灵了吧，但是如果还活着的话，我想把这篇文章当做是在战场上为了大家的偶然相遇而绽放的花蕾。

正因如此，我把满怀对那个世纪的回忆的这篇文章命名为《彩虹的彼岸》。

我被作为国际友人，不仅人身安全和自由都得到了保障，而且在衣食住行等方面也都得到了特殊待遇。行军中，我个人用的米、面粉，甚至是点心都专门有一批马驮着。通信员则背着我的洗脸盆、蚊帐等东西。到住宿地点的时候，不顾劳累立刻为我摆好桌子、椅子。

八路军是由从各地各阶层的中国人民为了抗日救国而组建的组织，就像是一个大家庭一样。他们亲如兄弟手足，内务整洁、纪律严格。在认识自然规律的基础上灵活地运用着战术。

因为那惨不忍睹的“三光政策”，家园被烧毁，亲人被残杀，一夕之间变成了阿鼻地狱，但中国人民毅然决然地从废墟中站了起来。怀着怨恨进行抗日斗争，以牙还牙，以眼还眼地反抗日本侵略军。但是，他们在共产党的领导下，高举国际主义的旗帜，怀着自由、民主，解放全人类的理念，把昨日还是敌人的我，当做国际友人，给予了细致入微的照顾。

我完全没有想到会受到这样的照顾，就像做梦一样，觉得自己好像是身处在小时候经常听到的春秋战国或汉代那个时期的故事里一样。或者也可以说这正是中华五千年所累积下来的精华吧。

1942年秋天，日本军发起了对山东鲁中地区的“讨伐战”，分春天和秋天两个作战时期，目标是无论如何都要消灭抗日的主力军——八路军。所以一直都是以全部兵力作战。

当时我的中文水平还不是很好。

有一天，政治部主任周赤萍叫我过去。桌上摆了一大桌精心准备的饭菜，我感觉到其意有些特殊。

我坐在桌子旁边，主任非常恳切地对我说：“小林同志，日本军计划对我们实施‘大讨伐’，现在正在各地集结大军。而我们也要展开反‘讨伐’作战，为了你的安全，请你去敌占区的武工队暂时隐藏起来。学习地方老百姓的生活方式，老百姓是怎么拿筷子的，你就怎么拿，老百姓做什么你就做什么。”然后他极为耐心又通俗易懂地告诉了我什么是群众化作风。

我是第一次听到这样的话，觉得非常新奇，虽然感受到了其中蕴含的中国的某种精神，但是没能真正全部理解。

藏匿的地方是沂水城附近的一个村庄。

武工队的同志白天在外面开展各种工作，只有我一个人留在指挥部里。我自称张熙城（因为喜欢熙这个字所以起名熙城，但同志们都说不太适合）自称广东人，事前对外宣称语言不通，村民们什么都没说，这让我敏感地松了一口气。

晚上武工队的同志们一回来，我就像是小鸟儿见到父母回来后，突然变得活蹦乱跳一样。

城内的态势也慢慢地紧张起来，终于大军出动的消息在平静的村子里流散开来，村民们也一直说着“城里被炸了，被炸了”。

就在这样的情况下，我慢慢地习惯起来了，为了排遣无聊之感，我出去散步。日落后的村庄静悄悄的，没有人影，我高兴地捡起路旁的小石子，边散步边扔着玩。

那晚同志们回来后，批评了毫无戒备的我，还叮嘱我要小心一点，完全是把我当做自己人一样。

村民们在暗地里守护着我的安全。

武工队是在日本军占领地区进行抗日宣传、情报收集，几个人一组一起活动的民兵武装。当时，武器只有小手枪。主要以当地人为主，所以对于地形、民情等都是非常了解。对日本军来说就像是狮鬃里的虫子一样的存在。相反，这个地方可以说是百鬼夜行，危险常常不期而遇，和神经战类似。巨大的危险可能就隐藏在身边，随时出现。

第二天的夜里我们开始转移，我又成为了同志们的负担，内心觉得愧疚。

但还不只是这样，我总是屡屡给他们增加负担，以至于有时会陷入苦境。我的身体状况也渐差，一会儿感冒一会儿发烧，最终还发展成每天都会发作一次的疟疾。

我虽然极力忍耐痛苦，但对于同志们来说仍是一个很大的负担。经过多方联络，最终决定将我送去后方野战医院二所。同志们还特地为我作了担架，边框是用麦秆做的，中间加了软垫子，很舒服。几个农民支援队就用担架抬着我向野战医院二所进发。我的私有物，特别是食物、水筒就被挂在枕边。他们按照武工队的指示，全力保护我的安全，在路上给予了我殷切的照顾。但是，不管怎么说，因为是在反“讨伐”战中的隐蔽行动，所以走的基本都不是什么大路，主要都是在翻山越岭。有时走的路是恐怕只有山羊才能走过的危险峭壁。这时我对他们说让我下来自己走，他们就说“会很累的，不要下来”。但是在陡峭的山路间，我紧踩在绳结上使得绳子缠住了担架，最后绳结之间变得很乱，一些地方松开了。在路上的时候我心里想：“如果有人看到这样一个不可思议的担架穿山越岭的样子，会想些什么呢？”下山的路比上山更难走。

就这样，在某天的午后，大概是两点左右吧，我们终于到达了二所。医院在沂水西南方向，是一个风景如仙境般的地方。所长和一个年轻的女医生从早上就开始等我们。我们刚到，所长就问我们有没有吃午饭。虽然我们空腹，忍耐饥饿，但还是回答说吃过了，可医院还是立刻为我们准备了挂面。面汤是一瓶还剩三分之一左右的汽水，我们都很珍惜地吃着。那种美味无法用语言来形容，胜过一切。不知佐料酱里到底加了什么，到现在我都还记得那个味道。

支援队的农民们告诉我说“细粮（米、麦等上好的谷物）不抵饿”。他们送我到野战医院后都没休息，就又马不停蹄地赶回去了。

我对他们说：“下次我可以自己走。”他们也愉快地回我说：“希望可以啊。”那种诚实、朴素和爽朗让我佩服不已。

真是一群让人怀念且难忘的人啊，不知道他们现在都过的怎么样。

八路军、新四军是在毛泽东思想的指导下武装起来的人民子弟兵，具有丰富的战斗经验，平时把“为人民服务”作为自己的座右铭，可以说是少有的为解决人民困难而舍身忘我的军队。

鲁中地区有四支被称为“四大天工”的强大部队。也就是第四团、第六团、第十三团和第十四团。在这之外，还有独立营。部队之间相互在战场上比赛获军功，比如钢铁团，神威团，这样充满英雄色彩的称号。班、排、连也都有一些战斗模范队、英雄队、功臣队、神枪队等各种各样的称号。那种英勇和高尚让大家学习和敬佩。

还有在一些纪念日或剧团公演的时候，就会在村子的外围搭起一个很大的舞台，挂上某某联欢会的字样，写在颜色鲜艳的五色纸上，然后再挂起来，在照明灯的映衬下，显得格外壮观。这时候，不管是哪里的主力部队、民兵队、枪矛队，军民一起全都云集到这里，在这样的夜晚，冷落的农村会变得像集市一般的热闹。为了炒热气氛，各个部队之间的鼓励、拉歌声可以说响彻云天。每个队都唱出自己最拿手的歌曲来比赛。那歌声好像一时震动了天地，极大地鼓舞了军民，使各自的心紧紧地融合在一起。那个时候的欢呼声和场景，到现在还清晰地印刻在我的脑海中。

反“讨伐”的战争在冷静、机敏、果敢、大胆的作战计划的指导下开始了。为此进行了战斗化的思想教育，检查了各个部队的武器装备，把“竖清野，空房舍”（屋里屋外都收拾得干干净净，军队行踪的痕迹一点也不留，也就是不给敌人留下任何信息）的作风进行到底。粮草都被严密地保护起来。

1943年，在反“讨伐”的战斗中我到了第十三团，团长见到我愚钝的模样，感到非常困惑。不愧是行如风的部队，一天行军60公里，还依然整齐如初。而且部队在离开之后，不会留下任何有兵马驻扎过的痕迹。所谓神威团便是这样的吧。

1943年秋，反“讨伐”的战场转移到了坦埠地区。之前是在东边，然后在中部地区尝试投入主力部队，但都彻底失败了。于是这次转移到了西边。

靠近蒙阴县土门附近有李姓一族的小村庄。从李家爷爷的院子向东走大概四百到五百米的距离可以看见日本军土门少佐的分遣队。

李家爷爷以前被怀疑是八路军的支持者，被汉奸特务抓过，受到过种种严刑拷问。曾被吊到树上，然后剪断绳子从半空中掉下来，腰部重重地砸在了石头上，而现在怀着对日本人的怨恨进行着抗日救国的活动。

我暂时留在了这里。山丘的南侧中部又有山丘，一个山丘接着一个山丘，在复杂的地形中又藏着许多小山洞。入口宽约50厘米，长约60厘米，高约1.4米，洞里面呈三角形状，大小左右约4平方米。在入口处用草席编成席子一类的帘子进行伪装，周围是绵延的田地，很安静，光照很充足，是一个适合居住的好地方。

李氏一族为了我的安全和舒适的生活，给予了我比对亲人还周到的照顾。黎明日暮的时候，李家爷爷会提着饭篮来给我送吃的喝的。在洞里，从很远的地方就可以听见李家爷爷那有节奏的脚步声。

住在山洞中，是不是我已经有点猿人化了呢。当时我对一些微弱的声音都可以捕捉得到。总之，我形成了那种条件反射。送来的吃的都是李家人精心准备的，有点心、水果，甚至连香烟都有。晚上会经常带一些酒来，常常一起一喝就是一整夜。当然，武工队的同志们也时常来看望我。

而我此时则埋头于翻译艾思奇的《唯物史观》，精神上相对安定和充实。就是在这样的生活中的一个夜晚，我沉浸在翻译中而忘记了注意周围的环境，突然传来轻轻话语，“有光漏出来喽，要小心一点啊”，虽然没见过面但应该是李家的儿子。原来他在为我巡夜啊。又有一天传来一阵很匆忙的脚步声，是李家儿子来通知我有危险。我吓了一跳。在这一瞬间我想起的“群众化”这个词。我冷静下来去外面看了看情况，长长的“讨伐”队伍在前方500米左右的山道上缓缓而行。我蹲在那边，一边注意着他们的情况，一边拿出烟斗点上了火。

这里可以看到东边的土门据点，早晚都能听到信号喇叭的声音。这边白天中日两军是什么情况我不能确定，但到了晚上，就是我们的天下了，在寂静的夜幕下进行着紧张的活动。久居则安，人类文化的起源正在于此吧。

大概过了半个月，反“讨伐”结束了。我收到了返回政治部的命令，我立刻向李家爷爷及其一家人表达了深切的感谢，然后踩着轻快的脚步回了政治部。到马牧池约 10 公里的路程我是箭步如飞，下午不久我就到达了政治部。周赤萍主任看到我穿的很单薄，很是抱歉，马上说道：“很冷吧？真是对不起，我们已经拿到了棉衣，马上给你发一件。”那天的晚饭我觉得特别甜，也觉得特别温暖。

1944 年左右，山东地区的军事局面终于有了转机。今年夏天，为了在鲁中地区开展作战，日本军投入了大量的军力、物力，士兵与士兵之间都是触手可及的距离，在广阔的山野间围成了 10 层 20 层的包围网，一只蚂蚁都爬不出去。日本军想就这样不断缩小包围圈，把八路军一网打尽。即使是夜间，士兵与士兵之间也都拿着照明设备。就是一种如果两个人之间有什么人通过的话，灯光就会闪烁从而发现异常的装置。平常黑漆漆的大山中，此刻等距离的灯光连续不断，就像俗语说的就像是“成排的鬼火”，壮观景象是无法形容的。针对这种情况，八路军也展开了包围与反包围的作战，作战被命名为“拉拉战”（手拉手捉迷藏），连续几周局势都非常紧张。后来听被俘虏的日本士兵说：“日本军为了消灭八路军投入了大量的军力、物力，没日没夜地进行了严密的搜捕，可一次都没有发现八路军的踪迹，还弄得自己很累。”

这场战役到底谁是捉迷藏的人暂且不说，但八路军也是一会儿追人一会儿被追的紧张状况。现在都是卫星战或雷达战，以前的那种感觉已经找不到了。

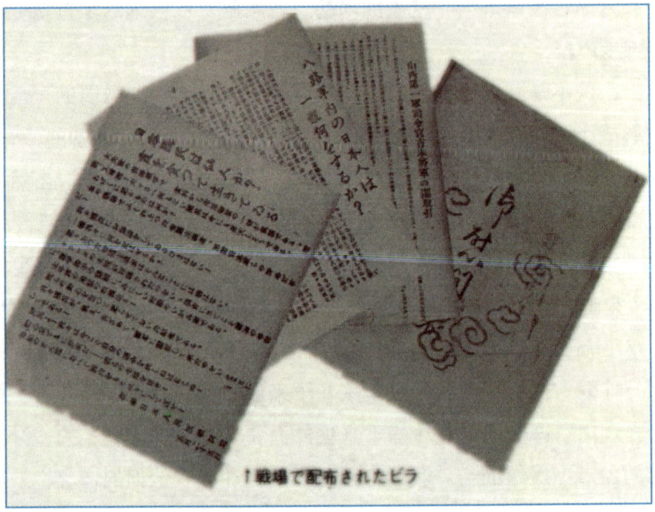

战场上向日军散发的传单

反战同盟

这里介绍一下“反战同盟”的情况。反战同盟的正式名称是“在华日本人反战同盟”。它的前身是“觉醒联盟”，是 1939 年 11 月 7 日在八路军总司令官朱德将军的指导下，由前田光繁（杉本一夫）、高木敏雄、小林武夫三人在山西省辽县麻田镇成立的。从 1939 年到 1942 年觉醒联盟就太行支部、太岳支部、晋东南支部、冀南支部、冀鲁豫支部、冀鲁边支部、山东支部等 7 个分部进行了联盟。补充说明一点，我是 1941 年 6 月在山东的鲁中地区被俘。同年 9 月 18 日刚好是“满洲事变”（在中国叫“九一八事变”）10 周年纪念日，八路军提议为了纪念这一天，所以就在这天成立“反战同盟”，也就是“觉醒联盟”。当时我被俘不久，还完全意识不到反战活动的意义。八路军的前辈布谷胜美是组织委员，我是宣传委员，中山（独混第 5 旅团第 19 大队第 4 中西队的一等兵，平日里品行不正，1941 年 1 月份的时候从兵器库里偷走电话变卖，换得的钱财全拿去花掉，后来因此获罪逃跑，最初是被国民党军抓住，没多久又逃跑，就成了八路军的俘虏，他就是这样一个人）任委员长，成立了觉醒联盟辽东支部。后来，我就完成第一份拙作——与“九一八”相关的反战宣传画 1 号。

1939 年 12 月 25 日，在当时国民党地区重庆展开反战活动的鹿地亘（本名濑口贡）在重庆成立了“重庆士兵反战同盟”。1940 年 5 月 1 日，在冈野近（野坂参三）的指导下，森健、春田好雄等人在延安建立了“日本士兵反战联盟延安支部”。1941 年山东也成立了“反战联盟山东支部”。

就这样在 1941 年末，以延安为总部的各地区觉醒联盟、反战联盟等支部都基本成立

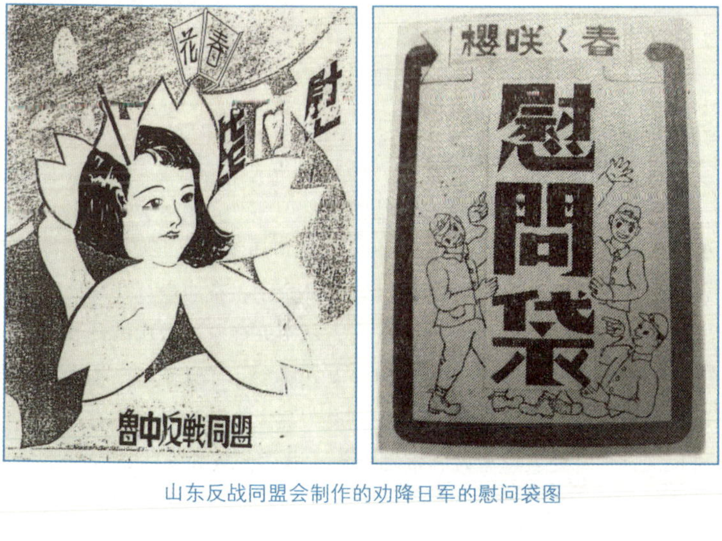

山东反战同盟会制作的劝降日军的慰问袋图

了。据 1944 年 4 月反战同盟华北联合会统计，反战联盟组织以 13 个支部 1 个地区协会的形式成立，成员共计 223 人。

延安支部	75 名	晋西北支部	7 名	晋察冀支部	16 名
冀中支部	7 名	冀南支部	15 名	冀鲁豫支部	13 名
太行支部	29 名	太岳支部	11 名	滨海支部	15 名
鲁中支部	9 名	鲁南支部	7 名	渤海支部	6 名
胶东支部	13 名	合计	223 名		

在华中成立了苏中支部、苏北支部、淮北支部、淮南支部 4 个支部的华中地区协会。1944 年初春浙江省浙江支部、1944 年 5 月冀东支部相继成立。就这样到 1945 年 8 月，共有支部 23 个。我清楚地记得当时成员数猛增了相当多人。但是遗憾的是，因为在大形势的强烈冲击下并没有做成任何记录。而此时八路军俘虏日本士兵的总数达到了 2500 人以上。1937-1944 年 5 月的 7 年间，抓获战俘 2407 人，其中 115 人自动投降，共 300 多人在延安日本工农学校接受教育（不包括其他地区）。

为了纪念 8 月 15 日的“中国人民抗日战争胜利纪念日”、“世界反法西斯战争胜利纪念日”，为了抚慰在华日本人民解放联盟时期活动中牺牲的 22 名同志，还有新中国建立时期一直期待祖国的曙光、抵抗病魔而客死他乡的 13 名同志，共计 35 人的亡灵，赞颂他们令人佩服的反战、和平友好的功绩，让他们流芳百世成为后世美谈，1995 年由原在华日本人反战同盟、中国国际交流协会陕西省分会、延安地区对外友好协会 3 大团体共同建立了“在华日本人反战同盟牺牲者纪念碑”。承蒙中国的极大关怀，纪念碑立在与反战同盟有着巨大渊源的中国革命圣地延安的宝塔山山脚下的原日本工农学校校园内。

小林宽澄提供的战地宣传单

下面为了了解史实，请让我说明一下纪念碑的样式。1、材质：石碑，上底座采用四川省产黑花岗岩 1 号，下底座采用山西省产赤花岗岩 1 号。2、规格：全碑高 2.8 米。（石碑高 2 米，宽 41 厘米，厚度 31 厘米。上底座高 30 厘米，宽 80 厘米，厚度 70 厘米。下底座高 50 厘米，宽 120 厘米，厚度 110 厘米。）3、碑文：正面中央位置均匀间隔写着“纪念碑”3 个字，右边是“在华日本人反战同盟牺牲者”12 个字，右下方是立碑团体名称和时间，从中央往左边依次排开 4 列，分别是“中国国际交流协会陕西省分会”、“延安地区对外友好协会”、“原在华日本人反战同盟同仁”、“一九九五年八月十五日”，第二列文字下面刻有“建立”二字。背面右边是“在华日本人反战同盟牺牲者名单”。受表彰者姓名按牺牲年代顺序分成共 8 段依次列出。上段是 7 个人的姓氏两个字，下面记载着所属支部名称。像这样，第二段是 8 个人，第三、四段各 10 个人。由于中国的关怀，在上底座正面用中文，背面用日语记载了反战同盟的历史功绩：“……原在华日本人反战同盟成立于 1939 年，成员大部分来自日本军国主义者，他们是被迫来到中国战场的日本士兵。之后他们经历了中国八路军、新四军及延安日本工农学校的宣传和教育，积极投身到反战运动中，为中国人民抗战胜利做出了巨大的贡献。而一部分反战成员在战斗中牺牲。中国国际交流协会陕西省分会、延安地区人民对外友好协会、原在华日本人反战同盟员有志共同在此立纪念碑以表达对逝者永久的哀思与悼念。纪念碑由陕西省德高望重的 8 位雕刻家共同施工完成。祭典有延安 80 余名中小学生及各界群众列队参加。媒体方面，陕西日报社、陕西广播电台、延安电视台、延安有线电视台等纷纷取材向国内外进行报道。”

从纪念碑的正前方来看，透过背景——原延安日本工农学校校舍能看到宝塔山上高高耸立着的宝塔，就只看一眼便能联想到圣地延安的历史。原延安日本工农学校仍然保持着旧迹。因为在高台上校园外缘呈悬崖状，非常危险，为防止从上面掉下来，就用混凝土建立了坚固的基础工事，造成了防落岩壁。

为纪念揭幕仪式，我们在纪念碑前方五六米处左右各栽下 2 棵松柏。为缅怀逝者，我重新做了 35 名牺牲者的名簿，到了落款的时候，面对意外的事实我感到哑然又狼狈。因为我既不知道牺牲者的真实姓名也不知道他们的原本籍贯。那个人是谁，祖籍什么地方？这些反战同盟的干部、忠实的反战士兵，他们点燃了理论与实践的希望。当然原部队有他们的真实姓名和故乡。有时候觉得似乎曾经相互谈论过故乡，夸赞过自己的故乡，有时候也说自己的真名。所以他们绝对不是历史上被架空的人物。

原在华日本人反战同盟，那里是另一番天地，是战争的环境，所以根本不需要真实姓名和真实籍贯，还没有现用名在八路军之间、在同盟之间用得多。

而现在就有必要在牺牲者名簿里除了工作时用名、所属支部名以外追加记载本名和原籍。我知道浜田、今野两位是本名，浜田生于 1915 年左右，出生于神户；今野生于 1919 年，秋田县，除此之外就不知道了。

年轻气盛的时候，相互凭借着“男儿立志出乡关，学若无成不复还。埋骨何期坟墓地，人间到处有青山”的气势，相互展望未来，谁都不是个胆小鬼。

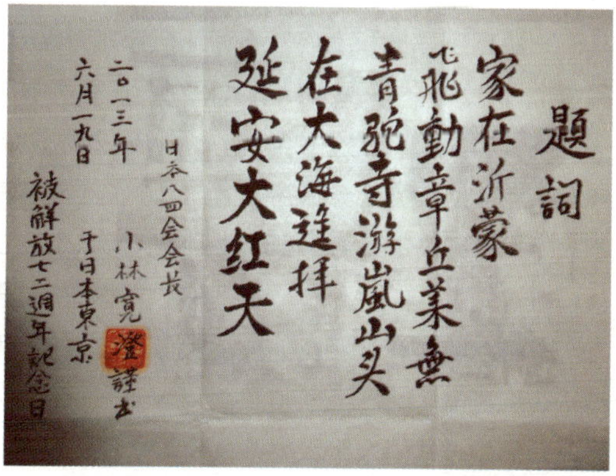

小林宽澄纪念自己投降加入八路军 72 周年的手书

现在面临当时的是非，我提议为找回战争孤儿建立相关组织机构。从 1937 年到 1940 年间，八路军所捕获的所有 24 名俘虏，如果可能我想找出这些人，了解他们现在的情况。

1943 年 6 月，我们反战同盟山东支部在距离马牧池东边约 3 公里的一个村庄里举行了第一次反战同盟大会。主要内容：一是阻止日本军国主义对中国的侵略战争；二是对日本兵士宣传战争本质，开展反战运动；三是提高盟员的思想觉悟，促进队伍团结，强化组织结构。由总部，鲁中、滨海、胶东等地区约 40 人组建起同盟村。我们不分昼夜地展开了热烈的讨论、交流和学习。在生活方面，同盟炊事班做的和式料理受到了同志们的广泛好评。

大会取得了山东省委员会、山东军区的大力支持和配合。其他军区在人力、物力方面也都给予了大力的配合。

为了让活动的内容更加丰富，大会发行了报纸，举办了文艺晚会，制订计划时，除了朝鲜同志李明先生和摅岷先生外，中国青年同志的高超文采、艺术天分以及书画能力也都发挥了很大的作用。说到写文章，则由田汉同志的弟弟负责。他们能够流利地作出意义深远的即兴诗。艺术家们的大会速写和为同志们的写生画都吸引了大家极大的兴趣。日语方面，有许多日本留学归来的延安军政大学的有识之士。

大会翻译由赵冲杰同志（现在的苏烈同志）和朝鲜同志崔春三担任。刘宝寸同志（胶东军区），林北星同志（滨海军区），老李同志（山东军区），他们的日语说得都很流利。小宋同志（山东军区）很有画画的才能，为我设计的反战宣传单画了很棒的插图。

当时，山东开展了“整顿三风”的行动，极大地引起了我们对哲学的兴趣。另外还召开了第一次山东参议员大会。我们这些代表也都参加了这次大会，可以说是一场宣扬中日两国人民之间战斗友谊的历史性大会。

大会闭幕式时，黎玉政治委员，萧华主任做了总结发言。特别是黎玉委员，对于山东人民斗争的发展状况感慨颇多，1938 年黎政委等 11 人在徂徕山举起起义的大旗，武器也只有一两把小手枪和土炮，还有几把青龙刀等一些不能算是武器的武器。作为大会纪念，向每个人分发了《整风总结》共四册，还有两本笔记本（B6 版 32 张的粗纸）。

下面着重写一下，1941 年 9 月 18 日我在胶东地区成立了觉醒联盟胶东支部。当时在胶东地区的盟员只有布谷先生、山中先生和我三个人。商量名称时，觉得反战同盟刺耳不太好，最终决定取名为觉醒联盟。大家各有各的分工，相互投票后，由山中先生担任会长，布谷先生担任副会长，我担任秘书长和宣传部长，我们立刻发行了呼吁日本士兵的与“满洲事变 10 周年”相关的反战宣传单第一号。敌工科长刘宝寸为我们觉醒联盟的成立还举行了庆祝仪式。

我们用传单把八路军的俘虏政策宣传给了日军还有留住民。传单上写的“俘虏”两个字似乎对保证安全影响很大，看的人好像也能在客观上接受。但是在出发去日军据点进行号召的时候，受到一种微妙的感情的影响，我们有意避开“战俘”这样的词汇，重点揭露侵略战争的本质。在强调静候平安归来的家人的愿望的同时，我们号召要维护自身安全，反战同盟等着战友们前来加入等。

我们中国式地称这样的工作叫“喊话”。乘着夜色我们摸到了日军据点的附近，在夜晚静谧闲适的空气中，称得上有播音室的效果。我们的喊话是极有深意的。

“俘虏大会”等名称是一个组织的特别名称。其不是很诙谐的叫法吗？要是让我说就该取个别名叫“椰子果大会”。但是在每个人的心中都有不容动摇的标准。1944 年秋天，关东军司令官山田乙三大将的外甥山田空军少尉在山东省渤海地区广饶县操纵战斗机准备冲向上空时，因为引擎故障临时降落在广饶县的旷野上。这样山田就成了八路军渤海军区的俘虏。他回忆当时的情景这样说道：

“我当时降落就有人发现了我，农民还有八路军向我靠近，我本想用机枪扫射，但机枪坏掉形同废铁。无奈我试图做出最后的抵抗，可是都没有用，结果我就成了被俘之人。当时我对八路军采取了反抗态度，但我不断地感受到了八路军所实施的俘虏政策的友好，我从来没见过这样好的部队。我变得想留在八路军，不想回到日军了。”

而日军方面听到他成为俘虏的消息发生了大骚动，日军对八路军提出送还俘虏的要求，还提出了以俘虏换俘虏的要求。这样双方就山田空军少尉与日军抓获的两名八路军干部（县长级别）交换的协议达成了一致。虽然不是出于本意，但山田被送回了日军。他无法忘记感谢八路军的好意。据说那之后，他作为飞行员被派到南方作战，最后战死了，但在赴任前他再一次飞到了渤海地区上空，并投下了感谢八路军友情的装有信函的通信筒。

接下来就讲一下山东莒县的解放战役。

莒县是在山东省鲁东地区也就是东南地区的一个县，但是是在滨海军区管辖范围内。在中国名胜词典当中这样记述莒县：莒国古城是春秋战国时期曾经的莒国首都。直到汉代末期一直作为王城拥有悠久的历史，是政治、文化、经济的中枢。城有三重城郭，每重城郭又高又威严，都只开放南门。内城是每边 12 华里的方形，外城则长 40 华里还多。现今还有商周陶制品、瓦当等文物在那里出土。

日军在城内大约中央位置构筑了高大的防御堡垒作为军营，并在其周围较大的空间展开攻防自由的阵型。这里大概是因为经历了八路军攻破日军据点的事，才会加强工事。由于地点在城中约中央位置，以前这里可能是宫殿。

但由于日军失去了军力优势，八路军迎来了取胜的大好机会，无论怎样的防备在战略上都没有作用。作为八路军的我军根据地是不会任落水狗在里头一直游，所以这是要开始驱逐他们出境的方法。

据《中国人民解放军战史》第二卷抗日战争时期的附表——《八路军重要战役战斗一览表》记载：战役战斗名称“莒县战役”；作战时间“1944 年 11 月 14 日到 19 日”；作

战地点“山东省莒县县城”；作战对象“莒县伪保安大队莫正民部 30 个中队、日军独立混成第 5 旅团的一部分”；参战部队“滨海军区 4 团、6 团、13 团，鲁中军区 1 团，山东军区特务团、独立 1 团及 5 个独立营”；作战结果“死伤俘日军共 51 人，伪军归顺兵 3500 余人，收复莒县”。这样的话，这次战斗的首战就是对莒县伪保安大队莫正民部的瓦解工作，第二阶段的战略对象就是向日军独立混成第 5 旅团的一部分发起进攻。

当时滨海军区驻军在莒城南约 20 千米处的一个叫大店的镇子。我们反战同盟滨海支部也在这里。一天，内部情报说要攻打莒县县城，我们不知不觉激动起来，以为妖魔就要消失，天地要变太平了。

秋高气爽，风和日丽。一天下午去县城的路上，我看到大队人马朝着县城进发，队列绵延悠长，那壮观的场面让我一时忘了时间的流转。第二天的这个时候，我抱着想再次看到那壮观景象的心情再次出发去县城。虽然没有昨天那样长蛇样的队列，但断断续续有一个团或者是一个部队在朝着县城前进。那之后又出现了一个团。我仔细一看，领头的人确是山东军区政治部主任肖华。他的绑腿上绑着个脚托用来做枪托，这一身装束看起来很是轻快。我跑过去打了声招呼：“主任辛苦了。请一定要注意安全。”也算是我的一点声援吧。主任很快回道“不要紧，不要紧”，就又继续前进了。往队伍后方一看那是一门日军 92 式大炮。原来肖主任所率领的就是附表里那个叫山东军区特务团的炮兵部队。就这样瓦解莒县伪保安大队莫正民部 30 个中队的首战战役就打响了，从战果来看这无疑是场大捷战。虽然莒县是座孤城，但至少对于一直依靠物力的日军来说是最大的打击，给他们造成了大混乱。

趁着日军受挫及军中混乱，本次计划的最后战役——攻破日军堡垒战即将拉开帷幕。但是日军已经在周围大范围建成了攻守自如的四面防御。

再说我方也没有能够原地炸毁这样堡垒的强大火力，自然只能精练战术等候战机。这样规模壮大的战役就持续着冷清的局面。双方调整阵容练习作战，等候夜幕降临。到了晚上就要瞄准时机开始对峙作战。我不知道这种局面持续了多少天，但 11 月 26 日，在接到山东军区政治部敌工部长黄远打来的电话时，我大吃一惊。因为习惯了到目前为止的游击流动生活，我完全不知道敌工科还装了电话这事儿。拿起电话，我又吃了一惊，黄部长的声音就像是在眼前说话一样清楚。形势已经变到这种地步了。就这样我鼓起勇气前往莒县，进到了貌似原莫正民军的军营的一间屋子。这里很像是战场的感觉，漂浮着战火硝烟的臭味儿，我感到既紧张又寂寞。部长声音哽咽了，紧接着我们战场式地握手。那是相互鼓励为胜利而宣誓国际联合的握手。这场战役是我从 1941 年到 1945 年 5 年间经历的规模最大的战役。

即使天黑了也不会有任何灯火，只有建筑的黑色剪影里弥漫着硝烟。战机掌握在八路军的手中，大概是晚上 10 点钟，我没有钟表所以不知道确切时间，我们部队就位，从正面发起全力进攻。大概是 50 米的距离，反正是非常近的距离。全用重机关枪、轻机关枪进行集中攻击。随着火光，广场和堡垒也忽隐忽现。里头是相互的喊叫声还有悲鸣声，正是陷入了恐慌、喧嚣的大骚动。那声音刺痛了作为日本人民解放联盟一员的我的耳朵。

一阵枪声突然停止，能看到硝烟弥漫中的堡垒。里头还有兴奋的热潮。这时就轮到我了。我鼓起刚才的兴奋劲儿，用了个临时做的喇叭筒从一个建筑物的拐角开始大声喊话："请好好听一下我说的话。为了避免不幸的发生……"

我的喊话响彻狭小的战场。当时吵嚷声突然停止了，没有任何别的声音，他们貌似暂时安心下来。没有骂声也没有反击。我卯足了兴奋劲儿，持续喊话 2-3 分钟，喊话的主要内容如下：

一、我是日本人民解放联盟成员小林宽澄。二、关于进攻莒城的意义。三、这场战争是日军发动的对中国的侵略战争，是不正义的战争。战争不是为了国家。请理解战争的意义，避免生命危险。士兵在战场可以自由行动。四、八路军优待我们是国际友人。这里有很多日本人在燃烧各自的希望等等。

像这样在三天里我无数遍地重复着我的喊话。最后我嗓子肿痛直到发不出声音来。不管喊话的效果怎样，八路军同志们说"大声喊得嗓子都哑了呀"，帮我暂时保养了我的嗓子。

1942 年以胶东支部长的身份从本部来的渡部三郎先生，于 1942 年 1 月 13 日在道头

小林宽澄接受口述历史专访时，手写回忆文字。

分遣队做宣抚工作时被解放，我们是在 1 月 18 日桃村东面的蚬庄认识的。他的右胸被子弹打穿了。

大会后我们为了了解鲁东南地区的情况在奔赴第二军区的路上，也观赏了鲁东南地区的风光。这里有着广阔的田野，乡镇和村庄的路也都很宽阔，和鲁中地区很不一样。

在碑郭参观了酿酒场，体验了一把张口接酒，满满的一口酒含在嘴里，那心境和酒仙李白是一样的吧。在坪上听了第二军分区政治委员谷牧同志的讲话，他是一位比我年长穿着很得体的人。发音清晰，说起话来行云流水，大家都被他的魅力所倾倒。

讲话主要有两部分内容：一、部队的政治工作；二、如何实行减租减息的政策。

一、关于部队政治工作，他举了一个事例。战斗英雄张排长，机敏果敢，在战场上屡立战功，自己内务方面也堪称模范，在队内也深受战士们的信任。部队也给予了他“战斗英雄，模范排长”的称号。之后，他心里的地位观念渐渐开始抬头，最终常常因为要与自己心中的功臣思想作斗争而倍感烦恼。但是如果他把这种烦恼说出来的话就会变得好像在寻求别人的帮助。这又会有伤他的面子。自然队员们对他也敬而远之，排长强忍着这种恶性循环变得越发烦躁。战士们敬而远之的态度和他功臣思想的矛盾日益加剧，排长的名声越发不好，最后被士兵们起了一个外号，叫“二鬼子”。

这位排长的心情跌入了谷底，在经过激烈的思想斗争之后，又重新找回了只有“为人民服务”才是光荣的想法，就这样，又再一次的成为了模范排长。

二、关于实行减租减息的政策，虽然从字面上看是一个解放租种的农民政策，但谷政委从经济学方面讲述了这个政策，我认真听过报告之后，认为他在发展国家经济方面是个了不起的人物。

在财政上我们确实很紧张，绝非是北海银行只要多发行点钱币就会变得轻松的事。钱币发行过多或过少都会带来一些问题。那么通过什么来控制发行的量呢？因为我们是农村根据地，在现阶段，我们要做的是提高粮食产量。资本主义国家则是增加纸币的发行量。听到这样的说法，我第一次注意到农村经济，想起了江户时代俸禄也是用石来表示的，真是一番精彩的讲话啊。

1991 年 4 月 6 日，我不经意看到了《人民日报（海外版）》附的谷牧先生写的字“爱入大骨髓、吐词合风骚”，非常感动。 特意附上自己的书法来证明日记的真实性。真希望那埋藏在胶东山村地下的“记载着历史的谷牧日记”能够早日出土啊。

那么，效仿谷牧先生，我也有两件“小宝贝”，先说说其中的一件。

前面说过从黎政委那里得到过两本笔记，记录了当时的物资情况和我们的学习状况，可以说是像宝石一样珍贵。我当然是非常郑重地收藏着，我把其中的一册送给了中国同志，另一册用来翻译艾思奇的名著《唯物史观》了。但是，毕竟是上万字的书，誊写到 B6 版 30 张纸的笔记本上还是很困难的。我模仿印刷的文字和行数，尽量将字写的很小并且不留一点空白，一行大概写 40 个字，一页大概写 40 几行。因为这样所以写得很辛苦。字小的就像蚂蚁一样。再加上墨水是通过将染料融化在水里制成的，蓝、紫、绿等颜色的浓淡不均，而且还有红色混杂其中，所以整个看起来炫目多彩。

《唯物史观》是越学越觉得有意思，有很多内容不知道用中文怎么表达，还有很多哲学、政治、经济、艺术等方面的专有名词，翻译起来是更加辛苦。翻译总共花了 7 到 8 个月的时间。翻译结束后，我写字还是像蚂蚁一样，就像写“の”一样，不能够自由伸展。另外纸张很紧张，连小纸片也不舍得扔掉。

1947 年秋，国民党投入了 80 万大军，对我山东军区形成了一张大包围网。当时我属于兵站后勤部，不久就会和其他干部一起向东北疏散。当时指挥官是兵站的副主任的熊振作同志。

我们到达荣城县一个荒村的海边时，正是秋日的一个傍晚。海边没有船，除了我们以外没有任何人。等到天快要黑了的时候，不知道从哪里涌来许多人，周围的气氛瞬间活跃了起来，还带来了像山一样多的的行李，哪里传来了砰砰的声音，循声一看，一条木造小船映入了眼帘。

带来的行李是给我们的衣服和食物。

熊主任则挑准时机让我们做好渡海的思想准备。我不经意看了一下小耿同志（耿得水通信员），发现他正在用手偷偷地擦拭着自己的眼角。那种动情的样子，我觉得自己就像

2012 年 6 月，小林宽澄访问山东时的照片

是一个站在人家门外偷看到了别人内心的小孩，那样动情和迷茫的他。

船桨在夜色里吱呀作响，就像是一副大军出征的模样。因为是疏散，所以书籍、笔，军服全都不许带，暂时都寄放在当地，以后回来再取走。渡海过程中如果有什么情况发生，一定要沉着应对，如果遇到临时检查，听从指挥，一致对敌。当时，我把上面说的那个“小宝贝”也寄存在那里了。

接下来要说另一件宝物了。1941年以来，我收集了很多八路军各个军区使用的纸币、粮票和地方流通卷。起初因为是手放进口袋就摸得着的东西，经常会当作纸屑给扔了。但又会有其他触手可及的东西。在这期间慢慢对它们产生了兴趣，好像知道了它们的价值一样。一开始收集，就得到了许多其他军区的纸币和粮票。渐渐对自己触手可及的没了兴趣，而对其他军区的纸币和粮票的兴趣却越来越大。偶然路过其他地区或是其他地区的同志来我们这里，我就会向他们要。把收集到的纸币粮票再加以取舍，留下一些比较新的，大概有二十几种。

地方流通卷是1941年由山东胶东地区发行的，感觉它们身上残留着上一个世纪遗留下来的痕迹，所以非常珍贵。当时的一些主要城镇流通的都是法币和北海币，其次流通卷根据其使用地区和信用度，在各地的流通度也不一样。不管是多么有名的地区发行的，在有的偏远地区也是不能用，而且流通卷一旦有损伤还需到发行所更换。像那种有损伤的流通卷谁都不想拿在自己手上，大家为了规避风险，就会偷偷的把这种卷转手给别人。

这种“小宝物”既可以放在口袋里也可以放在背包里，因为很容易携带，所以即使是转战的日子，或是渡海转移的时候，我都是始终随身携带。有时候自己拿出来看的时候也会向同志们宣传它们的珍贵。

1956年12月21日，我从天津新港登上兴安号回国了。我意识到自己收集的这些“小宝物”是珍贵的文物，如果我把它们当做是自己的私有物品带回日本是不合情理的事，虽然很舍不得，但我还是向中国有关人员提出了归还的愿望。我对他们说：“这是我收集的中国革命重要文物，应该要归还给中国政府，绝不是一些废纸。请一定当做文物好好保管。”但是工作人员好像认为就是些废纸，没能理解我的意思。之后我在中国的一个纪念馆看到了类似的文物，马上就联想到了当时我收集的那些东西，可惜还没有看到过那种把它们统一集中起来的文物。

我被八路军俘虏，作为日本人的民族自尊心和要为民族进行自决的立场，让我很长一段时间一直处在生与死之间的迷茫中。在意识形态方面，这并不是什么非常难以理解的矛盾。我意识到中日战争是日本对中国发起的一场侵略战争，是在1941年7月到8月之间的事，因为读了《社会科学丛书》一书。

子曰：遇不遇者时也。

对我来说山东是令我怀念的一个故乡，特别是不能忘记沂蒙的山水人情。和八路军一起走过的 5 年，和新四军一起高唱的 3 年，都是和山东的军民在一起生活战斗的。

在沂蒙的时间虽然很短，但请允许我歌颂一下那一段短暂的、和平的日子。因历史悠久而被人们所熟知的沂河，一直默默地流淌着。近代化的浪潮在沂河上架起了一座纵贯东西的干线桥。彩虹的彼岸，就像这样有无限的追忆，现在，再一次回顾这些经历，亦是不亦说乎。我的师长，我的朋友，希望你们永远幸福。

（根据小林宽澄受访口述记录整理）

2015 年 9 月，小林宽澄于北京接受“9 · 3”阅兵式照

桥口杰

1927 年 6 月 5 日 出生于日本宫崎县。

1941 年 4 月 东乡小学高等科 2 年，进入“满蒙开拓青少年义勇军”内原训练所。同年 5 月，加入“满洲国”东安省勃利县“大东义勇队开拓团”。

1944 年 2 月 进入关东军第 50 特警大队接受训练。

1945 年 2 月 在东安陆军医院，接受卫生兵训练。

1945 年 8 月 9 日 苏军进攻后逃亡，加入土匪谢文东武装。

1946 年 7 月 脱离谢文东部队，于七台河附近被东北民主联军俘虏。进入东北民主联军第八后方医院工作。其后，转至阿城第五后方医院，随军南下，参加辽沈战役、平津战役等，直至武汉、长沙。

1953 年 5 月 从上海乘白龙丸号返回日本。

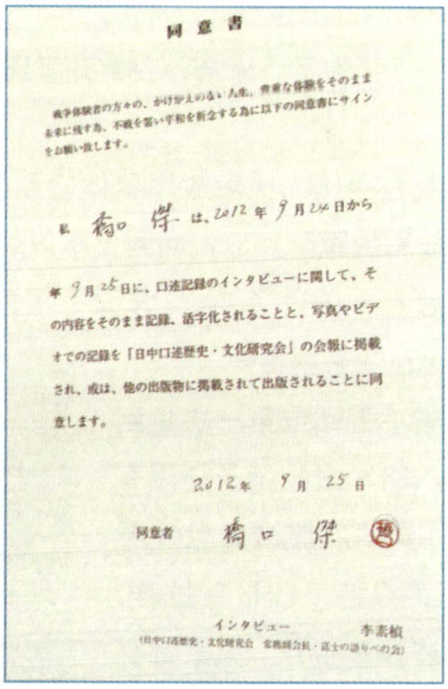

同意書

戦争体験者の方々の、かけがえのない人生、貴重な体験をそのまま未来に残す為、不戦を誓い平和を祈念する為に以下の同意書にサインをお願い致します。

私 橋口 傑 は、2012 年 9 月 24 日から

年 9 月 25 日に、口述記録のインタビューに関して、その内容をそのまま記録、活字化されることと、写真やビデオでの記録を「日中口述歴史・文化研究会」の会報に掲載され、或は、他の出版物に掲載されて出版されることに同意します。

2012 年 9 月 25 日

同意者 橋口 傑

インタビュー 李素楨

（日中口述歴史・文化研究会 常務副会長・富士の語りべの会）

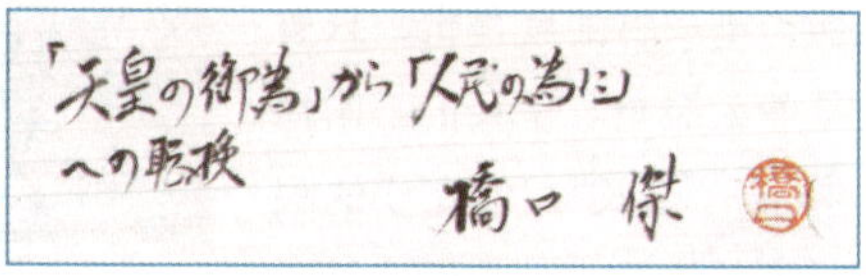

桥口杰手书“从为天皇到为人民的转换”

由“谢军”入“民主联军”

我 14 岁时参加“青少年义勇军开拓团”，去了伪满洲黑龙江勃利“大东开拓团”，那里距车站（今天的七台河市）东北 75 公里左右。我们一边在农业指导员的直接指导下进行农业劳动，一边做货物运输的工作。另外，还在勃利郊外的奶牛场接受奶牛饲养管理的培训。在这样的情况下，有了结识谢文东的机会，从他的话里模糊地得知了满洲侵略的实际情况及“满洲开拓”的虚假事情。他当时以反日斗士而闻名。我在日本的学校里接受了《教育敕语》《军人敕谕》《战阵训》的教育，就是要“为天皇陛下工作”，即效忠天皇陛下。

1945 年 8 月日本战败，我被牡丹江的苏联收容所收容，12 月我被释放了。去哪里呢？重返勃利那个老地方吧。到达勃利车站的时候，听说谢文东在那里。我刚一出车站，就有士兵过来问：“要去哪儿？”我想也没想脱口而出：“去见谢文东先生，请转告他桥口来了。”话刚说完，就有一个人说：“什么？见军长？”“请稍等。”那个人跑去报告了。出来迎接我去见谢文东的是国民党的支队长，他劝我说：“和我们一起行动吧，不然可能无法保住性命啊。”我决定了做他们的卫生员，与他们一起行动。半年后，谢文东对我说：现在形势越来越危急，我保护不了你了。无奈，我离开了谢文东部队。

下面讲一讲我在中国人民解放军里体验到的事情。最少也有 5000 名至 7000 名日本人参加了中国解放军的军队。他们回到日本以后，组织了各种各样的团体，为了日中友好而努力活动，尽管在中国过了 8-13 年没有报酬的生活，没有人说过中国的一句牢骚话，这又是为什么呢，让我来解释一下。

桥口杰讲演中的照片

我在黑龙江省小五站屯第一次见到八路军的时候，八路军戴的帽子还没有“人民帽”好呢，穿的衣服说绿色还不是绿色，有点儿黄绿色，鞋是乌拉鞋，看起来军队的着装很不整齐。大家都穿着一样的衣服，不一样的就是枪，只有几个人腰上挂着毛瑟枪。士兵们都叫他们“班长”“排长”“连长”，但在我的眼里分不出谁是班长谁是排长。小五站屯里有一家饭店，战士们进去以后都围在一起吃饭，还对我说“吃吧吃吧”，我一点儿都没觉得自己是一个被俘虏的人，因为连长、排长和其他人一样，吃的都是高粱饭，汤、菜都是一样的。我在谢文东军队里的时候，一到村里，就要求村民们给做饭，并且要求做最好吃的东西，但是八路军可不一样，他们都自己准备自己做，吃饭的时候队长和小兵们在一起吃。

去勃利的路上，被俘虏的人都被绑着，有人对我说“我看你也不会跑的”，就给我松了绑，允许我自由地走。但是到了勃利的司令部就把我单独监禁起来了，门上挂上了荷包锁，当时我脑子一下就空白了，心里在想：“这可完蛋了，能不能活着出去还真是两码事呢。”

把我审讯了半个多月以后，因为我以前是在日本军里当卫生兵的，所以有人对我说“第八后方医院开设了，你到那里干吧”，当时我就一口答应了。

那个医院，日本男的女的加在一起有 40 人左右，大部分都是陆军病院里的医生和护士，大家都穿着日本军的军服。只有我一个人懂点儿汉语，当时我穿着破破烂烂的衣服，没有一个人认为我是日本人。一天开全院大会，院长对我说“你当翻译吧”，我没有信心当翻译，所以就推辞了。但是院长命令我“今天就你能适合这个工作”，我勉强地翻译了起来。“从现在起有许多中国年轻人来”“有什么问题找我商量”“你们的技术快点儿传授给我们”等等，这些都翻译了。快要讲完的时候，有一句话我听了好几遍才听清楚，就是“为人民服务”。为人民服务、为人民工作这些都不能让我理解。在今天，人们能够理解为人民服务和献身的军队，但对于“为天皇陛下而效命”的日本人的我来说，不能理解“为了人民”。我几次问政治委员，最后把这句“为人民服务”翻译成“听说这支军队是为贫困人民工作的军队”。当时的日本的医护们说：“啊，虽然我们不知道是什么军队，但是真的有那样的军队吗？不是为天皇吗，哪有为人民的呢？”那时，我和日本医生护士还无法理解“为人民服务”。

一直到 1952 年“薪金制”前，都是没有工资的。工作人员和患者的饭是不一样的。工作人员的饭是高粱饭，患者是馒头和白米饭，当然菜也有很大的区别。有一天日本的女炊事员把患者吃的白饭和菜端到院长那里了，院长说：“这是伤员吃的，我不能吃，把工作人员吃的东西给我。”从那以后我们日本医生护士们都觉得这个军队是有点儿不一样。工作人员在过年、节庆日或者每过一个月才能吃上一回馒头和大米。但是官兵都是吃一样的东西，也都是睡一样的地方，所以没有不满不平。

最初，穿乌拉鞋的人很多，渐渐从乌拉鞋换成布鞋，从布鞋换成胶皮鞋，从胶皮鞋换成皮鞋。部队的生活渐渐有所改变。

在那个时候我们开始“政治学习”了。在文盲很多的军队里，唱“军歌”是一个最好的教育、学习方式，特别是那首《三大纪律，八项注意》的歌曲，我们天天都唱，目的就是让全体官兵彻底都遵守纪律。

早上起床就去广场集合，一边练习行军一边唱歌，“集合，排队”，“向右转，齐步走”。大家跟在指挥员后面一起唱“革命军人个个要牢记，三大纪律八项注意”，这就是唱歌啦。

2009 年 3 月，桥口杰接受口述访谈照

为重伤员输血

我加入解放军以后被调到开设在阿城的第五后方医院。在那里认识了一个姓胡的护士长。他可是一位真正的老八路，从红军时代就参军了，个儿不高，什么时候他都笑容不断，他跟我说“你当护士班的班长吧。”没等我推辞就把我领到院长那里，我也不好意思推辞了，所以就当上了班长。刚开始男女各分一个班，日本人、中国人和朝鲜人都混在一块儿的。

要在日本军里当班长的话，可以支使部下干这个干那个的，但是在解放军里当班长的话，首先得带头表现出模范的行动给大家看。当上了班长就比一般兵开会的次数多，经常开班长以上的会，能不断地听到最新的战争形势和政治形势。

我们医院的工作量越来越大，在野战医院接受过应急措施后转送来的重伤员里，有许多大量出血后的贫血患者。医生看了一眼就马上命令我说："班长，检查完了血型，立即治疗。”在多数的情况下，通过护士长之前由我来现场指挥，马上就采取血液检查血型。“护士长，不好，是 AB 型。”“是吗，那就抽你的血给他吧。”“明白啦。”立刻就让护士在我胳膊上抽 100CC 的血，抽完马上就输到患者的身体里。说实在的，这招还挺灵，立刻就能看出伤员脸上现出红色，要是有醒过来的伤员会对我们说“啊，身体暖和了不少”来感谢我们。对提供血的人来讲，像这样直接输血的马上就能用自己的眼睛确认效果，这对提供血的人来说是一个非常激动的时刻。我记得被输过血的人给过我十几个鸡蛋呢。

输血后会给自己的身体带来很大负担。我们在中国所作的可是超过国境，为了能救自己伙伴的命，这只是一些很自然的行为而已，一点儿都没有“日本人的血给中国人”的意识。被输血的人都会说“暖和了”“谢谢”这些感谢话，当听到这些感谢话的时候，谁都会从心眼儿里高兴起来。我在石家庄时，有一天早上，从太原来的伤员需要紧急输血，我就从自己的身体里抽出 100CC 的血输入给患者。之后我去了街上，我觉得身体发冷，发起烧来了，就赶忙回到医院里检查，后被确诊传染上“斑疹伤寒”了。有一段时间我差一点儿死了，过了一个月病好了，就又回去工作了。但是，我从那以后再也不能给患者提供血液了。当时，日本籍的医生护士们，许多人都把自己的血提供给中国重伤员，救了很多同志的命，我想还没有人讲过这个史实吧。我想让大家了解一下，事实上这样的事数也数不清楚。我想这种行为都是人们之间相互信赖才能做到的吧。当时医院药品不足，明确诊查出因出血而导致贫血的伤员时，我们头脑中想到的是输血。大家目光对视，说：“在这儿如果能使用大量的药品的话就可以帮助伤员”，“即使能输一点血也是有帮助的”，“幸运的是因为我是O型血，要输100CC”……一致决定通过。那时已经完全没有所谓的日本人、中国人的想法，只有要阻止死神夺取眼前濒临死亡的伤员生命的想法。血液注入体内，伤员的脸色马上变得红润。听到伤员说“很温暖”的时候，我心中非常高兴，心想“太好了”。记忆中我先后大约为中国重伤员输了3000CC的血。

不同的“军规”

下面介绍一下中国军队的歌曲。

三大纪律八项注意

革命军人个个要牢记，三大纪律八项注意
第一,一切行动听指挥，步调一致才能得胜利
第二，不拿群众一针线，群众对我拥护又喜欢
第三,一切缴获要归公，努力减轻人民的负担
三大纪律我们要做到，八项注意切莫忘记了
第一，说话态度要和好，尊重群众不要耍骄傲
第二，买卖价钱要公平，公卖公买不许逞霸道
第三，借人东西用过了，当面归还切莫遗失掉
第四，若把东西损坏了，照价赔赏不差半分毫
第五，不许打人和骂人，军阀作风坚决克服掉
第六，爱护群众和庄稼，行军作战处处注意到
第七，不许调戏妇女们，流氓习气坚决要除掉
第八，不许虐待俘虏兵，不许打骂不许搜腰包
遵守纪律人人要自觉，互相监督切莫违反了
革命纪律条条要记清，人民战士处处爱人民

保卫祖国永远向前进，全国人民拥护又欢迎

每天都训练，转移和行军的时候，或者学习和团体活动的时候必须得唱这首歌，早上和晚上都唱这一首歌，连文盲都能背下来，字也能记下来还能理解意思，理解了意思就开始执行。只要是有解放军的地方就有这歌声，成了一种风物诗。

有人说“解放军要走了”，连一帮小孩子都挥手去送别呢。

旧日本军有《军人敕谕》和《战阵训》。

关于《教育敕语》，我以前讲过，这里就不赘述了，只希望读者能记住，日本人崇拜天皇的思想全部来源于《教育敕语》。

《军人敕谕》是一篇很长的文章，很难记下来，可以说是晦涩难懂的句子的罗列。

一、军人应以尽忠节为本分。

二、军人应正礼仪。

三、军人应重信义。

四、军人应尊武勇。

五、军人应以质素为旨。

与中国军队的纪律比较一下就能清楚主旨的不同之处。就这几句的话很好记，但是如果是全文的话，读一遍都很难。全篇共 2900 多个字，是天皇陛下赐给军人们的勅谕，在这里就不一一列举了。总之，其内容就是“朕（天皇自己）是你们的最高统帅，你们要向我尽忠”。

需要注意的是，这份敕谕在军队里被最大限度地滥用了。也就是说长官的命令变成了天皇的命令，必须绝对服从。据说这一顽疾在现在的自卫队中也依然存在。

除了《军人敕谕》，1941 年 5 月，当时的陆军大臣、前总理大臣东条英机颁布了《战阵训》，要求部队绝对遵守，力图对他们进行思想控制。通过这篇 4000 字的冗长文章，我们可以了解到当时日本军队的实际情况。

《战阵训》的本训之一的标题是：一、皇国；二、皇军；三、军纪；四、团结；五、协同；六、进攻的精神；七、必胜的信念。本训之二的标题是：一、敬神；二、孝道；三、敬礼举措；四、战友之道；五、率先鞠躬；六、责任；七、死生观；八、惜名誉；九、诚实刚健；十、清廉洁白。如此这般，该文章对于军人的一言一行都有详细的规定。如“惜名誉”一段中有这样的文字：“懂得羞耻的人才能自强。应该经常想到家乡门风的声望，更加勤勉，以不辜负父老乡亲的殷切期望。活着就不能接受被俘虏囚禁的侮辱，死了也不能留下罪过祸害的坏名声。”核心意思，就是自决死掉也不能成为俘虏。

日本的青少年们从小就接触《教育敕语》，参军后又有《战阵训》约束，因此“为天皇陛下而死”、“活着就不能接受被俘虏囚禁的侮辱”等思想深深扎根在了头脑之中。当时，每个日本人都像家常便饭一样接受这种教育，所有人都觉得应该如此，或者说不得不觉得应该如此。因此，日本人的头脑中没有“俘虏”这一词汇。在那场战争之中，有多少军人、妇女、儿童都选择了集体自杀这条路啊！在我有生之年，分别接触了“为天皇陛下”和“为人民”这两种思想，因此，我认为无论做什么都绝对不能为了某个人，而是应该想一想是否对人民有利。

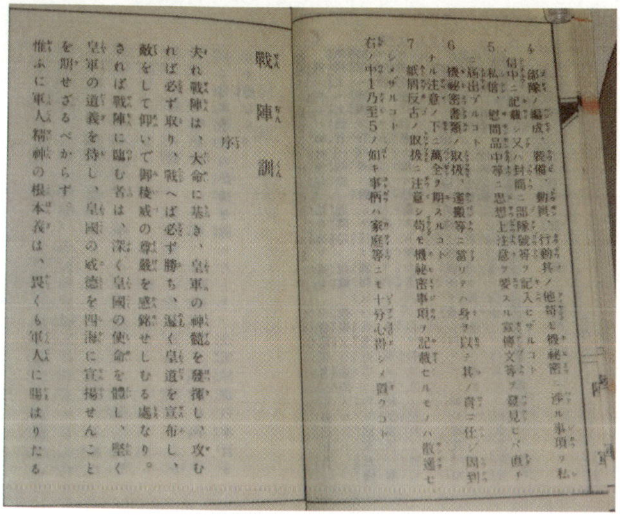
4 部隊ノ編成、装備、動員、行動其ノ他苟モ機秘密ニ渉ル事項ヲ私信中ニ記載シ又ハ封筒ニ部隊號等ヲ記入セザルコト
5 私信、慰問品中等ニ思想上注意ヲ要スル宣傳文等ヲ發見セバ直チニ届出ヅルコト
6 機秘密書類ノ取扱、運搬等ニ當リテハ身ヲ以テ其ノ責ニ任ジ周到ナル注意ノ下ニ萬全ヲ期スルコト
7 紙屑反古ノ取扱ニ注意シ苟モ機秘密事項ヲ記載セルモノハ散逸セシメザルコト
右ノ中1乃至5ノ如キ事柄ハ家庭等ニモ十分心得シメ置クコト

戦陣訓

序

夫れ戦陣は、大命に基き、皇軍の神髄を發揮し、攻むれば必ず取り、戦へば必ず勝ち、遍く皇道を宣布し、敵をして仰いで御稜威の尊厳を感銘せしむる處なり。されば戦陣に臨む者は、深く皇國の使命を體し、堅く皇軍の道義を持し、皇國の威德を四海に宣揚せんことを期せざるべからず。惟ふに軍人精神の根本義は、畏くも軍人に賜はりたる

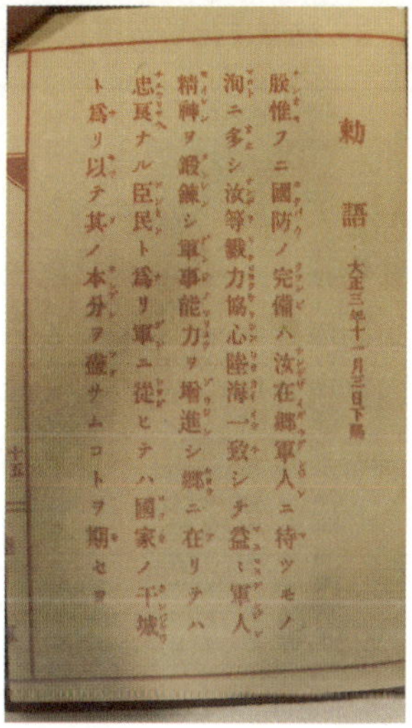
勅語 大正三年十一月三日下賜

朕惟フニ國防ノ完備ハ汝在郷軍人ニ待ツモノ洵ニ多シ汝等戮力協心陸海一致シテ益々軍人精神ヲ鍛錬シ軍事能力ヲ増進シ郷ニ在リテハ忠良ナル臣民ト為リ軍ニ從ヒテハ國家ノ干城ト為リ以テ其ノ本分ヲ盡サムコトヲ期セヨ

与之相反的是，中国人民解放军的纪律是任何人都能理解的简单文字，军人们在集体活动时都可以一起放声歌唱，也可以当作平时的座右铭。

我们被分配到第五后方医院以后，第一次听到了“三大纪律”和“八项注意”。医院没有患者的时候，我们 般都是早上起床后在宿舍前集合，以班为单位到操场列队，然后到其他单位去支援。我被分配到了开设在阿城的第五后方医院。到了之后跟着一位姓胡的护士长来到院长室，然后被任命为了班长。这班长是不当不行的，手下有一个男护士班。我所在的医院也随着战事的转移开始搬家，开始在哈尔滨附近的阿城，后来搬到了吉林附近。此时，在东北人民解放军内部，开始开展大规模思想教育。

一般的做法是在宿舍前的广场上整队，先向右看齐，再向左看齐，然后向右转开始训练集体前进。齐步走的方式和日本军队不一样，但是日本人很快就适应了。训练 30 分钟后，开始一边齐步走一边齐声歌唱，指导员唱一段，大家就跟着唱一段。

“东方红太阳升，中国出了个毛泽东。

他为人民做主张，呼儿嗨哟，他是人民的大救星。

太阳红东方亮，中国全靠着共产党。

他为人民谋幸福，呼儿嗨哟，他把中国来解放。

毛泽东像太阳，照到哪儿哪儿亮。

哪儿出了共产党，呼儿嗨哟，哪儿的人民得解放。

红旗飘红旗美，叫声同胞们来开会。

军民团结一条心，呼儿嗨哟，建设咱们新东北。

军民团结一条心，呼儿嗨哟，建设咱们新东北。”

（此歌词为桥口杰口述，与现歌词有出入。）

这就是我在中国人民解放军里接受的最早的教育，它使我学习了什么是解放军应该具备的素质。对于日本人来说，也是一个了解陌生的共产党的途径。

下面就来说说中国人民解放军提出的“三大纪律八项注意”。它的原型是毛泽东在革命根据地井冈山时提出的三条纪律。最早是非常简单的“不拿群众一个红薯”等三条。后来随着红军不断转移，在不同地区又有了不同版本，之后又加上了八项需要注意的内容。这些内容都是无论什么人都能马上记住的简短文章，还有曲子。每次队列行军的时候大家都不停合唱，每个人都记得清清楚楚。歌词内容简单，无论是文盲，还是我们日本人，都能马上记住。

歌词虽然简单，但是实行起来却不容易。关于这一点，后文中还有所涉及。

除去“三大纪律八项注意”，毛泽东还总结了七条管理、教育部队的方法。这些内容不是针对普通士兵，而是一种指挥官应该具备的心得。

一、干部要深入群众，要群众化。

二、干部要时刻关心战士，体贴战士。

三、干部要处处以身作则，作战士的表率。

四、干部要学会发动战士自己教育自己、管理自己，走群众路线。

五、说服教育重于处罚。

六、宣传鼓动重于指派命令，反对命令主义。

七、赏罚要分明。应赏必赏，该罚则罚。应赏不赏，应罚不罚，是赏罚不分明；有赏无罚，或者有罚无赏也是片面的，不对的。执行赏罚的时候，最好的办法是通过群众公议，组织批准。

就这样，毛泽东不仅教育了部下如何做好指挥官、指导者，还督促他们监督普通士兵执行“三大纪律八项注意”的情况。红军在一个地方驻扎、过夜、离开以后，总有一个调查小组留下来，挨家挨户问：“我们借的东西都还您了吗？”“我们打坏的东西都赔您了吗？”“我们买东西的时候都付钱了吗？”这种调查逐渐成为了一种制度。如此一来，红军战士们都不由自主地开始遵守纪律。

“日本鬼子”的耳光

在中国，有一个词是“日本鬼子”。日本人和日本兵在中国恶贯满盈，就像魔鬼一样，因此中国人背地里都管日本人叫“日本鬼子”，管日本人的孩子叫“小日本鬼子”。

昭和二十三年（1948）我所在的第五后方医院为了支援沈阳和锦州的解放战役，在沈阳西部钱家店（现属于内蒙古自治区）开设了临时医院，收容治疗战斗中的伤员。

我们班有位30岁左右的日本人叫日名子，这个人和一位叫陈芳志的十七八岁的中国小伙子关系很好。小陈正好是调皮的年纪，一天他们俩闹着玩，小陈闹得有点过分，日名子就给了他一记耳光。很多中国人之间在争吵的时候，扇耳光都会被小题大作，更不用说是中国人和日本人之间了，事情一下子就闹大了。

“日本鬼子竟敢打我！”

“果然是日本鬼子！”

陈芳志边哭边喊，过了半天才止住哭声。哭是不哭了，没想到的是他开始不停地打嗝，每当响起“呃”的声音，班里的空气就显得格外凝重。虽然医院中方的大夫试尽了各种方法，小陈本人也积极协助治疗，可是过了三四天就是好不了，一直打了两个月。

中国是战胜国，日本是战败国，中国人被日本人打当然会怒不可遏。周围的中国人对日本人的看法和态度不友善也是理所当然的。在伪满时期，日本人动不动就动武，所以什么都诉诸武力被视为日本人的本质之一，大家都存有戒心。

发生打架事件的当晚，班长以上的干部都集合开会。我作为当事人所在班的班长、与会的唯一的日本人，不仅要向大家解释事发当时的情况，还要和医院的大夫、领导谈话，商量处理措施。其中第一件事就是把日名子交给警备班拘留起来，让他反省。

在会上，院长、政委、指导员发完言后，陈芳志班长说了这样一番话：“目前，日本同志工作上和思想上都有了惊人的进步，而且在技术上也比我们中国人熟练，有很多值得我们学习的地方。……总体来看，和日本同志的明显进步相比，我觉得这次事件是一次让我们中国同志们深刻检讨的好机会。我这么说，是觉得我们的同志没有清醒地认识到，日本同志是作为解放军战士投入到了中国的革命战争之中的。所以，就算是开玩笑，称呼投身于中国革命的日本同志是‘日本鬼子’也太不懂事了。……在日常的生活中、工作上，中国人学了一些日语，日本人也学了一些中文，但是都不能算精通。如果在细枝末梢的沟通上出了问题，那双方都应该承担责任。可能我说的话让人不爱听，但是日本人确实应该再多学学中文。……还有一点是思想上的问题。日本同志参加解放军快有两年了，但是他们在思想上还很暧昧。关于这一点，桥口班长应该更清楚，请你来说一说，这是不是所有日本同志的问题。……”听了他的话，作为第二班班长、会场上唯一的日本人，我一下子认识到，自己没有主见，态度消极，只考虑自己的立场。我想了想，说出了这样的话：“在中国的解放战争中，作为一个日本人应该发挥多大的作用，关于这一点每个日本人的认识都是不同的，看法和态度的不同，又导致了在思想上、工作上的差距。有一段时期，大多数日本人都期盼早点回国。要说大家都没有等着、盼着回国的那一天，那一定是瞎话。可是另一方面，我们脑子里还有一个想法，就是在伪满时期进行殖民统治时做了很多坏事，所以要还债。我自己以前也被一个护士长当面骂过，当时的场景一直停留在脑海里，很长一段时间心里的疙瘩总是解不开。和一年之前相比，我们日本人之间现在在工作和技术上的差距已经很小。就算有些差距，也是由于工作态度不同，进步的速度也就不同，但是总体来说大家技术上的差距已经微乎其微了……

“关于这次风波的起因，我觉得第一个是语言互相沟通的问题，他们在骂“日本鬼子”之前的谈话，我认为问题是没有细致的互相理解。日本同志不懂中文，中国同志和日本同志的交流只不过是囫囵吞枣而已。不可思议的是，就算不明白真正的意思，人总是对脏话印象深，记得快，而且在交谈时堂而皇之地说脏话，有时候连听的人都脸红……

“第二个原因是习惯的问题。日本男人在女性面前光着身子也不觉得有什么，这是自古以来的习俗。我们之间有很多习俗、习惯上的不同，如果不详细了解，什么误会都有可能发生。所以，为了咱们能更好地为中国革命奉献，遇到分歧不应该说一句‘这是我们国家的习惯’就草草了事。

“第三点，也是最重要的一点是意识问题。对于中国的语言，我们只记了个大概，再加上习惯不一样，就算人家是认真说的，我们也不可能完全理解。如果一点儿都听不明白也就罢了，同志们怎么对待我们，怎么想我们都没关系。可是说到底我们不是一点儿都听不懂，所以真不希望和战前一样对我们恶语相待。我也问了日名子事情的缘由，他说平时就总被叫‘日本鬼子’，也知道都是开玩笑，有时候还装成坏人的样子逗大家。当时自己正好心情不好，对方还不停地叫自己，最后控制不住就打了人。当然，不管别人怎么说脏话，都不应该打人，所以日名子同志要负全部责任，事实也确实如此。……可是，在这里，无论是中国人还是日本人，我希望所有的人都好好想想。‘日本鬼子’这个词，不是对我们这些参加解放军、为中国革命做贡献的日本人的最大的侮辱吗？因此，我希望今后大家都慎用。

“我觉得眼睛只盯着别人，不盯着自己是人的通病。也许有人会说，作为班长不应该这样说。但是，我认为当过宪兵、特务、伪满警察也好，做过其他工作也罢，只要现在同在解放军第五后方医院，同是一起工作的同伴、同志，他就绝不是‘日本鬼子’了，我自己也从来没觉得自己是‘日本鬼子’。我来到中国以后，从来没主动做过什么对中国或对中国人不好的事。就算有过，也一定是上司命令我做的，因此，责任虽然有，但并不完全在我。做班长到现在，我和干部们接触的机会很多，也听他们说过日本对中国犯下的罪行，所以作为一个日本人，我认识到自己也应该承担其中的一部分责任。现在，我既然作为投身到中国革命的同志中的一份子，我是打心里希望大家能叫我一声‘同志’，把我当作同伴对待的。相反，如果还是像以前一样，说一些‘到底还是日本鬼子啊’的话，心里还是很反感的。关于日本过去对中国做过什么，过去到底发生了什么，通过耳闻目睹，我也清楚了不少。对于中国和日本的制度，现在也比过去明白得多。这么说将来可能会被批判，说实话，现在日本的同志们都觉得日本做了对不起中国的事，不过，哪里都有省着力气不好好干活的人，哪里都有不起眼却是踏实工作的人，哪里都有表面上装成积极分子实际上只动嘴不动手的人。从这一点来说，日名子同志从来都是表里如一，踏实肯干。当天他也许是心情实在不好。

“作为一个日本人，可以说我确实是个‘日本鬼子’，但是作为一个普普通通的人，如果叫我‘日本鬼子’，我是非常痛心的。从革命军人的立场上来说可能不太恰当，日本的

桥口杰参加中国人民解放军于解放战争时期获得的多枚解放战争纪念章

同志们的革命觉悟确实是我说的这个水平。有人可能会说：‘你是班长，怎么能随便夸你自己班里的战士？’还有人可能会说：‘你这不是在说日本人的坏话吗？’日本人可能不认同我的话，中国同志也可能会批判我。但是我觉得必须实事求是地说，不能过高评价，也不能妄自菲薄……

“虽说日本同志参加革命快有两年了，我觉得这两年真的很漫长，现在好不容易觉得可以融入集体了。这次事件后，两个当事人，日名子同志和陈同志是最苦恼的。他们今后会比任何人都用心考虑这件事的前因后果。……两个人在思想上一定都会有一个大转变。希望院长、政委、指导员、排长、班长给予他们耐心指导。我的发言就是以上这些。”

其他班长的发言就不一一赘述了。

指导员总结了我的发言，他说：“桥口班长的发言里，包含着非常重大的问题。第一是思想教育问题，第二是工作态度问题。他们对于共产主义等思想学习时日尚浅，不能完全理解，这一点我想到了。但是平时的思想和行动都是以‘三大纪律八项注意’为指针的，我就错以为他们都完全领会了。是我太自以为是了，没有真正了解日本的同志……”

我把话接了过去，说：“指导员，我想说的不完全是这样的。您可能有一点误会了。我想说的是不要对我们特殊照顾。从学习时间上来看，我们在靠山屯待了一个月，在磐石一个月，在桃南、白城子等地加起来一个月，一共三个月。这些时间里有一半，或者一半以下的时间是政治学习。通过这段时间，完全理解当然是不可能的，但是反过来说，这么想正体现出我对自己要求不严格，学习不够积极。如果说我讲的都是大道理，我也无话可说。我觉得随着时间的推移，日本同志的积极性是可以渐渐培养出来的，我清楚这一点。但我是干部，作为一班之长必须赏罚分明，就事论事。就这次的问题，我只是认为或许是有思想上的问题，但是更多的可能只是心情不好或者语言不通的问题，只是一时没控制住自己才出了手。直接的理由可能没有我们讨论的那么深。而且也不是打得你死我活，只是扇了个耳光。打了人之后，他当时就后悔莫及。当时立刻向陈同志道歉，但是陈同志正在气头上，没有听进去，被打的瞬间，还想起了几年前，‘八一五’之前的日本人。确实，日本人打了中国人，或者说中国人挨了日本人的打，这是事实，我不想否认。我只是觉得有必要把这件事与大背景联系起来，考虑一下缘由——实际上，日本人成为了中国的革命战士。中国革命的影响也必然波及到日本社会。如果日本同志认真学习、努力工作，相信没人叫我们‘日本鬼子’，就算开玩笑也不会用这个词的。另一方面，来帮助的朝鲜人和日本人也都在同一个班里予以帮助。不对，我们可不是站在旁观者的角度的。但是说回来，和中国的同志们相比，我们的积极性难免要有差距。不管在什么情况下，不会有人对并肩战斗、一同工作的同志叫‘日本鬼子’吧。关于这一点陈同志不是也反省了吗。我坚信，没有一个中国同志打心里仇视日本同志，叫我们‘日本鬼子’的。”

指导员对我摆了摆手，让我停了下来，他说："陈班长，以及桥口班长的话里面有很多值得我们深思的内容。特别是桥口班长，不光做了自我检讨，还对中国人和日本人双方进行了深刻的思考。可能有些同志有不同意见，也有些同志从中得到了反思和学习。在谈话中，有一些对中国和日本同志的思想问题的分析，还有关于中国革命、今后中国社会的认识问题，有很多都是我之前没有考虑到的。最让我反省的是桥口班长再三强调的‘日本鬼子’这一称呼的问题。正像他说的，我们都清楚‘日本鬼子’这个词应该对谁说。对于为了中国革命与我们并肩战斗的日本同志，我们中国同志怎么能说出‘日本鬼子’这个词呢？无论是思想上还是工作上，日本同志的进步都是显而易见的。和我们中国同志不同的是，他们参加革命战争并不是为了自己的国家。从这一立场上来看，我们甚至应该好好向他们学习。我们绝对不能叫一同闹革命的同志‘日本鬼子’。这是我们所有人都必须思考的一点，今后我们要以此为团结奋斗的纲领。综上，我提议对这次事件的当事人双方都处以‘严重警告’，同志们有什么意见？”

大家异口同声地说："同意！同意！"

指导员接下来的话和院长的话在这里就不记述了，下面是政委的发言。

“同志们，各位同志，连续几天开会，大家辛苦了。对于这次问题的发生，作为政委，我感到自己责任重大。我平时一直尽力创造和同志们，特别是和日本同志谈话的机会，自以为对日本同志的情况已经相当了解了。但是这件事以后我明白了自己根本不了解日本同志，感觉打击很大。……关键是这次事件能否简单地看作是由一时之气引起的。能不能呢？如果大家双方都是中国人，那双方都要严重处分。日本人因为学习不足可以从轻处置。但是从这件事中我们也看到了日本人的真实想法，因此我提议，以这件事为契机，在日本人之中搞一次学习运动，提高他们的觉悟……”

“日名子同志和陈同志两个人都给予严重警告，今后一年时间里取消立功候补的资格。另外，日本班长桥口和中国班长陈同志也处以严重警告。……今后不管是中国人还是日本人，决不允许再发生吵架这类事。各班班长都要负起责任，让战士们展开良性竞争，努力钻研。今天的会到此结束。”

自此以后，医院开始重视学习，批判与自我批判变得更加热烈。日名子同志也发生了巨大的转变。值得一提的是，两年以后，他医院里做起了民族干事的代理工作。我们从北京南面的香河出发到石家庄是 1949 年 1 月底的事。到达当地之后，马上开始重新投入到伤员的救治工作中，很多情况下都是昼夜连续，没有休息时间。在香河时也是如此，日本人没有一个叫苦叫累的。

湘潭结婚

离开武汉后，我们驻扎在了咸兴郊外。这一期间第五后方医院进行了与以往不同的学习活动。因为新中国就要诞生，解放军也要变得正规化、现代化了。学习的主题是“组织的现代化和素质提高”。组织的现代化指的是部队编制的改革，当时我第一次听说了“湖南军区”这样的词。

还传来通知说很快就会有正式的军装，每个月还能得到补助（补助的具体数额我记不清了，好像可以买烟，应该是 2000 日元左右）。当时解放军里也没有军衔。战斗部队的小队长可以配带手枪，区别也就是这个。着装上看的话上衣有没有口袋也是不同之处。这时候帽子从人民帽变成了八角帽，但是还没有代表军衔的肩章。

当时解放军内部开始重视卫生问题，开始实施“卫生运动”。可以说，什么都做得彻底是解放军的一个特征。我们常说的“灭蝇运动”展开了。我们不停地制作苍蝇拍，全军一起打苍蝇。可能这些事很难让人理解，在当代中国也很难想象，但是当时确实发生了。1953 年 5 月我从上海回国之前，上海人民政府的同志跟我开玩笑说：“我带你去市场看看，要是有一只苍蝇，你想要什么我就给你什么。”我也半开玩笑地说：“好！那我就找给你看！”结果到了市场参观时，睁大了眼睛四处找也没找到苍蝇的影子。

有一天，林仓野同志（我后来的妻子）发了烧，大夫诊断有可能是猩红热。得了这种病如果注射洒尔福散（对抗梅毒的药）马上就能好。但是在当时的解放军医院里，这么稀少的药只有主治医生和院长同意了才能使用。院长答应得很痛快，一针下去，病人很快就好了。这件事过后，指导员突然对我说：“你申请一下跟林仓野同志结婚怎么样？”我跟躺在病床上的林仓野商量之后向组织提出了申请，院长同意后还要得到当时在武汉的后勤部及总卫生部的同意，等到手续批下来时已经是半年以后了。

我们在毛主席的老家湘潭、湘江对面的一个小集子里驻扎时举行了婚礼。一天早上开会的时候，院长对我说：“明天给你举行婚礼，做好心理准备。”我一下子慌了，说：“唉呀，这可怎么办啊！”其实也没什么能办的，等到我跟班里的人说好，用一个月的补助让他们给我帮忙之后，已经只剩不到半天的时间了。第二天，第五后方医院第一所全体集合，在毛主席的像前，一所所长宣读祝词，接着我们两个握手。当时的条件没有结婚照，李素桢老师在 2009 年为我们补照了一张照片。指导

2012 年 2 月，桥口夫妻毛主席像前照

员也讲了祝词。之后是我表态，大家让我说了结婚以后的决心。当时说了什么，我一点儿都不记得了，可能说了自己的努力目标和两个人团结一致之类的话。当然，当时是用中文说的。现在，每当听到刚来日本的中国留学生说半生不熟的日语，或者看到正在学中文的日本人，我都会苦笑着回想起自己当初在中国也说了谁也听不明白的中文啊。由于是第五医院第一对日本人夫妇，所以全员都来庆祝。医院还为我们两个人准备了让人咂舌的丰盛菜肴。那一天，是 1949 年的 9 月 1 号。

我记得全院杀了一口猪。

对当今中国人的希望

日本人参加人民解放军为了中国革命战争做出了很大的贡献，参军的动机是各种各样的，不可能说全部都是自愿的，但是有一点可以说明，日本人和中国人的共同生活已经越过了中国人和日本人的障碍墙，互相协力渡过了难关。从 1953 年到 1958 年间，解放军中的日本人相继返回日本。

以我们在中国的工作单位为团体组织了各种战友会，例如，“回想四野会”、“莱阳会”、“长白会”、“椰子会”（八路军、新四军会）的组织，不断地访问中国，为了日中友好而努力。现在我们已经到了老龄阶段，我们可以大声地说“在中国革命战争里做出贡献的日本人永远不会忘记这段历史，致力于日中友好”。半个世纪过去了，虽然远隔大海，但是解放战争中结下的战斗友谊，我们日中老战友谁都没有忘记！几十年里，我们日中老战友都一直在互相交往互相缅怀。我还希望中国人知道，在日本还有一些当年的侵华老兵，他们因屠杀中国人而在反省自己，多次来中国进行谢罪式的访问。像我们这样的一些日本籍解放军，虽然不是来谢罪，但我们也不是来邀功受赏的。我们只是想以自己的切身体验来证明历史，把我们的证言留给中日两国的青年们。

桥口杰等日籍解放军访问中国，自称“回娘家”

我听说当今的中国，有些人只要自己能挣到钱就可以。有一股“向钱看”的风气。在这种风潮里的青年们，我想告诉你们，我参军的时候，中国实在是很穷很穷，中国人民、中国解放军咬着牙忍受过来了。有他们的艰苦奋斗才有现在中国的繁荣。我从心里希望你们能把那种精神继承下来。甚至希望你们也穿一穿乌拉鞋，吃一吃高粱米饭蘸大葱，唱一唱“三大纪律八项注意”，体验一下历史吧。

日本政府的责任

关于日本和中国的关系，侵略中国的情况，现在有的日本人说“那不是侵略战争”，有人说今天朝鲜、韩国和中国东北的工业基础是由日本建成的，给中国的工业发展做出了贡献。如果以这样的基调，想要促进日中友好，那就等于白日做梦。

苏联进攻“满洲关东军”的时候，如果关东军要是拼死抵抗，或者事先对一般的在留日本人通报一声的话，日本人也许死不了那么多，现在的残留孤儿就能达到最小限度。即使那样，说政府没有责任也让人难以接受。

还有从中国和日本的国歌也能看出差异。日本国歌是唱《天皇繁荣兴盛时代》，中国国歌是《义勇军进行曲》，是把抗日义勇军的歌曲作成国歌的，是抗日战争出征的时候的歌。不知道国歌由来的人听的时候可能没什么感觉，可是，作为历史经历者的我们，在这里也能感觉到日本侵略的历史事实。

（根据 2012 年 9 月 25 日桥口杰受访口述记录整理）

2011 年 9 月，桥口杰（左 2）、饭白荣助（左 1）与吉林省荣誉老军人合影

桥口杰在富士口述会讲演照

幅敬信

1924年10月21日 出生于日本长野县。

1941年 高中毕业后去了姐姐姐夫居住的城市——中国哈尔滨，在兴农合作社、王岗小麦消毒所工作两年，之后去哈尔滨市道里区农产公社工作两年。

1945年3月 被征召，入黑龙江北安孙吴第五"国境"守备队步兵269连队村上大队池上中队，3个月的训练后，接受了干部教育。8月战败，逃跑；9月被押往苏联境内劳动。

1946年3月 被送到黑河的收容所。10月末，加入东北民主联军。后改编为第四野战军。所属44军132师396团2营4连，任副排长。先后参加了四平战役、辽沈战役、平津战役等。从东北松花江一直南下到广州。曾立战功多次，大功三次；并被总政治部授予"八一"纪念章。

1953年-1956年 于北京马列学院学习。

1957年-1958年 在哈尔滨学习汽车驾驶和修理。

1958年 返回日本。

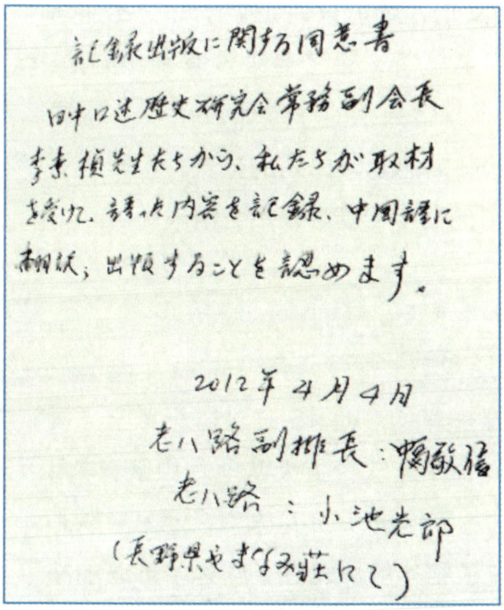

記録出版に関する同意書

日中口述歴史研究会常務副会長
李素楨先生たちから、私たちが取材
を受け、話した内容を記録、中国語に
翻訳、出版することを認めます。

2012年4月4日
老八路副排長：幅敬信
老八路：小池光郎
（長野県やまなみ荘にて）

回顾我八十六年的人生岁月

1945 年 8 月战败后，我被苏军扣留带去了苏联，虽然应该回日本，但是却被送到了中国。虽然九死一生，但现在我还活着，作为活的证人，86 岁的我，一心想把事实真相告诉后人。

（一）

战败当时的旧满洲，黑龙江省的黑河一带（从北安到黑河有 200 千米，从嫩江到黑河 200 千米的铁路线路，甚至就连枕木都被苏联拿走了），因为没有了可以依赖的铁路交通工具，物资补给停止了，治安也是最不好的无政府状态。

1945 年战败前夕，“开拓团”妇女最依赖的丈夫和男青年，几乎全部被现地征召入伍了。“开拓团”仅仅剩下老幼病残和妇女。战败时开始了悲惨的大逃亡。

当时，一般的日本人特别是“开拓团”的妇女孩子，去哪里好？只有向南方逃亡。他们不知所措，杀死哭泣的孩子，有些人自己也自杀了。

“士兵请帮助我。”但关东军士兵们只顾自己逃命，根本不管她们。看到的是剃着光头、脸上涂着炭灰、腰上缠着麻袋、牵着小孩手的“开拓团”的妇女们，她们只能把孩子托付给中国人，自己也喝了氰化钾，除了自杀没有别的办法，“开拓团”的团员集体自杀的地方有 20 多处。被中国人救了养育后归国的残留孤儿的数量，实际上有 2700 多人。当时的悲惨程度难以用言语来说明。

2015 年 9 月 3 日，幡敬信被邀请参加北京阅兵式

（二）

我在战败那一年的 3 月 15 日入伍于第五“国境”守备队步兵 269 连队村上大队池本中队，8 月战败。战败后被苏军俘虏，10 月末，在池本中队长的带领下，渡过了结冰的黑龙江，到达了苏联的布

拉戈维申斯克。把宿舍改造成了马夫的小屋，决定移住到由两段床修建的俘虏收容所。在这 5 个月期间，我做的工作是把从中国那里运来的战利品装在货车里送到苏联的各个地方，战利品主要是食物。就这样迎来了 1946 年的正月，苏联人从战利品中拿出食物和一大桶代替酒的甲醇，发给了我们。过了一个舒服的正月，正月一结束，就一日两餐（一顿只吃一片面包），导致营养失调，体力衰竭，痢疾、霍乱流行，到处都是呻吟声。早上一起床，就有一两个人断气死去了，等到晚上，以五六个人为单位装上马车，把他们送到苏联人的坟墓，在零下 40° 的地方，挖掘了墓穴，把尸体放进去，用周围的雪把他们埋起来。我最后因为照顾病人，也患了病，在收容所的外面说想回日本，却被苏联站岗的人带了回来。

幅敬信青年照

（三）

中国政府为了解决食料不足的问题，把被收留在黑河收容所的从苏联回来的日本兵、“开拓团”团员和一般的日本人共 5000 人分成了 3 批，移去北安。

被扣留在苏联布拉戈维申斯克的我们这些日本人，听说（1946 年）3 月末能回到日本都很开心。可最后却没能成行，而是被交给了中国的黑河当地政府。很多日本人移去了北安后，被黑河的江岸收容所收容了。我们从苏联是步行渡过黑龙江的冰面的。

早晚的饭是栗子和高粱麸子，汤是在垃圾堆捡回来的黄色葱叶子，用盐水煮一下做成的。厕所是由圆木做的 2 米高的便所，大便是像羊羹那样黑色的东西，得了痔疮出血的话，大便就会被染成红色。4 月的一天，我们从江岸收容所移住到南岸收容所，与芥川军曹和畑伍长的队伍合并了，人家考虑的事情是一样的，住在黑河就不能活着回去，所以计划逃亡。按照炊事班班长的说法，今晚我们分别向北安和嫩江两个方向逃跑。得到了这样的指示，我们这一行人决定去嫩江方面，步行了一夜到达了二站的一所房子。

先到达的人已经有三十多名了，在这个地方和人们说的中国兵（亲日派）的“光复军”会合，并给我们提供了早饭。

到了晚上，有个兵对我说，有八路军的连络员从黑河来问参加八路军的事，大家有什么意见?

周围的很多人说“很讨厌二次参军”，可这样的说法被否决了，我和一起来的 10 名士兵商量，决定和那个连络员一起行动。

我们在山中住了一段时间，衣服只有身上穿的，在深 1.5 米的方形大坑里，正中间烧起一堆火，坑的上面被树叶子编成的东西覆盖着。也没有吃的东西，每人都骑着一匹马，到村子里一起寻找食物，就这样过了 6 个月。10 月左右，早晚已经变得很冷了，我意识到过不去这个严冬了，因此和中国的士兵商量，其中一个人说，因为有人认识嫩江民主联军，就让他给介绍。取得全员的同意后就实施了计划。在嫩江投降了东北民主联军，之后我们一行几人，乘着马车到了在嫩江和齐齐哈尔中间的讷河军事处。在那里我们不仅没有被裁决，还受到了欢迎。大家内心很温暖也很高兴，之后我们十多个人开始在齐齐哈尔的军事工场工作了。

（四）

从讷河军事处回来，东北民主联军的李连长问大家，你们中间有人会用炮弹吗？我报了名。接着连长又问，有人能使用重型机关枪吗？京都的武田岩男回答他能使用。我和武田君都想，在中国军队里，可以保证自身的安全，也许什么时候就可以回到祖国日本了。武田君去了团（师团）的中型机关枪队，我被分配去了二营四连二排，那里只有我一个日本人。班长是一个叫黄宽的人，吉林省梨树县的朝鲜“开拓团”出身，对我来说是很亲切的人，还教我唱朝鲜的歌曲，例如《再见，连络船》。因为是 60 年前记住的韩语，直到现在不看歌词也能哼唱。

当时东北民主联军的士兵几乎都是农民出身，没有上过学，对于士兵的教育就是文化干事教唱军歌。通过歌曲进行军事和思想教育。军纪是通过“三大纪律八项注意”这首军纪歌来教育的，军事教育是“二二组，四组一队”或者攻城战的“一点，两面”攻击等等。我通过歌词学会了汉语，歌词中有说日本军队的，例如“日本鬼子”、“东洋鬼子”，每次一说到这些词士兵们就一齐看向我，那时我心里有些反感。但是东北民主联军禁止出现像日本军队那样“打，踢，揍”的行为，就连一根针丢失了都会赔偿，侮辱妇女就是死刑。这和日本军队有着天壤之别。

因此，我下决心：对于日本军的恶习，我要改掉。发誓要做到平时是模范士兵，战争时成为战斗英雄。“为人民服务”是毛泽东的思想，我决心要“为社会，为人民”尽心尽力。这种思想，也反映在了我归国后的日常生活中。

（五）

1947年春，我所在的部队沿嫩江前线出发，当时部队的名字是西满军区21师69团2营4连4班，参加了穿过内蒙古到吉林省的白城子—梨树—四平的战斗，以及攻打四平的三次战役。

四平街的战斗对我来说是初次战斗，我们中队在四平街的西方，从旧飞机场开始进攻，敌人机关枪的攻击很激烈，阻止了我们前进。

二排长给我这样的命令："幅敬信，对前方敌人的机关枪开炮！"我立刻攻击，敌方火力点机关枪被命中，我们中队立即成功地攻进了四平街。这时，敌人的榴弹在空中爆炸，命中了我身旁的陈姓弹药手，很遗憾他战死了。战斗结束后，在团的庆功会上，我也得到了表彰，被授予一枚"勇敢勋章"和功臣记事本，并且受邀参加了庆祝大会。

在辽沈战役中，我参加了沈阳西面多个城市的战斗，与国民党军队打阻击战。在攻占锦州的战斗中，我们部队从锦州南面发起攻击。锦州城周边挖有深3米、宽4米的壕沟。我们进攻时，敌人从右翼碉堡的枪眼里用机关枪猛烈射击，战壕里堆满了士兵的尸体。这时，李连长命令四班的黄宽班长："用机关枪掩护，攻击右翼的碉堡。"黄班长匍匐前进，接近敌人的碉堡，在距离碉堡枪眼2米的地方中弹牺牲了。当时我是副班长，我接着上。我爬上了敌人的碉堡，喊道："缴枪不杀，优待俘虏，投降吧。"敌人从碉堡上面的出口一个个举着手出来。我们缴获了一挺轻机关枪，一把自动小手枪，两支步枪，抓获十个俘虏。完成这次任务，我荣获了一枚"勇敢勋章"，这是我第二次立功。

我们东北第四野战军没有休息，追击傅作义军，穿越山海关南下（值得纪念的是，我第一次登上了万里长城）继续追击，连续攻占唐山、天津。在天津市内警备了两周。这时，我已晋升为二排的副排长。从这时起，士兵们称呼我为幅副排长同志或幅同志。

我们在这里不断补充士兵，进行思想和军事教育。之后，向南方转战。在路的左侧和右侧排列两行，昼夜行军渡过了黄河。

从九江夜间乘木质的小船，一个班乘坐一只，在江西省上陆。在井村，部队休养了数日。休养后，经九连山向广东省广州前进。敌人撤退到了广州，部队向海南岛进军。我们还没到茂名时，先到的部队就进行了海南岛战役，蒋介石军向台湾撤退。战斗结束了，部队返回了广州，在香港和广州山间的地道做警备，完成了剿匪等任务。那之后，在广州海关安营，为了维护广州市内的治安，我们又在广州市内做了一年半的警备。

1953年朝鲜战争开始了，我们44军的很多人志愿参加"抗美援朝"，有的人去了地方，有的人去了海军（这时，44军已经改编番号了）。因为我是日本人，不能参加抗美援朝，所以退役了。6年的解放军生活结束了，我被分配去了武汉。

这时，各连最后召开了一次评功大会，在评功会场，"部队在南下时，幅敬信排长一

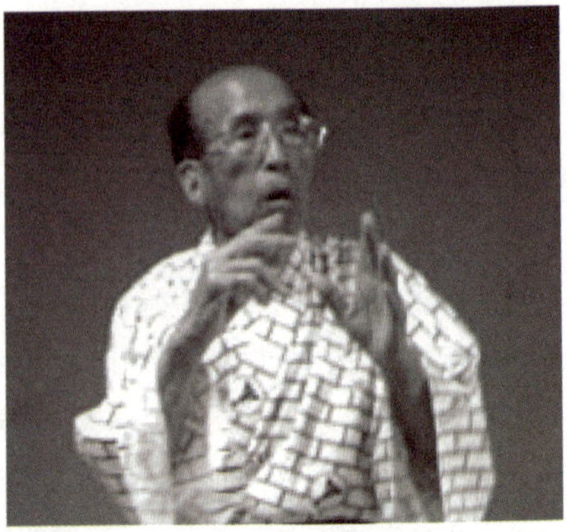

2012 年 4 月 4 日，
幅敬信接受口述访谈照

到达安营地，就打水，烧水，为了部下的体力恢复和第二日的行军，经常烧热水来给部下泡脚。此外，还顺利地完成了在香港和广州山间地道的警备、剿匪任务等等。吃苦耐劳，克服困难，埋头苦干，勇敢战斗的精神很好，中队全体同志同意给幅副排长立一大功。”李连长、王指导员授予我一枚“艰苦勋章”，这是第三次立功。其他的小功立了十几次，李连长和王指导员说，因为荣立三大功，所以要授予一枚“林彪将军的奖章”。

可到现在也没有授予我，如李连长、王指导员说的那样，立三次大功的人没有几个人啊，了不起啊，他们这样赞赏了我。

我后来访问中国时，中国的领导对我的欢迎和款待程度，是日本人想象不到的。我低下头深深地从心里感激，并发誓为中日友好贡献晚年。那是我永远都忘不了的盛大款待。在红色的地毯上，我和战友肩并肩检阅仪仗队、阅兵式，我感到无尚光荣。

特别是受到中国国防部长梁光烈将军阁下等人的热烈欢迎。被中华人民共和国高级将领热烈欢迎和招待，作为中国人民解放军第四野战军的士兵，是我此生最高的荣誉，永远不能忘怀。

我在日本出生并生活了 17 年，在中国又生活了 17 年（日本投降后 13 年），回到祖国日本已经是 1958 年了。在中国时，我深刻地反省“侵略就是侵略”“错误就是错误”。为人民服务，就是为社会、为人民尽心尽力的工作。我在内心深处发誓并默默实践自己要做的事，这些事都是以理解的态度去尽力做的。

中国领导人和中国的战友同志们，能理解并承认我，成为了我成功的原动力。我参加中国解放军的 6 年间，第 4 年晋升为排级干部。在 2009 年 9 月 2 日，我接受了心肌梗塞手术，去年 10 月 21 日满 86 岁。曾经一起共事的 12 名战友只有中野市的酒井德彦和我两个人还活着，很多的战友都去世了，我也有病在身，没有对家人口传的机会了，在此不送贺年卡，把记录了我一生的历史，作为传家宝留给后世，我想文中会有很多重复和难以理解的地方，如果能拜读我就觉得很荣幸了。

老八路　幅敬信

2011 年（平成二十三年）1 月

回忆四野军中生活

我是在1946年春参加东北民主联军，后改编为第四野战军的。我所属44军(7总队)132师396团2营4连，任掷弹筒手(60炮手)。我先后参加了四平战役、辽沈战役、平津战役等。从东北松花江一直打到珠江，解放广州。

(一)攻打四平

1947年初夏，在师长李化民的率领下参加了四平战役。四平是什么样的地方呢？当时人们口头流传着："攻打四平，四平修的好，城内有碉堡啊，城外有战壕，陈明仁说大话，八路打不了……"四平是东北铁路交通运输枢纽，其战略地位十分重要。蒋介石亲笔书信给四平守敌陈明仁："四平为东北战略要塞，如不保则东北危险。"令陈明仁死守四平。因此，敌人在四平城防构筑了现代化的坚固工事，并以重兵防守。

6月11日，四平战役正式打响，李化民师长亲自指挥部队夺取四平飞机场。这次战斗虽然准备时间很短，但由于指挥有方，用兵得当，加上指战员发挥"勇敢战斗，不怕牺牲"的精神，仅用了两个团的兵力，经过一夜的激战，就很快夺取了飞机场，全歼了机场守敌，切断了敌人的空中运输和联系，给敌人以巨大的威胁。攻打四平时，我们部队属于西满军区，李化民是我们的师长。为了赶到前线，我们大都是夜行军，每夜走百十里路，主要是怕被敌人发现，隐蔽我军的军事行动，出奇不意包围敌人。我们当时下了决心，即使牺牲，也要把敌人消灭。我参加了攻打四平飞机场的战斗。我们连队是从西北方向突进机场的，敌人利用散兵壕和轻重机枪猛烈阻挡我们，由于敌人火力很强，我们的进攻受阻，有的战友牺牲了，有的负伤倒下了。我当时是掷弹筒手，亲眼看到战友牺牲倒下，部队前进受阻，当时我火冒三丈，默默发誓一定要消灭敌人的火力点。于是我让小陈把弹药准备好，我们隐蔽在一个高地，仔细观察敌人的火力点，我瞄准敌人阵地，连续发射了几发，迅速消灭了敌人的火力点，扫除了部队前进的障碍。随后我军发起了冲锋，终于消灭了驻守机场的敌人，但遗憾的是我亲密的战友小陈却牺牲在攻打机场的前进路上。

在夺取四平机场的激战后，师里召开了庆功大会。大家一致表扬我打得准、打得好，大会为我颁发了功臣记事本。

(二)攻打锦州

1948年9月12日，我东北野战军发起了辽沈战役，李化民师长奉命率二十一师直奔东北战略重镇锦州。25日横渡大凌河，穿插至锦州以南地区。27日，第七总队(第四十四军)主力攻占了高桥、西海，切断了锦州南部敌人的交通。

锦州战役的第一步是先打外围之敌，夺取四周的高地，控制制高点。总队命令李化民师首先夺取锦州城以南约5华里的高地——罕王殿山。

罕王殿山是锦州的南大门，敌人在此配有重兵和很强的火力。因此，攻占罕王殿山对我军夺取锦州城至关重要。

我们决定采取中央突破的战术，先分割东西两殿，然后由东往西，各个击破。经过55分钟的炮火射击，炮兵从敌军阵地中央打开了一个缺口，部队迅速攻占了31号地堡，歼敌一部，接着又摧毁了9、10、14号地堡。我们占领了两面工事，控制了罕王殿山。敌人以猛烈炮火向我阵地射击，企图夺回罕王殿山。就在这时，东总前指挥所发来电报："你们攻占罕王殿甚好，但任务艰巨。"因为东总指挥所就在毛儿山，可以清楚地观察到罕王殿的情况。在整个锦州战役中，敌人对罕王殿的炮火反击是最猛烈的，把罕王殿山打成一片火海，除了听到猛烈爆炸的响声外，整个阵地处于烟火翻滚的火海之中。

敌人的炮火更猛烈了，而且来势很凶，并采用了当时较先进的立体作战，地面敌人用两个团的兵力在三架飞机的支援和保护下，向我阵地疯狂反扑，我们沉着应战，顽强拼搏，连续打退了敌人的十多次进攻，歼敌600余名。乘敌人喘息之际，又组织炮火和部队向敌人发起反攻，一连夺取了罕王殿以北的几个山头。在我们的猛烈攻势之下，敌人纷纷向城内逃窜。至此，罕王殿山被我们全部占领，为夺取锦州城创造了条件。

2012年4月4日，幅敬信接受李素桢带领学生口述访谈照，

幅敬信（中）、小池光郎（右2）、李素桢（左2）

我所在的连队担任攻城的右翼，班长姓黄，是一位朝鲜族人。我们在班长的带领下，利用墓地作掩护，用掷弹筒对敌人进行猛烈射击，消灭敌军的轻重机枪火力点。黄班长在接近敌人阵地 10 米时中弹倒下，我和战友们跳入战壕里与敌人拼杀，边冲边喊："缴枪不杀！优待俘虏！"

幅敬信（右 2）在驻日大使馆庆祝解放军建军 80 周年纪念照

我所在的班在这次战斗中一共俘虏了 10 个敌人，缴获一些枪支弹药，并在攻入锦州城后执行押送俘虏的任务。看到大批俘虏在战友们的押送下那种狼狈的样子，心中虽然感到了胜利的喜悦和幸福，但也为朝夕相处的黄班长的牺牲而感到阵阵心酸，黄班长的英雄形象永远刻在我心中。

锦州战役结束后，我随李化民师长参加了辽西会战和解放营口的战斗。1948 年 12 月 10 日，李化民率师入关，由鞍山出发，经山海关，于 20 日抵达天津城下，完成了对天津的包围。1949 年 1 月 15 日，天津解放。随后，我又在李化民师长的指挥下，南下转战华中各地，直到解放广州城。在解放战争中，先后三次立大功，由副班长、班长，提升为副排长。

新中国成立后，1953 年，一批日本人归国了，我留了下来，被组织派送到北京马列学院进修深造，毕业后被派到哈尔滨工作。1958 年回到日本。人是回到了日本，但心仍在中国。我和四野军的日本籍战友们组织了"回想四野会"，进行了十多次（每年一次）的"回娘家"访问活动。我只有一个信念：只要对中日友好有益处，我就拼命去干。

（根据 2011 年 1 月幅敬信受访口述记录整理）

我举双手赞成口述历史

李 教授, 田 剛 御両人様, 先般山梨石和温泉ホテルふじに於いては大変お世話様になりました。

私達 日中永遠の友好と平和を願う者として 戦前. 戦中. 戦後の 中日人民の歴史の検証を成される事に対して感謝を申し上げ, 両手を挙げて出来得る限りのご協力を誓います。ビデオ五巻返送と果実ご送付有り難う御座いました。

回想四野会の会報と中国残留孤児及び二世. 三世の子供達の, 引き上げ在留手続き支援, 就労支援, 学校入学支援, 日本での生活指導, 日本語指導等７０余家族 ３００余名の自立促進の為に『松本日中友好協会』に加入し副理事長と成りました。又政府 厚生省より『中国残留孤児 特別身元引受人』の委嘱を受けました。『中国帰国者自立促進協会』の会長として, 1998年5月迄で13年 ボランテイヤ活動 (参加社会福利活動) をして参りました。此の活動の記録が欲しいとの事ですが, 直ぐには間に合わ無いので後日に成ります。「会報」は私が帰国して9年後に会に参加してからで, (年に4回発行) ３５回 ～ 最後が１１２回までです全部送ります。

私が「松本大一青果株式会社」を経営, 社長15年６０歳の時に会社を退社した時『親から子供え私の生涯を綴る』と 子供に残した自分史。これは一部しか無いので再発行したいと思います, 会報ご返送の際にご返送下さい, ご参考までに送ります。

取り敢えず 二件発送の お知らせまで。

暑に向かう折から貴下御一同様の御健勝と御多幸を心よりご祈念申し上げます。

2007年6月12日　　再見! 敬具

老八路. 幅 敬信

2007年6月12日，幅敬信给李素桢、田刚的信

市川寿子

1929 年 4 月 9 日 出生于日本香川县。

1936 年 4 月 - 1944 年 3 月 小学、中学毕业。

1944 年 4 月 - 1945 年 6 月 进入“满洲国”齐齐哈尔满铁护士养成所。

1945 年 6 月 - 1945 年 8 月 15 日 在齐齐哈尔满铁医院任护士。日本投降后，在齐齐哈尔日本人第三诊疗所任护士。

1946 年 4 月 加入东北民主联军。

1946 年 6 月 在西满军区讷河陆军医院药房工作。

1948 年 12 月 进入第四野战军后方第 16 医院任药房护士。

1951 年 退役，被分配到长沙南岳医院。

1960 年 9 月 返回日本。

同意書

「日中口述歴史文化研究会」常務副会長李素桢先生たちから、取材を受け、語った内容を記録、翻訳、研究論文の引用出版、収蔵などのことを同意いたします。

2013 年 11 月 3 日

口述者 市川寿子

取材者 李素桢

采访者：李素桢（以下简称“李”）
采访对象：市川寿子（以下简称“市川”）

留用在东北民主联军医院

李：今天到府上打扰了。想聊一下你参加中国人民解放军的经历。

市川：这里面最正确的就是这个（指着一份文件）。这个是从第四野战军的会报上复制过来的，所以，这才是最正确的名称。我们只是加入的时候“八路军八路军”的叫，但不是八路军，正确名称是东北民主联军。后来改称第四野战军。

李：最开始参加是1946年的时候，是东北民主联军。

市川：名称都改了。最后的名称应该是第70陆军医院。之后又改成了第三慢性疗养院，是后方医院。第70陆军医院。

李：那时候留下来，是谁说留下来帮助民主联军的？上司直接说了吗？

市川：不是。当时已经组织好了。对留用的我们说，请留下来。是齐齐哈尔铁路医院的护士们劝说的，他们是中国人。原来的民主联军的人也一起劝说。

李：中国人？

市川：嗯，是的。

李：会说日语？

市川：嗯，日语说得很流利呢。那个人是讷河的，齐齐哈尔下面的一个县，叫讷河。说虽然很抱歉，但是“满洲铁路医院”的护士们还有医生们，能不能留下来呢？一两年之后一定让你们回去。

李：那个人是女的？

市川：女的。

李：直接说的？

市川：直接说的。那个时候山田也说，已经没有一个大夫了。所以只好请求日本大夫留下来。我们是医生呀，有责任的，所以说，理解你们的困难，所以就一起留了下来。

李：请您留下来好吗？这是不是强制性的呢？

市川：不是强制性的。

李：比如我说我不想留下来，我想回去，这也可以吗？

市川：虽然有一部分能回去，但是护士们回不去。因为有患者呀，不能扔下患者就回去了呀。所以就这样留了下来，而且也有其他的日本人，不是护士，是军属。就是以前在部队做事务之类的。

李：那是自己同意留下的了。因为说了请留下来帮忙，即使想回去也不能回去？

市川：不能回去。但也不是强制的。说了两年就一定让我们回去。这样说了，就有了这么个条件。所以，就这样留下了。

市川：两年就让回去也挺好的。也说了抱歉什么的。而且对我们很好。

李：两年的时间，到两年的时候没有说让你们回去的话吗？

市川：但是战争还很激烈呀。这样，就没法说了呀。在这期间，全东北也都解放了。要说共产党，真好啊，很好的军队呀。学习，思想上也有了变化。

李：思想变化？

市川：很大的变化呢。

李：怎么变化的？医院那么忙，政治教育和思想教育有时间吗？

市川：有啊。还很多呢，有一个叫民族干事的吧？最开始，我们是反动的。总说共产党不是红萝卜吗？外面红，里面白什么的。但是，实际上最开始这样想的不仅仅是我，留下来的日本人都这样想。后来为人民服务，这种精神，我们大家都懂了，都有了这种思想。

李：为什么能理解为人民服务呢？

市川：为什么呢？解放军中有纪律吧？三大纪律、八项注意。看了之后，才明白是这个呀。人民的东西一点都不拿，借的东西都好好地还回去。刚开始时学习了这样的教育。看到他们能够那样遵照执行，我们很是感动。

李：怎么学的呢？用汉语学？

市川：不是，是那个民族干事给讲。

李：噢，给解释了。

市川：是给解释了，有在延安学习的人呢，前田（注：指前田光繁）就是。在此之前也有几个反战同盟的日本兵，接受了延安工农学校的教育。

李：是在延安学习的日本人吧？

市川：嗯，在延安学习的。有的是原来的日本军人，他们和我们一起学习“三大纪律、八项注意”等。

李：直接见面？跟这些人……直接谈话吗？

市川：跟他们直接谈话。

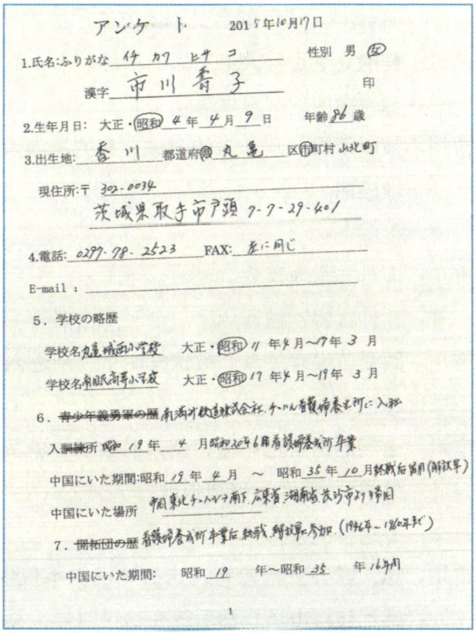
アンケート　2015年10月17日
1.氏名:ふりがな イチカワ ヒサコ　性別 男 女
漢字 市川寿子　印
2.生年月日: 大正・昭和 4 年 4 月 9 日　年齢 86 歳
3.出生地: 香川 都道府県 丸亀 区市町村 山北町
現住所:〒 302-0034
茨城県取手市戸頭 7-7-29-401
4.電話: 0297-78-2523　FAX: 左に同じ
E-mail :
5. 学校の略歴
学校名 丸亀城西小学校　大正・昭和 11 年4月～17年 3 月
学校名 南国民高等小学校　大正・昭和 17 年4月～19年 3 月
6. ~~青少年義勇軍の歴~~ 南満州鉄道株式会社 チチハル看護婦養成所に入所
入~~訓練~~所 昭和 19 年 4 月 昭和20年6月看護婦養成所卒業
中国にいた期間:昭和 19 年 4 月 ～ 昭和 35 年 10 月 終戦后留用(解放軍)
中国にいた場所 中国東北チチハル→南下 広東省 湖南省 長沙市より帰国
7. ~~開拓団の歴~~ 看護婦養成所卒業后 終戦 解放軍に参加 (1946年～1960年まで)
中国にいた期間: 昭和 19 年～昭和 35 年 16年間
1

市川寿子填写的调查问卷

李：叫什么名字？

市川：那是我们医院很有名的医生，叫石田生一。他是日本共产党委员。

李：还在吗？

市川：别的人应该是已经不在了。石田……这位先生还在。

李：这个人也是从延安来的？

市川：嗯。这个人也在延安接受的教育。他教给我们很多思想教育方面的东西。

李：这人被称为政治干事？

市川：政治干事就是执行政治教育的吧。

李：你们要做护士工作，学习什么的，接受教育，是利用休息时间吗？

市川：在晚上休息时，工作结束后学习一两个小时，但不是每天都学习。

李：学习了几年？

市川：在讷河的时候坚持学习。不光是学习，还亲自看到了中国干事的工作精神，一年之后渐渐明白了。而且也明白了日本的关东军与他们不同。最让人感动的是，我们是战败国一方的人，不把我们当俘虏对待，并说大家都是一样的、平等的。怎么说呢？刚加入的时候还很小，十几岁吧，有时被说“你个小日本鬼子”什么的，听后就会非常地恼火。然后有人就说，这些人不是日本鬼子，跟我们是一样的。

李：是谁说的？“跟我们是一样的。”

市川：那是医院的领导，是中国人。对这个纠正进行得很彻底，所以，如果有人对我们说“日本鬼子”，就会受到大家的严厉批判。看到这些事之后，就知道，啊，原来是这样的。这正是人道主义的精神。

李：你也被叫过“日本鬼子”吗？

市川：被叫了呀。刚加入的时候，有的患者没受过这种教育。所以，我呀对中国真的非常地感谢。

李：是吗？

市川：而且非常地喜欢。

李：为什么呢？被留用了，受了那么多苦……

市川：跟受苦没有关系。被这样叫了。刚进入东北民主联军的时候，大家都这样。

李：不生气吗？

市川：生气的语言也不懂，就只有哭了。就哭了一回。虽然语言不通，但是被说是“日本鬼子”，就像是被狠狠地打了一下，生气地哭了。

李：有这样的事？

市川：嗯，在齐齐哈尔有过这么一回。不仅仅是我，大家都被叫作“日本鬼子”。大家都感到被打击了。然后就在这个时候，领导马上来解决了。

李：您先生原来不是医生吧?

市川：不是。

李：是做什么的呀?

市川：卫生兵，日本陆军的卫生兵，就像做护士一样。在日军中接受过卫生护士的教育，接着战争就结束了。他接受过山田先生还有其他先生的培训。那个时候还不是医生。当时只有日本人医生，而且人数不多，忙不过来，就从卫生兵的队伍里召集人做医生，我丈夫是边学边干的。

李：您丈夫是自己去的齐齐哈尔吗?

市川：不是不是，是和日军一起去的中国东北。到了 20 岁就必须义务当兵，然后作为卫生兵入伍了。在海拉尔的陆军医院。

李：不是什么“开拓团”的

市川：不是，是在海拉尔的陆军医院。在关东军的陆军医院接受教育，然后当了卫生兵。刚当上卫生兵，战争就结束了。

李：在陆军医院培训两年时间?

市川：不是。军队不是两年时间，只是几个月。我也不是很清楚，也不知道是不是头脑好，300 人当中以成绩第一名毕业的。常有人说起：市川真聪明呀什么的。同一个陆军医院的护士长呀，大家都这样说，市川是第一呀，市川考了第一。

在那边的医院学习，然后在那边的医院上班，所以就去了海拉尔的陆军医院。战争结束后，来到了齐齐哈尔，应该是说逃到齐齐哈尔，被苏军追的。然后在齐齐哈尔的陆军医院，那时我正好被满铁医院派过去。这边伤员多，但马上战争也就结束了。战争结束前，齐齐哈尔陆军医院的医生和护士们大家集体南下，放下伤员不管了。

李：那时候跟您丈夫工作在一起吗?

市川：那个时候还没在一起，我们是去了齐齐哈尔以后在一起的。

李：都是护士?

市川：是的，大体上都一样。我丈夫是早几个月从海拉尔来这边。不是几个月，是一年左右。1945 年战争结束，所以差不多那个时候来到齐齐哈尔的。我是 1946 年进入医院的。

李：在医院里，山田先生介绍之前，就认识了吧?

市川：没有。我不知道。但是我丈夫知道。

李：是山田介绍你们结婚吧。

市川：那是我们去了讷河之后。那时候要求我们留下来，两年后就让我们回去。山田先生的太太劝我们说，也不知道这两年能不能回去，说不定这一生都回不去了，你们两人结婚吧。然后护士长也来劝我。

李：劝的时候还没见过您丈夫吗?

市川：是的。

李：一点儿都不了解啊。

市川：护士长说了之后，好像之后又对我丈夫说了。虽然说两年之后就让回去，但是还不知道能不能回去，要这样的话，怎么办?

李：那也不能通知在日本的双亲吧?

市川：嗯，是的。这个我也不是很清楚。要说要求的话，好像是按照中国这边的要求，好像说了请让我们在一起，然后就得到了公认。大家都公认了，所以就这样。

李：那是加入民主联军之后?

市川：是加入之后。

李：加入之后在民主联军结婚的?

市川：嗯，那时候有条件。如果是医生，可以结婚。但日本人和中国人同事不能结婚。因为是日本同事，又作为医生，就允许结婚。

李：做医生? 做了医生之后才能结婚?

市川：是的。

李：如果护士和护士呢?

市川：也没问题。但是中国人和日本人不能结婚，有这样的规定。

李：那么需要提出申请?

市川：是的，提交申请，向政治部，总政治部。而且部队一直在移动中，所以同意下来的时候，正好从汉口到九江，在九江拿到了允许书。

李：很慢呀。

市川：来来回回地转。很棒的是，我们拿到了奖状似的纸，叫结婚证。

李：许可证是半年以后拿到的。那结婚仪式呢?

市川：没有仪式。当时正好在南下的途中，所以政治部的政治委员说可以结婚了，许可证下来了。拿着糖，然后在房子的门口贴上祝福的字，是“囍”吧，两个喜字写一起的。还贴上剪纸。

李：解放军总司令部。从解放军总司令部发来许可证。

青年市川寿子与丈夫、孩子于中国合影

市川：是的。政治部发的许可证。从中国回来时想带回来的，但是不能带回来，不行。

李：房子是军队里的吗？

市川：不是，是住在老百姓的房子里。军队没有士兵宿舍，是借老百姓的家住。在老百姓家中屋檐下铺上东西睡觉。差不多一直到广州都是这样。之后，因为一直在战争当中，学校什么的都关闭了。所以就在学校的教室里睡觉，或老百姓的家的院子中，当然夏天还可以，冬天就很冷很难过。当时正好是 12 月，非常冷，经常生冻疮。

李：住在老百姓的家里，老百姓都是什么态度？嫌弃吗？

市川：附近有那么多日军。不让说日语，所以我们什么也不说，也不聊天。

李：不让日本人说日语？是上司规定的吗？

市川：是的。

李：我还是第一次听到这种事。

市川：好像是谁说过这事，写下来了。是谁呢？在谁的文集里都写了这些事。我们院长的爷爷就是被关东军杀害的。但是，在我们面前闭口不提。我们回到日本之后，也不是从院长那里直接听到的，是从其他朋友那里听说的。实际上院长的爷爷、父亲等亲人，都是被日军杀害的。这是在一次“莱阳会”上中国与日本老朋友的聚会上，我听到的。我把这件事，告诉了麦仓先生。我说从别人那里听到，实际上院长的家人是被日军杀害的。然后麦仓先生很是吃惊，说这是为什么呢，院长对我们这些日本人很好呀。真的很好。所以，有次去的时候问了一下，真的是这样。院长说：不是所有日本人都坏，只是军国主义者那些人坏。听到这些，我们都很吃惊。院长是很好的人。

李：他的那些日本医生们，他们都是第一次在中国的医院里工作吗？大家都是第一次吗？

市川：是的。我们只是工作，仅仅是工作。政治上、思想上有没有那样的进步都没关系。

李：在医院里跟日本的同事一起，说共产党的坏话呀，偷偷逃回日本去之类的话说吗？

市川：没有。日本军对中国造成了非常大的伤害。很多的中国人，真的对我们非常友好。

李：回日本后，受到监视有没有后悔呢？

市川：那倒是没有，就是有些反感。都是日本人，为什么要做那样的事呢？在中国都能欢迎国际友人，在日本却有这样的遭遇，真的对日本感到愤怒。当然，也不是大家都这样。

抢救四平战役伤员

李：四平战役的时候，伤员很多吗？

市川：很多呀。当时有好几百人被运到齐齐哈尔陆军医院。那个时候还有日本的药。

李：伤者很多？

市川：是的，非常多。

李：都送到齐齐哈尔?

市川：是的。每天都来伤员，我们晚上也没有时间睡觉。当时房间也不够用了，就睡在走廊里。在走廊里，会有枪炮的子弹打进来。那时，实在是太忙了。忙的都没时间吃饭了。

李：都是因四平作战受重伤而被送往齐齐哈尔的?

市川：是的，因四平作战的伤员非常多，医护人员又不足，所以我被派往齐齐哈尔。我们日本会的成员以及在第三诊疗所工作的，被派遣到那边。而且，陆军医院里的护士、医生也不足。那个时候满洲铁路的护士全部被医院派到了陆军医院。

李：重伤的患者有多少呢?

市川：截肢的患者很多。送来的时候就已经分离了。而且，蛆还在啃食，非常可怜。有的伤员叫我们“日本鬼子”。还有日本医生、护士被殴打的。

李：是吗?

市川：是呀，好几次呢。那个时候语言不通。四平作战结束之后，途中我们被派往了讷河的医院。

李：四平作战死伤特别多吧?

市川：嗯，是的。所以，去讷河的时候还有其他的伤员。

李：那个时候四平的伤员们都叫你们“日本鬼子”？

市川：那是齐齐哈尔，虽然我只在齐齐哈尔待了两个月，但是那两个月非常辛苦。太辛苦了。晚上也不能睡觉。手术也不是在手术室进行，还睡在走廊里。就是这样的状态。1946 年 4 月我们去了齐齐哈尔，6 月辗转到讷河。

李：伤员们喊着“日本鬼子”，已经不想接受治疗了吧?

市川：虽然我不明白为什么这样，但是伤员们无论是在身体上还是精神上都受到了伤害，所以已经很痛苦了。我们就沉默着，只是拼命工作。

李：当时是什么样的心情呢?

市川：心情呀，当然我们这些护士都受到精神打击，但是想起南丁格尔的誓言，还是坚持下来。你知道南丁格尔吗?

李：什么?

市川：南丁格尔誓言，告诉我们无论是哪儿的人，是敌人还是战友，都应该对伤员竭尽全力地救治。因为我们是护士啊，义务帮助病人，我们是接受过这样教育的。

李：手术很多，其他的病很少吧?

市川：其他的病很少，基本都是外科。全都是战场上运来的伤兵。内科也有，部分得结核的。从四平到齐齐哈尔很远，伤员的伤口处都有蛆啃食，真的非常可怜。这种程度如果不截肢的话就很难痊愈了。那个时候就只有做手术了。因为截肢，伤口愈合得更快，而且，无论什么时候，化脓了的患者都这样放着，就变成了其他的病，传染了。所以只能马上手术。转移到齐齐哈尔的时候，大都做了截肢手术。也有很多是取弹的。

李：那个时候，齐齐哈尔已经不是农村了吗?

市川：不是农村呀。很大的。

李：在大医院里药品也不足吗?

市川：开始时还有日本药，后来就缺了。但不是药品全部缺，溶液类、点滴类的药品，就只有葡萄糖，生理盐水和格林氏液都用完了。所以那个时候，静脉注射，手术用的药都是在药房制作的。

李：齐齐哈尔还有日本留下的药?

市川：嗯，是的是的。还有吃的药，只是注射用药不足。在东北的时候，那边的水都很好，但是南下的时候就很不好了。嗯，南下的时候，那边井里的水都是硬水。怎么说呢，不能用。从河里汲取来的水，需要转化两次变成净水，然后再使用。为了保证我们自己制作的净水没有问题，往往先在自己体内注射试验，不发烧，没有问题，再给伤员用。南下的时候经过秦皇岛、唐山，从那里南下。

李：国民党军队呢?

市川：国民党的军队? 全部被消灭了。东北解放后我们就缓缓南下，所以不是始终驻在一个地方。在唐山只住了一个月，只是路过那边。然后医院一直南下到广州，之后又辗转到河南省的信阳，在这边住了两个月，之后又去了武汉。渡过赣江，从赣江又过了长江，之后是九江吧。南下之前，在这里就住了好几个月，很辛苦。还有疟疾，伤员当中有，士兵也有，甚至工作人员也都患了疟疾，这是非常糟糕的，发烧到 40 度，而且一下就倒了。倒下了，也着急工作。而且忽冷忽热的，就这样持续着。所以在这边最辛苦了。尤其是从东北来的这些人没有免疫力，南方又有这些传染病，对传染病没有抵抗力，所以基本都染上了疟疾。

随军南下的路线

李：从这里参军（指着一份标注着路线的地图），请您给讲一下。从齐齐哈尔一直到四平? 大约多长时间? 没去长春吗?

市川：没去长春。

李：那后来呢?

市川：这是秦皇岛吧？武汉，啊，武汉在这边。这边是邢台，刚才说过邢台，渡过黄河就是邢台。这边通过山道，然后进入武汉。然后就是渡长江。渡长江，九江，再从九江去南湘。然后去胡安，再进入广州。

李：最后回到这里的吧？上海吧？

市川：回去的时候，是上海。

李：在哪里待的时间最长？

市川：长沙。在长沙住了 8 年左右吧。嗯，在湖南省住了有 10 年呢。

李：从北方到南方，都是步行吗？

市川：步行，也只能步行，真的是这儿那儿的，采药。行军是一直步行。最长的一段步行是从秦皇岛经过唐山到廊坊。一天走五十多公里。然后，后面是什么来着？道路到处都被破坏了。然后就走桥，渡船来行军。

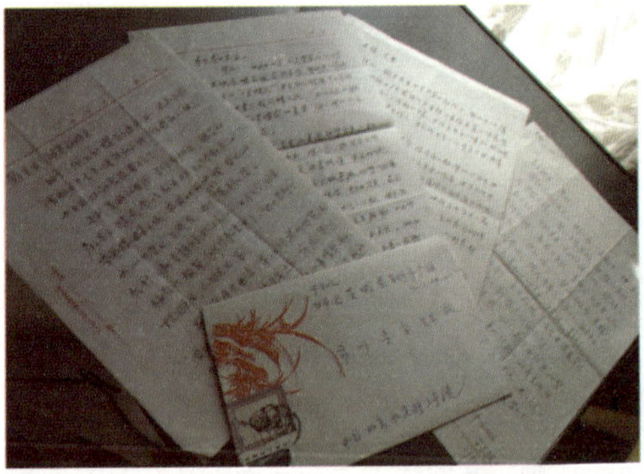

市川寿子与中国战友的通信

回到日本后的生活

李：您回来之后就职什么？

市川：回来之后还做护士，但是被审查了好几次。

李：护士的工资不低呀。

市川：比普通的工作稍微好一点。我丈夫去世的时候，我真的很困难，什么都没有。东京浅草的家已经被轰炸了。回来的时候真的是……比这更难受的是没有工作。因为是从中国回来的，被视为受到了中国共产党的洗脑，所以，日本的公安局，不是公安局，是警察，来来回回被带去了好几次。

李：一直到哪年？

市川：嗯？

李：1960 年回来的。

市川：1960 年回来，1963 年……我回到这边就被这儿的警察带走了。所以，去了哪儿大家也都知道。“你加入了解放军了吧？”我回答他们说加入了。又被问到：“你收到了叫纪念奖的勋章了吧？”我说没有收到什么勋章，那个是解放纪念章。

李：虽然护士能上班，但是您丈夫不能工作吧？

市川：是的。医生的行医资格证不一样，中国的在这边不能用。所以回到这边，正好回来的时候1960年有特别的国家考试。市川（指市川寿子的丈夫）早回来两年的话就好了。真可惜呀。我丈夫头脑比较好使，我就比较笨。

李：那回来之后工作怎么办？您丈夫的还有您的？你们被警察监视，是您丈夫比较多？还是您比较多？

市川：两人都被监视着，因为我们两人都去中国了。

李：一直跟随监视到家里吗？

市川：没有。虽然不是一直跟到家里头，但是来过一次。问在中国做些什么样的事情等。有点像是来调查的。之后就一直跟着，我们从中国解放军回来的都一样。大家都经历过这样的监视吧？

李：有什么感觉呢？害怕吗？

市川：虽然没觉得害怕……也没有对我们施加什么暴力，但是生活方面很是辛苦，已经够受的了。从中国回来，找工作困难，大家都一样啊。

解放军军歌

市川：看，这是中国人民解放军的歌曲（拿着一张歌谱）。《三大纪律八项注意》。

李：请唱一首吧。

市川：我非常喜欢汉语，同时我也喜欢这个歌曲。

李：啊，和小林宽澄一起去的啊？

市川：那个时候我们见面了。是从大使馆送过来的。

李：是从大使馆啊。

市川：托花园昭雄先生的福，我们做了很多事情，之前也打过电话了吧，问候一下最近的情况，在大使馆的情况等等。最开始学习的便是这首歌了，我们是边唱着这首歌边入军的，那个时候还不懂汉语，只是学会这些歌曲。

李：政治干事给你们解释含义了吗？理解了吗？

市川：意思已经理解了，很详细地给我们讲解了，但是唱歌的时候，虽然也记住了节奏，就是每个句子之间连接得不是很好。

李：八路他们唱歌都很好听。大家都会唱歌，小池光郎啦，本多歌子啦，前田光繁他们都会唱歌。小林宽澄也会唱。

1985 年 6 月 29 日，访问中国人民解放军总医院，市川寿子（左 4）与老战友合影

水野正昭

1927年1月6日 出生于日本石川县。

1944年3月 石川县立金泽商业学校毕业。4月在中国辽宁省丹东市，任职于“满洲国国际运输株式会社”安东支店。

1945年8月 日本投降，逃亡。

1946年5月 于中国辽宁省本溪湖日桥劳农学校学习。

1946年6月 加入东北民主联军，9月在中国人民解放军航空学校政治部日工科，任文书。

1958年5月 于北京马列学院学习。

1958年5月 返回日本，于舞鹤港登陆。回国后从事中日经济贸易工作，参加反战“椰子会”活动。

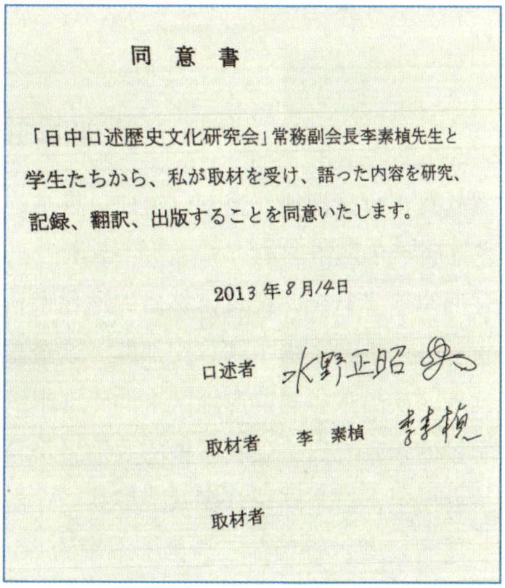

同 意 書

「日中口述歴史文化研究会」常務副会長李素楨先生と学生たちから、私が取材を受け、語った内容を研究、記録、翻訳、出版することを同意いたします。

2013年8月14日

口述者 水野正昭

取材者 李素楨 李素楨

取材者

我的“八路军”从军记

（一）渡满工作

1944年的3月末，我从日本金泽商业学校毕业，当时处在太平洋战争后期。日本在瓜达尔卡纳尔战役中战败，开始对文科系的大学及高中的学生们进行战争动员。

大学、高中入学困难，日本国内的公司企业看起来也很困难，于是，我就来到“满洲国”，进入了“国际运输株式会社”工作，马上，就被分配到了辽宁省丹东市分店的劳务科。这家公司在满洲都有分店，设定了办事处，负责满铁的货物运输。将抚顺的煤、北满的大豆之类的货物使用货车搬运到车站，再用人力搬运货物并装载到车上，货物被输送到大连等港口，然后用货船运输到日本。我就做管理人力的科员，负责人员配置、宿舍、福利设施等工作。

1945年8月15日，日本投降了，于是“国际运输株式会社”就解散了，我们这四个单身的人被赶出宿舍，住在安东市课长的家里。从那个家里出来就去日本人劳农学校入学读书了。

（二）参加解放军

从辽宁省的丹东市凤凰城、宽甸、恒仁，吉林省延吉、通化、长白山山脚行军，在铁路上转到黑龙江省哈尔滨市。

在鸭绿江西岸徒步行走，经过吉林省的通化市，在长白山的山麓北上，经过延吉、图们、黑龙江省牡丹江市到了哈尔滨东安部队。这个东安部队是中国共产党领导的军队，抗日战争的根据地，从山东省的滨海地区来的干部组织聚集在此，用一个班的兵力来护卫我们安东工农学校的学生。日本工农学校的政治经济科目的有经验的老师和田真一（本名是山室繁，香川县出生，日本陆军，宪兵上等兵。在当时，他在河北省石家庄附近的农村被八路军逮捕，送到延安，野坂参三为师）率领约60人，从安东市向哈尔滨移动。这个移动部队，派遣了王先生作为日本语的翻译（没有说名字）。

在安东的劳农学校，原来的日本料亭被作为校舍使用，有榻榻米等生活设备。其大部分都是原“满蒙开拓青少年义勇队”的，全体的人员都是从石川县出来的。我也是这个县的人。

这个学校是由多名校部职员构成的。在听了政治经济学、时事问题等讲座后，分成各班讨论学习。可是在学习生活一个月左右时，国民党军进攻安东的消息传来了，我们所有的人都向着哈尔滨出发了。但是，这些要保密，只是说因为国民党军来了所以要转移。

我们的部队从安东市出发，坐火车到了凤凰城，从那里进入山中，稍微走过宽甸就看到了一块大石碑。站在石碑前一看，上面刻着“抗日英雄杨靖宇烈士纪念碑”，里面雕刻着他的事迹，抗日联军的一个支队，与金日成、李兆麟（现在哈尔滨有李兆麟公园）等一起活动。日本人解剖了杨靖宇烈士的尸体，发现胃里面只有草根树皮了。

行军中途到桓仁稍事休息。有个年轻人就站起来用手指挥我们唱八路军军歌。后来听说，他是军队的连队文化教员，士兵中文盲多，要教他们汉字的读写，还有鼓舞士气的军歌。他可能是在山东一带参加八路军的吧。我至今还能唱八路军军歌。

对我来说，这是第一次学习中文歌。在那之前，因为要来满洲，最开始学习的歌是：“我十六满洲女儿，在春天的3月冰雪融化，春天迎春花开了的时候，嫁去了邻村，王先生在等着我啊。”

我们的队伍继续开始行军。进入吉林省的通化市，当时，受到了从延安来到这个地方的前田光繁（当时自称杉本一夫）的邀请，出席了欢迎大会。我还记得在通化是用葡萄酒款待了我们。通化这个地方的葡萄酒很有名气。

东安部队继续行军，经过铁路的十字路口梅河口，又经过抚松，再北上。这一带的长白山脚下，有大面积的森林和湿地。因为道路泥泞，车行困难，所以就在路边排成一列步行。

总算在略高的山丘上找到了适合宿营的地方。前一天晚上好像有土匪在这里露宿，到处都是用麻袋装的米等，粮食散落一地。为了这次意想不到的收获，我们一起喝酒庆贺。

这次就谈到这里吧，下次再继续说。在北京马列学院学习4年，我是中文科班。因为我的中文很好，返回日本后很快就进入了大公司，做贸易翻译工作了。

（根据2013年8月14日水野正昭受访口述记录整理）

2013 年 10 月 19 日，水野正昭接受口述访谈照

第五章/遗属反思

上田每美

1941年7月28日 出生于日本东京都。现“祈愿和平、反对战争的战殁者遗族会”事务局长。

父亲田岛辰右卫门

1941年7月16日 被紧急秘密征召，赴伪满洲东安省。

1943年11月 被装入战舰，密航五天五夜，到达巴布亚新几内亚。

1944年8月 战死。

1946年8月 家属得到死亡通知，遗骨未归还。

同意書

「日中口述歴史文化研究会」常務副会長李素楨先生たちから、取材を受け、語った内容を記録、翻訳、研究論文の引用出版、収蔵などのことを同意いたします。

2014年8月8日

口述者 上田美女

取材者 李素楨

追求和平的遗族会活动

（一）自我介绍

我是“祈愿和平、反对战争的战殁者遗族会”的事务局长上田美每。我出生在东京都丰岛区，日本与美国等国家开战 5 个月前的 1941 年 7 月 28 日，是我的生日，现在就快 73 岁了。

我的父亲是在我出生的 12 天前，即 1941 年 7 月 16 日，为要与苏联开战做准备而被秘密紧急征召的。他出征目的地是伪满洲的东安。1943 年 11 月，由于对美作战变得日趋惨烈，又被派到了巴布亚新几内亚。1944 年 8 月，在当地“战病死”（事实上是饿死）。

我父亲的死亡通告是 1946 年 8 月末送到我们家中的，至今遗骨未还。

（二）为何筹建此会

1985 年 8 月 15 日“公式参拜”靖国神社的内阁总理大臣中曾根康弘发言道：“遗族希望我来参拜”，“为国家献出了生命”。在遗族中，有的希望将自己失去的至亲供奉在靖国神社的，也有不希望如此的。那种美化战争，将战死者作为所谓“英灵”加以供奉，再次将国民作为战争的工具，加以利用的事，我所属的遗族会是不希望的，是反对的。

然而，日本最大的遗族组织——日本遗族会却在（日本首相）“公式参拜”靖国神社中充当着推进者。同时，那个遗族会的组织运行模式是信息通道呈直线型运行的模式，不是其会会员的，难以了解其详细内容。因此，1986 年 7 月 1 日，作为战死者遗族，我们不问职业、不问政治信条，以“不许将战殁者利用于政治”，“不要再次在历史上出现战殁者和战殁者遗族”等想法为基础，结成了我们自己的战殁者遗族团体——“祈愿和平、反对战争之战殁者遗族会”。时至今日，建会已将近 28 年了。

（三）靖国神社与“公式参拜”

靖国神社是一个将日本发动的对外侵略战争美化为“自存自卫战争”、“正义战争”的宣传机关，它将发动、施行那场侵略战争的责任者合祭、供奉于其中，在拥有和平宪法的日本，其存在是不相适宜的。对靖国神社进行“公式参拜”是违反政教分离的宪法基本原则的。我认为，“公式参拜”者的目的是要将日本重新拉入到侵略战争之中，并使靖国神社再度发挥它作为对外发动战争的精神支柱。

（四）加害与被害

当年，撇下至亲的父母、爱妻、子女，离开温暖的家庭，丢下他们的土地、工作，被毫无解释、不容置疑地拉到战场上去的，是那些士兵。

当年，实行军国主义教育，人们满脑子想的都是“为天皇奉献生命是最高的美德”。甚至连十四五岁的少年，都被送到了战场上。

我们遗族会的父辈，被征召赶赴战场，不得不在战场上进行杀戮——为人者决不可为之相互杀戮，最后自己也被杀死。

说自己的父亲是一名加害者，是战死的，自己是他的遗属。能够如此直言的本会会员并不在少数。但另一方面，有的已近天寿之年者还谎称什么“是由于自己过于尊重立宪主义，而没能阻止战争的发生”；他们的孩子还在厚颜无耻地说“自己的父亲是个和平主义者”、“是国家的英灵、英雄”。有的甲级战犯、被开除公职者，战后没几年便被释放了出来，操控了战后日本的政治，比如安倍晋三的外祖父信介就是一例。

（五）本会活动内容

有许多遗孤，他们没被父亲抱过一下，没被父亲喊过自己的名字，也没有叫过一声“爸爸”，他们只靠照片认得父亲，甚至连父亲的遗骨也没有接回来。

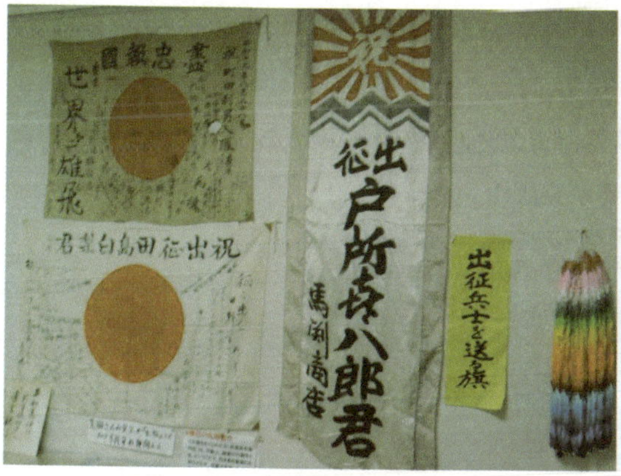

自己的亲人、兄弟等，被征兵之后的各种状况都无从知晓。

我们正在做以下的工作：

调查了解父辈的战殁情况

我们从自己的亲戚、朋友那里打听；我们利用靖国神社、地方自治体、政府、书籍资料、战友会等对他们的参军、行军经历等进行“军历”调查，了解他们经历了怎样的军旅生活，最终是怎样死的；我们实际调查、确认他们的战死时间、战殁地点，实地造访他们的战没之处；我们正在通过自己的途径、方式找寻他们。

我们将“战殁地访问实施要项”张贴、刊载到所有的自治体通告之中；我们取消了参加访问者的年龄限制；我们正在持续呼吁返还遗骨，推动实施 DNA 鉴定制度，并正在努力使这样的要求得以实现。

很多战后因维持生计而无暇顾及这些的战殁者的妻子，在了解到自己丈夫的“军历”之后，都高兴地（对她们的丈夫）说：“以前什么都不了解，很是抱歉。这下好了，等到那边咱们又能见面了。”

将和平之日本传给子孙、以至后世各代

我们正在做以下工作：

“若没有战争的话，该多好哇！”本着这样的思想，无论是再小的事情，我们都会提防它会与战争相关，也会时时提防政府这样做。让我们一起来创造一个无核、无战争、无核武器试验等的和平的日本吧！

◎宪法第九条是“战殁者”的遗言。

在各种节假日公众活动中、积极行动起来进行街头宣传。

◎积极参加反对“发动集体自卫权”、NHK 经营民主化、废除《特定秘密法》、阻止军事基地扩大化、禁止飞鹰直升机进入基地、废除《日美安保条约》、废除核武器等的和平大游行活动。

将战争之悲惨传达给后世

我们正在做以下工作：

参加校园活动、其他各种例行活动，进行宣传；印制发行“遗族会会报”，并扩大此类宣传资料的影响；在“为了和平的战争展”中展示相关遗物；进行街头宣传讲演等。

向其他遗族呼吁

遗族的心是相通的。我们正在做以下工作：

访问其他遗族会团体；利用交流会、追悼会等场合直接向其他遗族呼吁宣传。

（本文根据 2013 年 6 月 1 日上田美每作为“祈愿和平、反对战争之战殁者遗族会”事务局长参加日中口述文化研究会的发言记录整理）

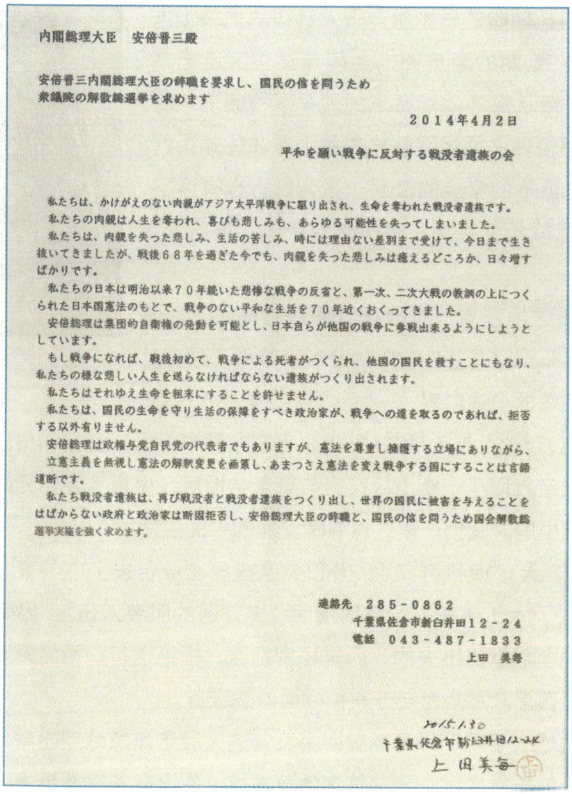

内閣総理大臣　安倍晋三殿

安倍晋三内閣総理大臣の辞職を要求し、国民の信を問うため
衆議院の解散総選挙を求めます

２０１４年4月２日

平和を願い戦争に反対する戦没者遺族の会

私たちは、かけがえのない肉親がアジア太平洋戦争に駆り出され、生命を奪われた戦没者遺族です。

私たちの肉親は人生を奪われ、喜びも悲しみも、あらゆる可能性を失ってしまいました。

私たちは、肉親を失った悲しみ、生活の苦しみ、時には理由ない差別まで受けて、今日まで生き抜いてきましたが、戦後６８年を過ぎた今でも、肉親を失った悲しみは癒えるどころか、日々増すばかりです。

私たちの日本は明治以来７０年続いた悲惨な戦争の反省と、第一次、二次大戦の教訓の上につくられた日本国憲法のもとで、戦争のない平和な生活を７０年近くおくってきました。

安倍総理は集団的自衛権の発動を可能とし、日本自らが他国の戦争に参戦出来るようにしようとしています。

もし戦争になれば、戦後初めて、戦争による死者がつくられ、他国の国民を殺すことにもなり、私たちの様な悲しい人生を送らなければならない遺族がつくり出されます。

私たちはそれゆえ生命を粗末にすることを許せません。

私たちは、国民の生命を守り生活の保障をすべき政治家が、戦争への道を取るのであれば、拒否する以外有りません。

安倍総理は政権与党自民党の代表者でもありますが、憲法を尊重し擁護する立場にありながら、立憲主義を無視し憲法の解釈変更を画策し、あまつさえ憲法を変え戦争する国にすることは言語道断です。

私たち戦没者遺族は、再び戦没者と戦没者遺族をつくり出し、世界の国民に被害を与えることをはばからない政府と政治家は断固拒否し、安倍総理大臣の辞職と、国民の信を問うため国会解散総選挙実施を強く求めます。

連絡先　２８５－０８６２
千葉県佐倉市新白井田１２－２４
電話　０４３－４８７－１８３３
上田　美每

2015.1.30
千葉県佐倉市新白井田12-24
上田美每

上田美每要求安倍晋三辞职的信

我要叫一声“爸爸！”

上田美每父亲的军装照

取材者小序：2013年9月28日早晨，我乘坐快速电车到了千叶县船桥市车站，出了站台口，发现早有人在那里等着为我引路了，这次来到这里是为了参观每年一次的船桥市战争展，今年是第十九次。在日本，每年8月到9月之间，各地几乎都会开设战争展览会，为期7天左右，组织展览的委员会大多数由经历过战争或父辈经历过战争的人组成。他们本人或他们的直系亲属惨遭战争残害：一页征召纸令新婚夫妻离散；空袭的炮弹令家破人亡；年迈的父母无人赡养；腹中的儿女终生不得见父亲一面；尸体暴弃异国他乡。这些人组织收集战争遗物在展会期间展出，如：当年出征时上面

签满了亲朋好友嘱托期盼的日本旗；千人针线的虎袋（据说带上经千名妇女缝制的老虎图，上阵如猛虎，还能平安回到家乡）；父亲从海外战场寄来的“军事检阅济”的“军事邮便”（当时信件必须经军队检查盖上章才能邮出的明信片）；出征前留下的家族的最后一张合影；也有活下来的老兵口述自己战场的经历；那一张红色的“征召令”就是一道催命符……

上田美每父母的照片

当我正全神贯注地观看一张战死者的死亡通知书时，被“爸爸！我要叫一声‘爸爸’！”的悲喊声吸引了过去。

下面是上田美每的口述内容：

我叫上田美每，1941 年 7 月 28 日出生于东京都丰岛区。父亲叫田岛辰右卫门，母亲叫田岛耶满子。父亲就职于一个小银行，与母亲结婚后，生育了我们兄妹 4 人，两个哥哥一个姐姐，我是最小的。我们一家过着温暖安静的平民生活。

在我出生前 12 天，1941 年 7 月 16 日父亲被秘密征召去了中国东北。听妈妈说出征前的一个星期收到了入伍通知书，特别指明“穿普通的服装入伍”，因此父亲是身着和服脚穿木屐，拿着一个包袱皮出去的。因是秘密征召，拒绝送行，祖父跟至中途被前来接兵的人赶了回来。现在想来那是为与苏联作战而做的准备。

父亲到哪个战地去了呢？母亲挺着即将临盆的大肚子焦急地期盼着父亲的信息。父亲被秘密征召，护身的千针虎符，亲友签字的日本旗，都没有来得及带上，至于亲友送别的壮行会就更谈不到了。因此，这面旗是父亲走后同僚们签了字邮到我家的，所以这面送别

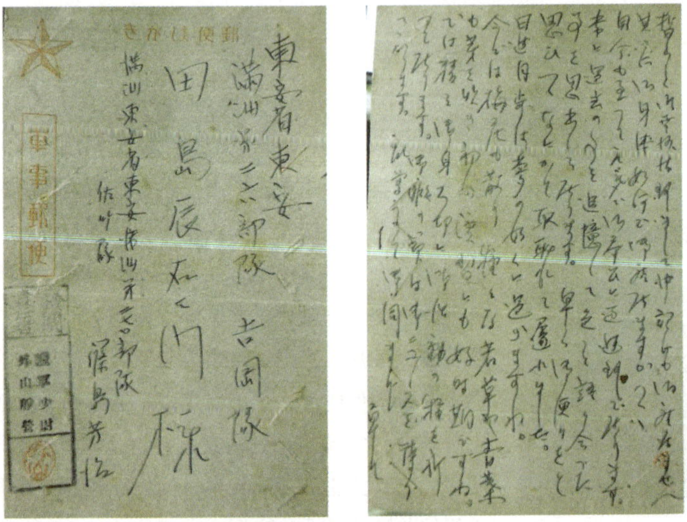

上田美每父亲的“军事邮便”

旗才留在我家直到今天。

父亲被征离家 12 天后我出生了。父亲不在母亲的身边，临盆的妈妈当时该是什么样的心情啊。她抚摸着落地哇哇啼哭的我，不时地望着窗外的门口，盼望着邮递员的突然到来。等啊盼啊，三十多天在妈妈看来就好像三年那样长吧，一个月后终于收到了父亲的来信。

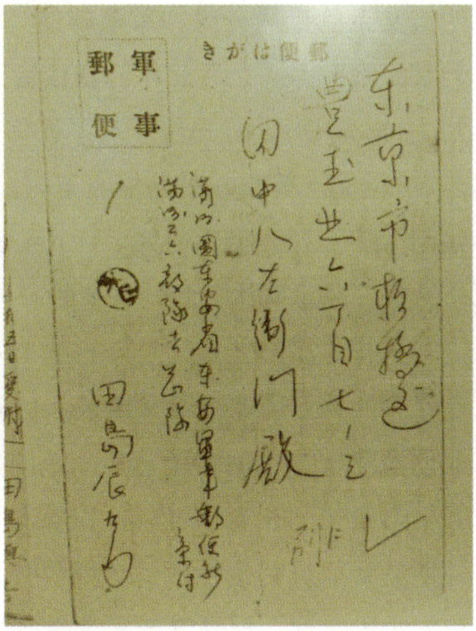
軍事郵便

上田父从满洲战地寄往东京家的信

父亲寄来的印着“军事检阅济”的明信片，母亲仔细辨认着字体，确认是父亲的手迹，地址是“满洲东安”。家里人都听说过“满洲”很冷，而满洲东安是什么样呢？后来，从父亲战友给父亲的明信片中得知，父亲到了那里就得了一场大病，发烧相当严重，被送进了医院，出院后才给母亲写信，但信中未提及住院的事情，这封明信片至今还保存着。每年战争展览会，我都把它复印放大，和原件一起展示。老人们看了都知道因当年军国主义者实行邮政军事管制，所以父亲到了伪满洲，那里如何的寒冷，怎样的思儿念妻，信中都没有写明。而现在的年轻人不知道或不是很清楚当年的“军事邮便”的“检阅济”的控制性。“检阅济”就是经过检查，认为没有违反军队的保密纪律，没有厌战情绪等内容，在明信片（当时为了检阅方便，一律使用明信片）上盖上“检阅济”三个字的印，信才能邮出去。尽管“检阅济”控制了父亲的笔，封住了父亲的嘴，但妈妈从那简单的字里行间，想象着父亲的思家念儿的苦痛，她只能从心里与父亲说话。

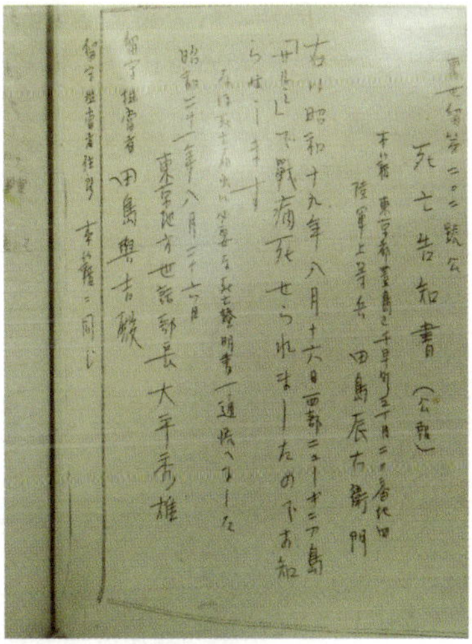
死亡告知書

死亡通知

父亲被征第二年的正月，祖父去世了。不久，一直翘首等待儿子回来的祖母也去世了，她已经等得筋疲力尽了吧。

那时候，母亲总是摇摇晃晃的，脸色苍白，瘦的不像样，看起来相当苍老，在她 40 岁左右时，看上去像 70 岁的老人。她一人抚养我们四个兄弟姐妹，生活的艰辛与思夫，让她几度想结束自己的生命。当自杀的念头涌上来时，她便想到死后孩子们怎么办？因此妈妈咬着牙，扛着养育四个孩子的生活重担，坚持活了下来。她白天下地干农活，夜里为人做针线活计来维持五口之家。我小时候吃的东西好像只有野菜，肉类对我来说几乎没有记忆，大概根本没吃过。

父亲的最后一封“军事邮便”的日期是 1943 年 12 月：“向哪里转移不知道”，“孩子们都好吧”等。之后三年间音信皆无。不知道父亲是在“满洲”，还是被转移到其他战场。到 1946 年 9 月 16 日终于有了音信，但那是死亡的通知。

“陆军上等兵，田岛辰右卫门，在昭和十九年（1944）8 月 16 日西部新几内亚岛的前线因生病而死，特此通知。”10 月 5 日，通知让去增上寺领取父亲的遗骨，但其实只是一个空盒，并没有遗骨和什么遗物。

这样计算起来，父亲可能是 1943 年 12 月被转移的。经过多方查找和访问在新几内亚岛幸存的兵士，才知道父亲被从伪满洲的东安秘密调派到新几内亚岛上与美军作战。听说他们被密封的战舰载着，在大海上航行了五天五夜，到了人烟荒芜的岛上。

母亲特别在意 1943 年 12 月以后音信皆无的那三年的情况。“到死为止的三年间，在外地是什么样的生活呢。”她经常提起此话题。我特意前往东京都政府和社会福利卫生部查问那段情况。但是夺走父亲生命的军队、政府机关都不知道那段历史，我们非常生气却也没有任何办法。

我 74 岁了，没有见过父亲一面，也没有叫过一句“爸爸”，只在爸爸出征前 30 岁的照片上见到他长什么样，而爸爸也是在母亲寄给他的照片上看到过我吧。

听说父亲的个子很高，戴着个瘦型近视镜。文静，很少说话，是个很温柔的人。在银行休息的日子常看书，吹箫，或者喜欢摆弄庭院的花草，因为庭院里每年夏天的牵牛花都会绽放着。另外，因为祖父从事农业，所以从家里把自种的蔬菜拉到批发市场去卖。我家至今还保存着牛车的照片。

大概是在七八岁的时候，我在梦里看到了父亲，下班回来的父亲从窗户把我抱了起来。即使现在那也是在头脑中强烈地铭刻着，没有忘记的一场梦。

父亲的教育，父亲的爱护该是什么样呢？我经常好奇地想象着。

为了让世上所有的儿子都能叫“爸爸”，为了让世上所有的孙子都能叫“爷爷”，我要捍卫和平宪法“九条”，我要高喊“我要叫爸爸！”

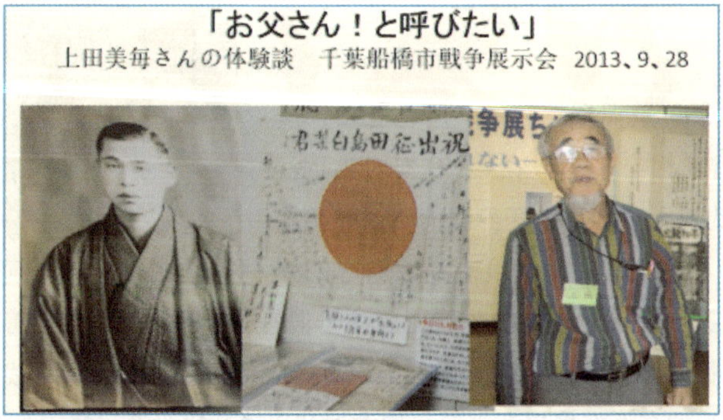

上田美毎的父亲　没带走的旗　上田美毎

青柳裕子

1935 年 7 月 26 日 出生于日本群马县。现“祈愿和平、反对战争的战殁者遗族会”会员。

父亲长田又一

1911 年 6 月 20 日 出生于日本长野县。

1941 年 7 月 18 日 被秘密征召，入骑兵第 15 连队，后转到第 11 军军马防疫厂，隶属关东军第 2630 部队，驻于中国吉林省郑家屯，陆军军曹。

1946 年 在葫芦岛病死。遗骨未还。

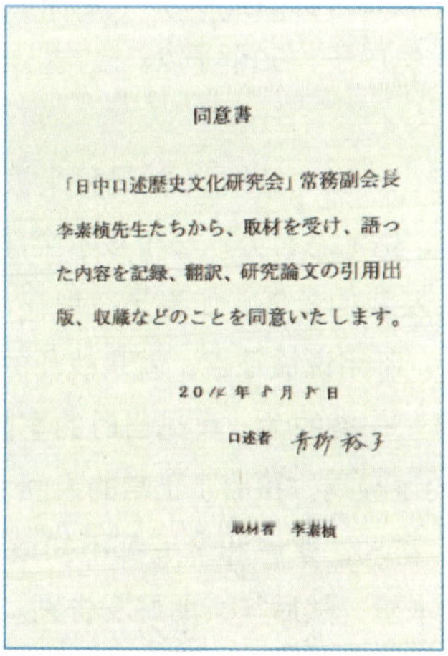

同意書

「日中口述歴史文化研究会」常務副会長李素楨先生たちから、取材を受け、語った内容を記録、翻訳、研究論文の引用出版、収蔵などのことを同意いたします。

20/8 年 8 月 8 日

口述者 青柳裕子

取材者 李素楨

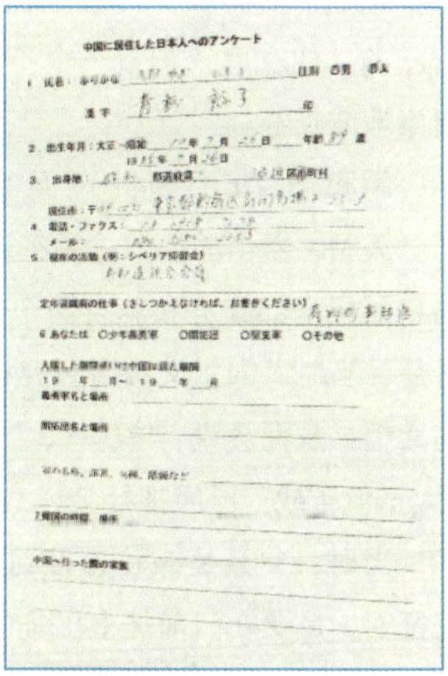

4. 電話・ファクス：

メール：

5. 現在の活動（例：シベリア抑留会）

中国へ行った際の家族

包着指甲的告别信

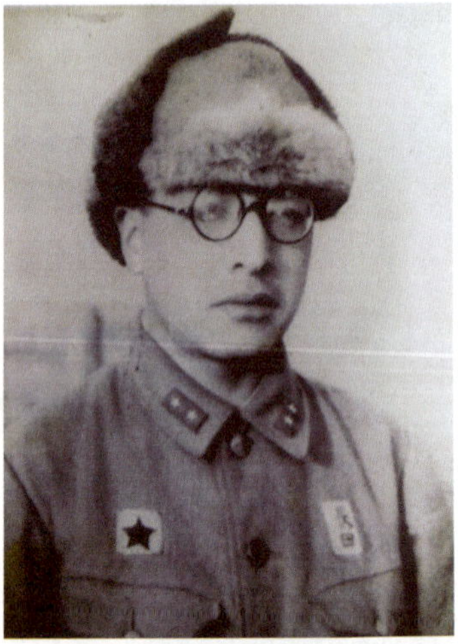
长田又一军装照

我叫青柳裕子，1935 年 7 月 6 日生于群马县沼田市。我的父亲长田又一出生在长野县诹访湖旁的农家，为了求学，只身来到大都市东京，准备一边工作一边学习。

在东京父亲找到了开出租车的工作。我的舅舅也和父亲一样，从群马县农村只身来到东京，以开出租车为生。由于同行工作的原因，舅舅结识了父亲，并相处比较好，经舅舅介绍，父亲和母亲认识了。母亲从群马县农村搬入东京，与父亲结婚。婚后，先后生下了我和两个弟弟。父母靠开出租车维持生计，日子过得还不错。父母感情很好，据母亲回忆说：结婚 7 年多，他们之间没有拌过一次嘴，红过一次脸，亲亲密密的共建家庭，购置一个不太大的房子，三个子女健康地成长着。

昭和十六年（1941）7 月 21 日，一张“红纸”（就是父亲被征召入伍的命令）突然来了。天啊，家中的顶梁柱被征召了，生活怎么办？三个孩子全部留给了妈妈，三十岁的妈妈将承担全部家务和养育两个弟弟及我的责任，如果是在现在，一定会有不满、牢骚吧。可是，当时军国主义教育风靡社会，不用说被征召，就是战死的消息传来，都不能露出悲伤之情，反而会说：“祝贺”、“贺喜”一类的话。可见当时的军国主义教育达到何种程度。“大东亚圣战”已经把社会风气推向了极端，扭曲了正常的人间之情。

当时，父亲是被秘密征召的。本人、家属和亲戚都不知道将去哪里。如果不是被秘密征召，是要在门前挂上出征的日本旗，然后与亲朋好友告别。父亲不仅没有经历送别仪式，甚至连出征时能否最后见到家人一面也不知道。

因此，父亲在东京集合出发前急急忙忙给母亲写了一封告别信，并把自己的手指甲剪下来，用两页信纸包起来，站在集合所前东张西望正寻求一个熟人，设法把信转给母亲。此时，母亲背着两岁的小弟弟，带着我和大弟弟赶到了，亲手接过了爸爸那封包着手指甲的告别信。

信中说：因为这封信不能从军队邮出去，所以拜托战友带出去。今天晚上（1941 年 7 月 21 日）向着未知的战场出发了，最快我也要两年才能回来。信里包着我剪下的指甲，拜托你照顾孩子们，照顾 3 个孩子绝对不是很轻松的事情，其中的辛苦，我作为一个男人也能充分的体会到。因为被征紧急，不能向公司同事们告别，请你替我向公司说明。

信的最后写下了母亲长田耶美子、我（裕子）、大弟享一、小弟敏秋的名字。

但是，爸爸居然把我的名字“裕子”误写为“欲子”了。后来，妈妈捧着信对我不知说了多少遍：爸爸当时心情该多么焦急慌乱啊，连“裕子”的名字都写错了。当时，我 6 岁，大弟 4 岁，小弟 2 岁。

爸爸被秘密征召走了。全家一天又一天，日出又日落地盼望着父亲的音信。每到深夜，妈妈暗自流着泪打开那封信，抚摸着父亲的手指甲。

两个月以后，收到从中国东北当时的伪满洲国都“新京”附近的郑家屯寄来的“军事邮便”。一家人悬着的心稍微踏实了一点儿。妈妈立即给爸爸回了信，询问父亲的生活起居以及部队的作战情况等。但是，爸爸的回信均无回答，几乎每封信都询问我们三个孩子的健康情况。

父亲长田又一

母亲长田耶美子

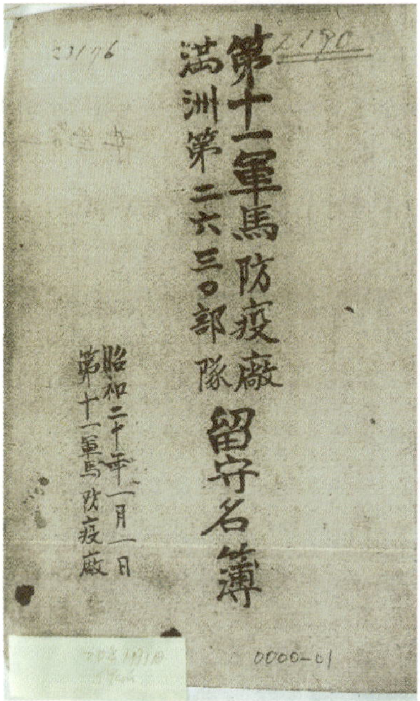

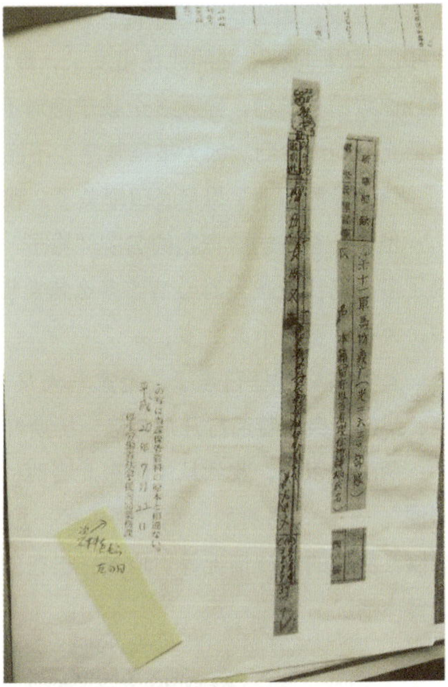

注：“满洲第 2630 部队”隶属于关东军 100 部队，该部队本部设于长春，对外称关东军兽疫预防部。负责人为高桥隆笃兽医中将和松有次郎兽医少将。

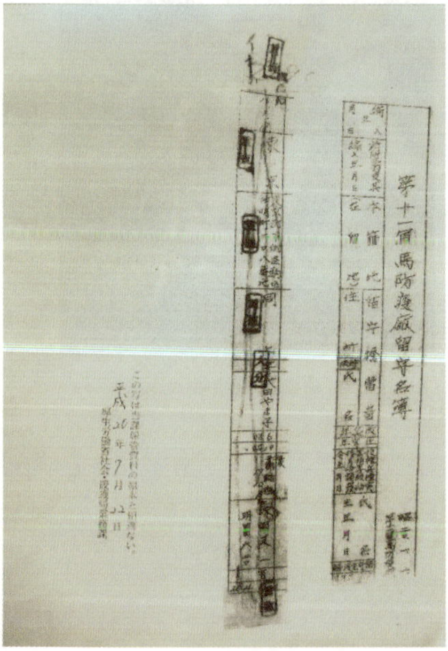

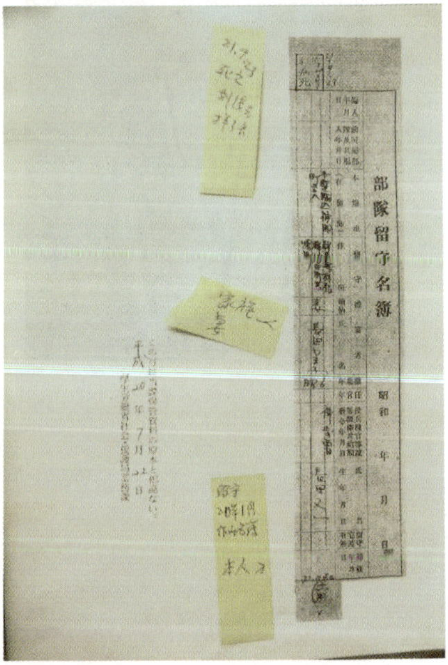

青柳裕子调查的父亲的资料

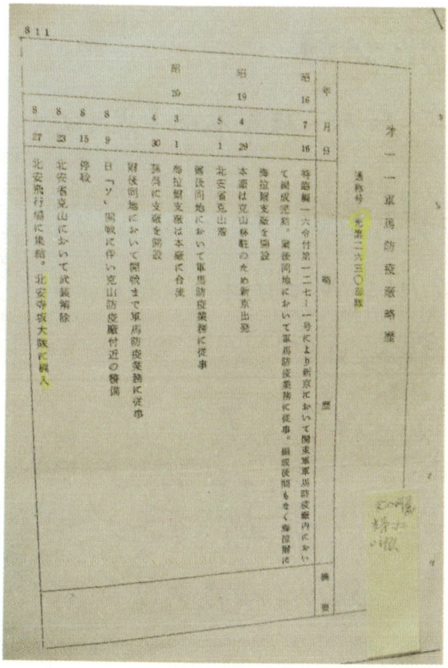

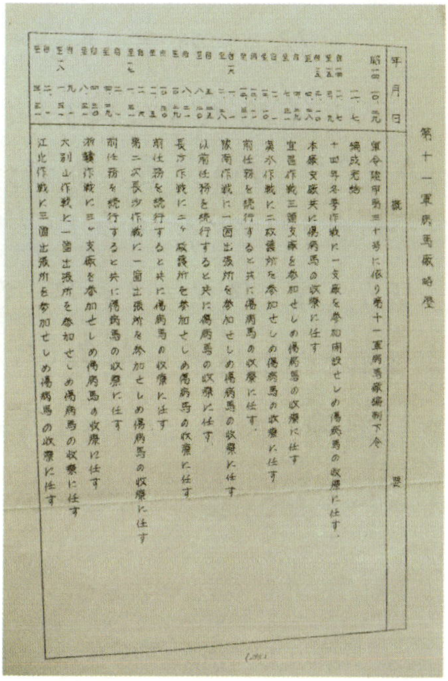

青柳裕子调查的父亲的资料

1945 年父亲没有再来信。1947 年 8 月 7 日“死亡通知书”寄出来了。原来父亲于 1946 年 9 月 22 日“战病死”于中国葫芦岛。

我当时 6 岁，其实直接记忆是很模糊的，以上所回忆的是妈妈对我讲了许多遍的事。而我的大弟、小弟没有记忆，父亲的容貌只能从照片上知道。

这封信已经 74 年了，还能清晰地看出父亲的字迹，爸爸留下的指甲成为唯一的遗骨，从中似乎体会到父爱的温情。

（根据 2014 年 10 月 7 日青柳裕子受访口述记录整理）

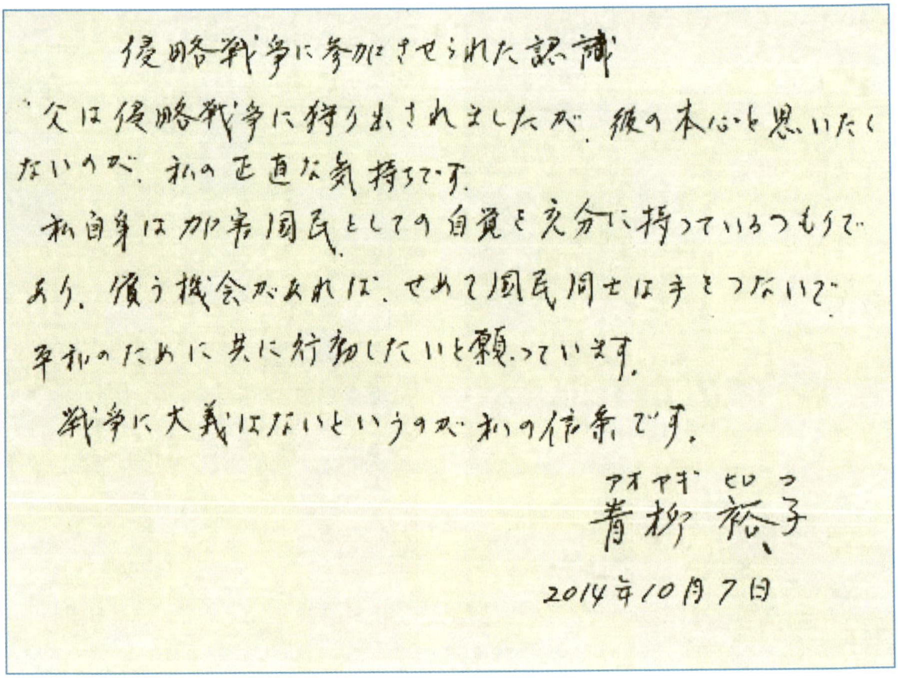
侵略戦争に参加させられた認識

"父は侵略戦争に狩り出されましたが、彼の本心と思いたくないのが、私の正直な気持ちです。

私自身は加害国民としての自覚を充分に持っているつもりであり、償う機会があれば、せめて国民同士は手をつないで平和のために共に行動したいと願っています。

戦争に大義はないというのが私の信条です。

アオヤギ ヒロコ
青柳裕子

2014年10月7日

对于去参加侵略战争的认识

父亲去参加侵略战争，不是他的本意，我真的是这样想的。

我对于自己是侵略国的人民有着充分的认识，如果有补偿的机会，愿和国民一起携起手来，为了和平做出努力。

我的信条是战争是没有大义的。

青柳裕子
2014 年 10 月 7 日

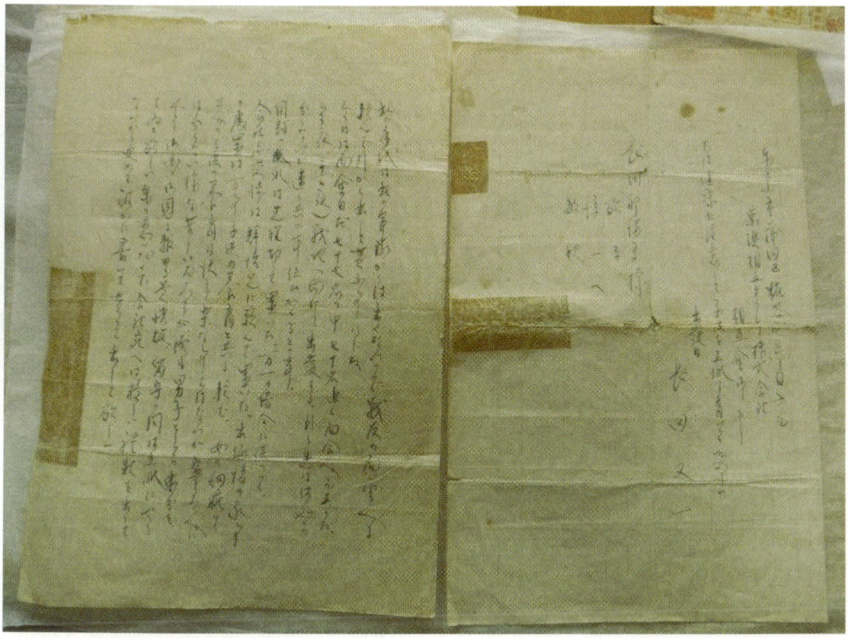

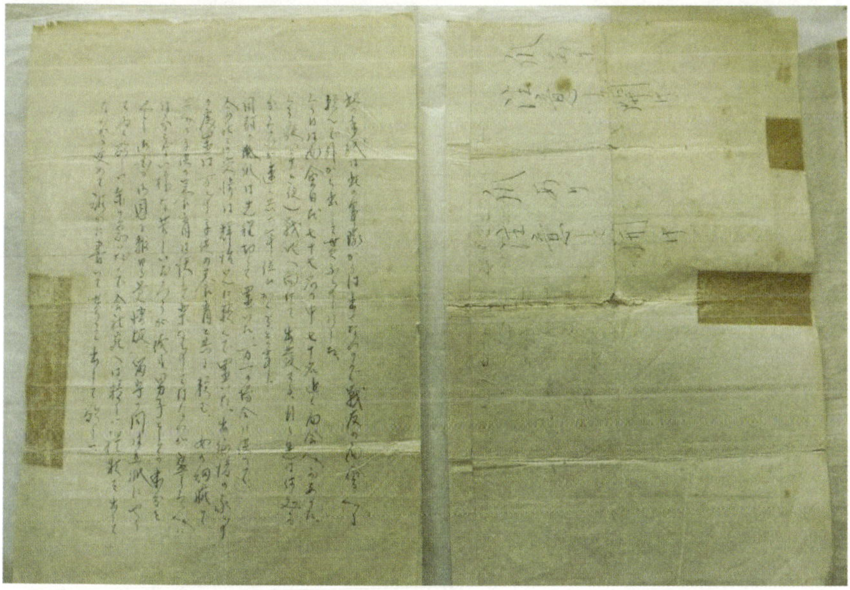

长田又一被紧急征召入伍，由于难以跟家人话别，他留下一封亲笔信，并剪下自己的指甲，包入信中，作为最后的留念。由于手书仓促，最后写女儿名字时，将“裕子”误写成“欲子”。

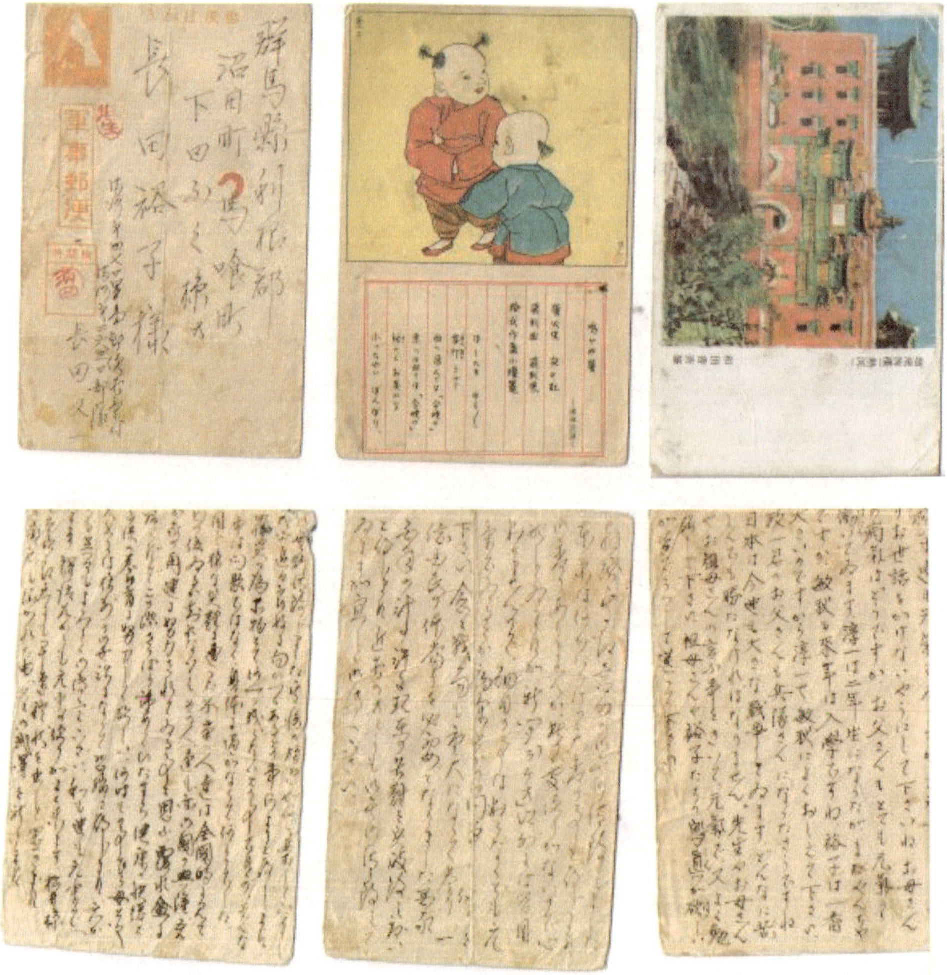

青柳裕子父亲的战地家书

岩井忠正

1920年5月15日 生于日本山形县。

1925年 在作为职业军人的父亲退职后，全家移住大连。

1942年10月 进入庆应义塾大学文学部。

1943年12月 “学徒出阵”加入武山海军团。

1944年10月 进入长崎县“临时鱼雷训练所”。

1944年11月 接受“人间鱼雷”（回天队）、“人间机雷”（伏龙队）的训练，海军预备少尉。

1945年8月 日本投降，训练所解散。

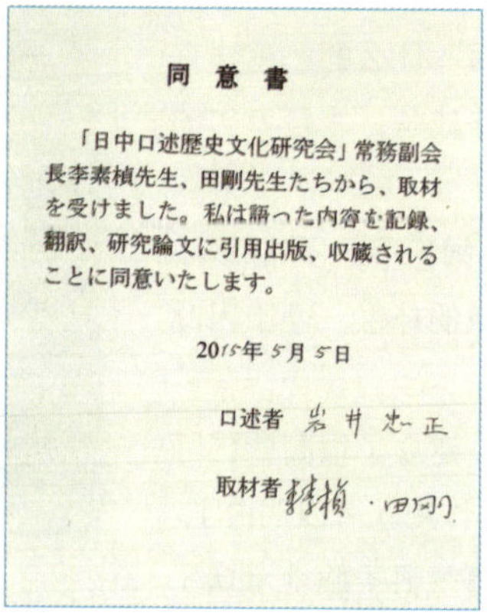

同 意 書

「日中口述歴史文化研究会」常務副会長李素楨先生、田剛先生たちから、取材を受けました。私は語った内容を記録、翻訳、研究論文に引用出版、収蔵されることに同意いたします。

2015年5月5日

口述者 岩井忠正

取材者 李素楨・田剛

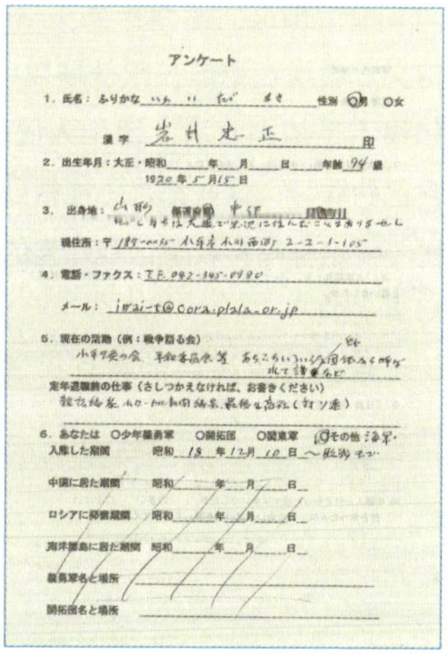

アンケート

1．氏名：ふりかな いわい ただまさ 性別 ◉男 ○女

漢字 岩井忠正 印

2．出生年月：大正・昭和＿年＿月＿日 年齢 94 歳
1920年5月15日

3．出身地：山形 都道府県 [redacted]

現住所：〒

4．電話・ファクス：

メール：iwai-t@cora.plala.or.jp

5．現在の活動（例：戦争語る会）

定年退職前の仕事（さしつかえなければ、お書きください）

6．あなたは ○少年義勇軍 ○開拓団 ○関東軍 ◉その他 海軍
入隊した期間 昭和 18 年 12 月 10 日～敗戦まで

中国に居た期間 昭和＿年＿月＿日

ロシアに抑留期間 昭和＿年＿月＿日

南洋諸島に居た期間 昭和＿年＿月＿日

義勇軍名と場所

開拓団名と場所

战争责任

我国作为近代国家，从明治时期的日清战争和日俄战争，到随后的大正时期出兵西比利亚，昭和年间由“满洲事变”开始的日中战争，我们日本国经常发起战争，出兵地多是韩国、朝鲜和中国。（再远一些可以追溯到丰田秀吉的“朝鲜征伐”。）

在这些战争中，没有一个战争是由于日本受到了军事攻击，受到了侵略迫不得已发起的“防卫战争”。全部都是对方国家没有一个兵力踏入日本，而日本军却入侵这些国家，践踏这些国家，这是历史事实。并且每次，日本都是达到了领土和势力范围扩大的目的。这不是侵略又是什么呢？不仅如此，731部队更是犯下了非人道的残虐的行为。

岩井忠正（右）与弟弟岩井忠熊（左）

有人认为：“历史事实也许是这样的，但是承认这样的事情关系到我们国家的‘体面’啊。”如果是这样的想法就说一下吧。如果说“体面”什么的，无法直视已经作为国际常识的日本的侵略战争，才是卑劣的不“体面”的事情吧。

看看德国吧。德国对于纳粹德国犯下的侵略战争，对被害国正式地道歉，做了应该做的补偿。德国因此就落得不“体面”了吗？

恰恰相反。德国恢复了信誉，建立了很高的国际信义。看现在德国在欧洲联盟中的作用就可以明白了。如果不是德国政府、德国人民有勇气很干脆地承认了自己的罪行，这些都是不能得到的。日本政府，日本人民不能这样吗？我坚信我深爱的日本和日本人，不是那样卑劣的。

承认过去战争的责任，诚心的道歉不仅是我们应该研究的课题，也是道德责任的问题。

岩井忠正

2015年5月5日

关于战争犯罪

已经过去的 2010 年 11 月 3 日在中野勤劳福祉会馆举行的 ABC 企画委员会触动了我，写下了本稿。

针对那个战争时期的 731 部队，也就是日本对中国做了什么，有人调查了湖南省、浙江省的实际被害的亲属和附近居民的具体见闻，写成了总结报告，我被这个报告不可动摇的真实性震动了。但还不仅仅是 731 部队，日中战争整个过程，在中国的所到之处虐杀、掠夺、放火、凌辱、绑架、强制劳动等随心所欲的非人道行为都是事实。可是，日本看上去还要忘掉这段历史，无视这段历史。很久以前我就觉得日本国这样做是一件很羞耻的事情。

中国来的演讲者和日本人演讲者，对于日本 731 部队所做的非人道的残虐行为做了具体的证言，全都是作为我们日本人不愿意听到的事实，但是也是不可否定的事实，这是作为日本人虽然不情愿却也是不得不直视的事情吧。我对于策划和举办了这次活动的贵委员会的勇气和见识表示敬佩。日本所犯下的这样残暴的罪行不仅仅局限于 731 部队，而是在中国的所到之处犯下的，所以现在不管怎么承认都是不够充分的。我想一定要把这种史实扩大到更多更广的国民范围中。

但是我想的是，日本对中国和韩国、朝鲜所犯下的罪行，不仅仅局限于战争过程中所犯下的一个一个的残虐行为。假设那个过程中完全没有做过这样的残虐行为又会怎么样呢？就可以被免罪吗？即使没有做过任何的非人道行为，侵略其他国家也应该被判定是犯罪行为。日中战争中日本做了很多非人道行为，这一点是怎么道歉都不能原谅的。就 731 部队而言，“仅仅”被部队长石井四郎和他的部下的出奇残忍的手段吸引了注意力，从而忽略日本国家的侵略行为，有必要表明那种非人类的残暴性和当时日本国家的侵略性是一体的，这也是我常常想到的第一点感想。

还有下面的问题。日本必须要与中国相互理解和友好，并维持深度和平的关系（韩国、朝鲜也是一样的），这一点是没有异议的。但是我也有担心的事情。经常能从有心的人口中听到这样的话：“日本只有直视并且反省对中国做的侵略和非人道的残虐行为，真心真意地道歉才能得到真正的友好。”“中日两国之间不清算过去的历史，中日关系是不可能好转的。”我确实也是这样想的。明治以后日本对中国反复发动侵略战争，并在这个过程中做过很多非人道的残虐行为，如果日本不对这些行为有一个真挚的反省的话，是不可能实现日中友好的。

但是在这里我也在想，这种反省，以及基于这种反省的道歉绝不仅仅是为了实现友好的“手段”。如果假设通过其他的适当的手段，或者经过时间的冲刷，中国人忘记了过去所受到的伤害（那样的事情是不可能发生的，只是“假设”），实现了友好，日本过去犯下的侵略罪行就消失了吗？当然不是这样的。即使对方忘记了，或者我们不道歉也得到了原谅，所犯下的罪行就消失了吗？要求我们道歉的是过去的事实本身。我认为日本人应该意识到我们必须要做的反省和道歉，不是出于什么目的（即使是善意的）而采取的手段，而是无条件的“道义的义务”。

在这期间的集会中，中国的演讲者强调日本方面如果不能做到直视自己所做的非人道的残虐行为并道歉，日中友好是不可能实现的。

我想我所说的道歉跟对方国家现在是个什么样的国家完全没有一点关系，只是强调这是我们的义务。我认为这不是为了达到友好的目的而使用的单纯的“手段”，而是达到友好所必须奠定的“基础”。

还有一点。多数的中国人，以及中国政府都在说：“作恶的只是日本的一部分军国主义者，日本国民和中国国民一样都是战争的受害者。”这段时间的集会中也曾多次从中国演讲者那里听到这样的言论，这对于一般的日本国民来说是很难得的语言。但是我也不这样认为，我想日本国民不要被这样的“宽大”的语言宠坏了。在那个时期，日本国民在绝对的天皇制和治安维持法之下，在反对侵略中国就意味着死的情况下，这确实是事实。但我想那只是日本的国内条件，不应该成为处理对外事务的借口。那种侵略和殖民地化是我们的“国家”的所作所为，一部分的军国主义者自不必说，但不仅是这些，日本人作为“全体国民”也应该承担相应的责任。（当然并不是说当时的战争指导者和不得不跟随的一般

2015 年 5 月 5 日，岩井忠正（右）接受李素桢（左）口述访谈照

国民同罪的意思。)

最后还有一点。中国政府就小泉首相参拜靖国神社和针对慰安妇问题抗议日本政府态度的时候，经常会说到“不应该伤害中国国民的感情”这样的话。这样的话也是出于不想伤害日本国民的“感情”的政治性、外交性的“考虑”才说出来的吧。那不是“感情”等这种心理层面的问题。道义的责任感和义务感的缺失，才是应该被指出和追究的问题根源吧。

日本没有好好清算过去的所作所为，正是造成了现在的东北亚的紧张状态的根本原因，我想对于这一点日本也应该早有察觉。

关于这些意见，大家都是怎么想的呢?

岩井忠正

2010年12月8日

所谓的731部队是什么? 到底做了什么样的事情? 我大致是知道的。森村诚一氏的“恶魔的饱食”等等，偶尔通过文献都了解到了。头脑中一直有这样的认识，就是觉得这是日本国家的犯罪。

但是通过这次的实地的见学旅行，我有了更有具体的体会。

由于卑劣的毁灭证据的行为，大部分的证据已经被毁灭了，但是“研究”中使用的解剖手术刀等各种各样的实验用具，细菌、昆虫、小动物等的培养设施痕迹等残存的遗物说明了那是主体的一部分。

你会发现，731部队是“医学”研究中一个特殊的现象，医学本来应该是治疗人的疾病和伤痛的人道的学问，在这里却恰恰相反，是扩散疾病、给予伤痛、杀人的“医学”——作为战争的武器。

像这样的“医学”研究设施，把几千个活生生的人作为“实验材料”，把这样的事情作为一个国家的项目，有企图、有计划地推行，并不是一部分军人的鲁莽从事，而是有明确目的的“国家的犯罪”。日本有无法推脱的责任。作为同是做了这种罪行的日本人的我深感羞耻。

这次旅行，日本应该向曾经遭受过侵略的，以中国为首的亚洲诸国真心地赔罪。我也是很早就有这样的想法。

岩井中正

2015年5月5日

(根据2015年5月5日岩井忠正受访口述记录整理)

・人間魚雷について（訓練様子、方法、目的など）

人間魚雷「回天」は当時日本海軍が新開発した酸素魚雷「93魚雷」を改造して人間が搭乗、運転できるようにしたもの。

魚雷は一般に灯油をエンジンで燃焼させ、その熱で蒸気を発生させその圧力を利用してプロペラを回転させるもので、その燃焼のために必要な空気は（大量の）圧縮空気として空気タンクに貯蔵されている。93魚雷はその空気（多くの窒素を含む）の代りに純酸素を積んだもので、魚雷に付きものの「雷跡」（船の場合の「航跡」）がきわめて少ないため敵艦による発見の危険が少ない上に、速力、航続距離等が大きく向上する。

人間魚雷「回天」はこれに人間が乗って操縦できるようにしたもの。（操縦席には）潜望鏡（「特眼鏡」と特称されていた）、ジャイロコンパス（gyrocompass）操縦装置などが装備されている。

これを潜水艦の甲板に6基ほど搭載し、（潜水艦が）目標艦を発見したら回天搭乗員がこれに乗り移り、緊縛を解いて目標艦に向けて発進する。

しかし母艦の潜水艦もろとも爆雷攻撃の犠牲となったものが多く、（敵艦に発見されて）成功例は1件にすぎないという。

サイン 岩井忠正 印

2015年 5月 15日

(3)

岩井忠正对“人间鱼雷”的问卷回答

成迫政则

1928 年 生于日本大分县。

1943 年 高中毕业，就职于佐伯铁工所。

1944 年 进入大分陆军少年飞行兵学校，第 19 期。接受活人地雷特攻训练。

1945 年 8 月 日本投降后，少年飞行兵学校解散。

1958 年 专修大学商经学部毕业。

1972 年 任秋留野市立御堂中学校长。

1989 年 退任。

同意書

「日中口述歴史文化研究会」常務副会長李素楨先生たちから、取材を受け、語った内容を記録、翻訳、研究論文の引用出版、収蔵などのことを同意いたします。

2011 年 11 月 3 日

口述者 成迫政则

取材者 李素楨

军国主义的恶果：活人地雷特攻队

我上小学二年级的时候，父亲突然去世了。母亲东奔西走地借钱，“政则明年春天毕业，请借我一点点钱吧”。但是他们都出乎意料的冷淡，母亲一边哭泣一边卖掉了自己的房子，最后回到了娘家。

我一年级的时候，教科书里写着“前进吧，前进吧，军队前进吧”、“日出之旗，万岁，万岁”。年级稍微升高了之后，教科书里就写着“日本是很棒的国家，是纯洁的国家”，“是世界上神的国家”，“日本是好的国家，是强国”，像这样的话我从很小的时候教科书上就写着。在那之后，有历史、修身的课。广濑中佐，就是“军神”，然后，“爆弹三勇士”等等人物在各种各样的修身课中都会出现。

我们小学生欢送出征士兵，这个我记得很清楚。青年团、警防团、在乡军人会、妇人会等全体出动来送别。村长和送别的人们说些鼓励的话，被欢送的士兵最后说“我走了。”不是“我去去就回”这样的话，走了就不再回来，表明已经做好战死的决心了。我入伍时也是这样的。

同学们都去中学了，因为我家里穷，所以不能继续升学。我是瞒着母亲提交申请书的。

把母亲的印章偷着拿出来，在盖章的时候真的很烦恼。我是十月份入校，所以九月份

战时的军国主义教育宣传画册

的时候来了通知书。母亲看到这个就哭起来。哭得简直要崩溃了。她说，如果你要去做少年飞行兵的话，那是不可能活着回来的，一定会死的。虽然我说了还有三个弟弟呢，请妈妈放心，没关系的等等，但真的是很痛苦啊。从那以后，直到当我成为“活人地雷”的训练员时，母亲留着泪水的脸经常浮现在我的眼前。

再说一下少年飞行队的训练。

如果沦为了俘虏之后就自我裁决，上级是这样告诉我们的。因为发给我们刺刀，并改进成了少年飞行兵可以使用的模样。将刺刀的三分之一刺入腹部，有所谓的“笔直切腹”和“交叉十字切腹”的自决方法。

训练也是陆地训练，即所谓的匍匐训练。“目标，前方 100 米的敌人，第一匍匐，准备，前进。”枪是我们从天皇那儿得到的，上面有菊花的花纹，所以我们必须把它看得比自己的生命还要重要。然后我们右手拿枪，左手用手肘支撑着地面前进。“好，接下来，第二匍匐。”“啪”的一声开枪，然后就马上用两只手肘支撑着地面，实际上我们是前进不了的。那时候是夏天吧，草里面全是热气，非常炎热，嘴里面也是嘎啦嘎啦的，那个时候让我们休息了一次，但只是十分钟的短暂休息。

说起猫耳洞，是指自己一个人可以进入的战壕，挖在海边。从猫耳洞里飞奔出来，飞入敌军车的履带的里面，如果飞进的方法不好的话，下士官就拿着枪板使劲儿地打。当时我们都戴着铁头盔，一不小心就会咕噜咕噜的昏晕。我们就一直重复着这样的训练。

1945 年 7 月的一天，太平洋战争即将结束之际，大分陆军少年飞行兵学校第 19 期立山队第四区队的学生们正在自习室里写每天例行的日记。就在这时，田中正隆区队长毫无顾忌地走了进来。

“自习都先停下！今天要在这里请你们大家表决心。我日本大帝国正处在生死存亡的危急关头，同学们抱着精忠报国的热情加入了少年飞行兵，一直到今天都在接受严格的训练。非常遗憾的是，我陆军已经没有供大家驾驶的飞机，帝国陆军更加坚定了必胜的信念，即使是在本土决战中一亿人英勇牺牲，也一定要实现圣战的伟大意义。因此，在关键时刻，请各位同学表表决心。既然不能在南海的蓝天下光荣牺牲，希望大家在本土决战中勇于担当活人地雷，大家没意见吧？”学生们听着区队长的严肃的问话，面色紧张地回答到：“遵命！”

“现在发报名表，决定后填上自己的志愿！”

十五六岁的少年兵们各个紧绷着脸，在心中默默沉思。同学们平时受的教育是不许看别人的脸色行动。从区队长的话语中，大家都感到了死亡正在一步步逼近。我闭上了眼睛，眼前不禁浮现出母亲的面容。

眼前也闪过了姐姐、弟弟和妹妹们的面庞，可是瞬间又消失了。随后，不知道是何缘故，突然想起了几天前为我的水筒接满水的女生的明亮的双眸。“傻瓜！”我一边在心中大骂自己，一边左右用力摇动脖子，睁开双眼。紧接着拿起笔，精神抖擞地写下了“我自愿做活人地雷”。

田中区队长把大家填写的报名单收上来，之后脸上才终于流露出一丝轻松的表情。他喊道:“继续上自习！”就离开了教室。

第二天，“全体同学都自愿报名做活人地雷”被公开报道，从那天起，战车就出现了，炎炎烈日之下，与战车的白刃战训练也如火如荼地展开了。我们手里拿着棒形地雷，身后背着成箱的地雷 ，近距离逼近战车。身背地雷撞向战车，和敌人的战车同归于尽，这在当时日本以外的其他国家是想象不到的特攻战术。少年兵们坚信是为了天皇和日本国而战，毫无怀疑，心甘情愿地选择死亡。只是觉得是跟战车肉搏，而不是操控特攻用飞机与战舰同归于尽而有所不满。

美国空军的空袭越发频繁，大分市也陷入了火海中，我们被命令去参加营救市民。飞行员学校也遭到了燃烧弹的轰炸，一部分校舍起火，消防队也遭受了圣马丁鸟战斗机的扫射。

敌人飞机袭来的间隙，我头上顶着盛夏的刺眼的阳光，躲在练兵场的草丛中，心中充满愤怒和恐惧。

终于日历翻到了 8 月 15 日这一天。

成迫政则军装照

收音机中第一次播送了被尊为人神的天皇陛下的声音。这也被称作玉音广播。全体国民在这天中午全神贯注地收听了这个重要的广播。少年飞行兵学校里，全体人员在操场上按中队整齐列队，以纹丝不动的笔直的站姿收听了广播。但是，因为广播里传来特别嘈杂的噪音，根本就无法听清楚广播的具体内容，大家都有些莫名其妙。这时，站在指令台上的中队长长谷川弘大尉对大家说："这是在对苏联宣战呢。"

"陆军要战斗到直到只剩下一兵一卒。全体人员等待上级下达指令。"每天让我们身穿笔挺的高级军服，而且每顿饭都有特殊待遇，饱食美餐。8 月 18 日，上级下令让我们写遗书。

"啊！我们为大东亚战争不惜牺牲生命！天皇陛下万岁！让我们英勇壮烈捐躯！硫磺岛山崎中将、栗林中将、加藤中将、牛岛大将，冲绳的军官百姓安息吧！为你们祈祷，愿你们的灵魂安息！我等已无任何担忧！誓以生命尽忠孝国，此生意义高于一切！我等将跟随阿南大将军，跟随特攻队而去！唯有忠信诚意永留人间！唯有忠信诚意万古流芳！"

"我等已决心战斗到底！宁可粉身碎骨！以此书表决心。"

可是，冲锋的号角并没有来得及吹响，战败的真相就从上面传达给了每个少年飞行兵。顽固地坚信日本是神圣之国、根本不可能战败的学生们听到这个消息都不敢相信自己的耳朵。兵营里到处都是呜咽声，压低嗓音小声地哭泣，少年飞行兵们彻夜未眠，在泪水陪伴下度过了整整一个晚上。大家两眼红肿，怒斥政府软弱无能，战败就好像晴天霹雳一样，让大家受到了毁灭性的打击。

昭和二十年（1945 年）8 月 18 日，大分陆军少年飞行兵学校的学生们被告知了日本无条件投降的事实。一宿未合眼，少年兵们整整哭了一个晚上，大家听到各种各样的煞有介事的说法，也不知道未来等待我们的是什么。"学生们都会被俘虏，之后被带到什么地方，给建设美军基地当劳力。""为了把日本人斩草除根，凡是男的都会被阉割。""上级要被枪杀，现在马上把显示身份和名字等的资料全部烧掉！"

少年兵们对报纸和收音机的信息一无所知，一直到 23 日为止，都没有听到任何好消息。5 天的时间在压抑和忐忑不安的心情中度过。在炎炎烈日之下，上级下达了一道严格指令，操场上被挖出了一个大洞，所有写着字的纸片，一张不留，全部烧毁。（我偷偷地把遗书藏起来带了回来。）

入学以来，一天都没有休息过，每天都用毛笔记录着当天的反省日记。这些日记，连同军队手册、战阵训、兵器学等教科书一同烧毁。极其宝贵的几张相片和几封信也只好无奈地扔进火中一并毁掉。看着熊熊火焰伴着缕缕青烟升到空中，我全身顿时感到莫名的无力，而无任何回天之术。

8 月 23 日清晨，200 名队员全体整齐列队，接受中队长最后的训话。

“我们陆军少年飞行兵学校遗憾地迎来了解散的日子，各位同学，你们就要解甲归田，回到各自的家乡了。”

以前每周上课的最初的一个小时，都是接受训话，这次中队长脸上失去了以往讲述至诚尽忠、忠君爱国时的热情和魄力，平日熠熠生辉的面孔看上去略带悲伤，以至于走形。我长期以来一直给中队长值班，在身边照顾他。从做饭到擦鞋，无所不做。空袭来的时候，我背着两个人的毛毯四处躲避。

“日本帝国虽然战败了，我坚信虽然困难重重，国家的精神支柱仍然尚存，而且会被发扬下去。我们的敌人，联合国里，一方是崇尚自由主义的美国，一方是固守共产主义的苏联。这是两个互不接受的国家，不远的将来必定会引发冲突。到时候就是你们站起来反击的时候了。”

之后，各个区队举行了最后的晚餐，大家就各奔故里，分道扬镳了。区队长田中正隆少尉到大分车站来给我们送行，在月台，他突然大声喊了出来：“绝对不会再上国家的当了！到我的孙子一代为止，绝对不再做军人了！”回味着中队长在解散仪式上的讲话和区队长的喊话，不禁心中又波澜起伏。（自己今后也决不是为国家，而是为父母和兄弟姐妹而活下去）我暗自在心里下了决心。

日丰本线沿着里阿斯式海岸线前行。隧道较多，车窗外时常可以看到大海的景色。我站在拥挤的车内，茫然地望着窗外的大海。火车奏响汽笛穿越了第 15 个隧道后，马上就

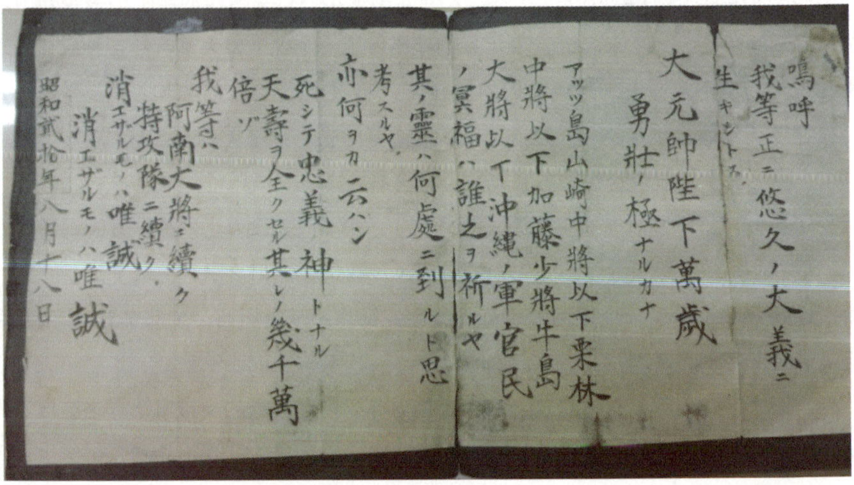
嗚呼
我等正ニ悠久ノ大義ニ
生キントス。
大元帥陛下萬歳
勇壮ノ極ナルカナ
アッツ島山崎中將以下栗林
中將以下加藤少將牛島
大將以下沖縄ノ軍官民
ノ冥福ハ誰之ヲ祈ルヤ
其ノ霊ハ何處ニ到ルト思
考スルヤ。
亦何ヲカ云ハン
死シテ忠義ノ神トナル
天壽ヲ全クセル其レノ幾千萬
倍ゾ
我等ハ
阿南大將ニ續ク
特攻隊ニ續ク。
消エサルモノハ唯誠
消エザルモノハ唯誠
昭和貳拾年八月十八日

成迫政则作为“活人地雷”临战前的遗书

要到达日思夜想的故乡——佐伯站了。我怀着十分复杂的心情下了火车。

我把作为纪念品从中队长那里得到的图囊挂在腰间，杂囊和水桶交叉地挂在胸前，背后扛着装着衣服和毛毯的背包，从头到脚都是复员兵的打扮。我朝着母亲和姐姐弟弟们所在的家的方向走去。尽管不想丑化自己，可是这一身着装打扮怎么看都是一个残兵败将。6 公里的路程步行回家也只需要 1 个小时左右。我迫不及待地想尽快回到母亲身旁，可是因为不想让村子里的人看见我，只好等待天黑下来再走。我朝着佐伯湾方向走去，扑通一下在水边的树荫下坐了下来。环视静谧的四周，感觉好像在梦里，这里的上空曾经是海军航空队的飞机的必经之路。第一次一个人静下来，整个人突然感到是这样的孤独无助。真相是什么？一个处在真相不明的现实中的少年，除了叹气之外，别无选择。

太阳西下，望着天边红彤彤的晚霞，眼前不禁清晰地浮现出长谷川大尉等 3 个特攻队队员的表情，他们临行前还不忘叮嘱“神州不灭，相信你们会跟随我们为国而战”。（记得海军纪念日那天，大分海军航空队遭到空袭。逃出火海的特攻队的队员们一直到冲锋之前，在我们立山队的中队讲堂住了 5 个晚上。我正赶上给中队长值班，负责给长谷川大尉做饭。我能察觉到紧张的气氛，也感觉到一直在读着《圣经》的长谷川大尉的表情看起来是那么苍白无力，却又略带庄严。长谷川大尉在全体学生面前训话：“你们要坚信神州永不灭亡，为人之道的大义永存人间！宁愿为国捐躯化作鬼神守护国家。相信你们会跟随我们前进。”听过训话，过了一会儿，在少年飞行队的上空出现了 3 架战斗机，轰隆隆地飞驰而过。特攻队的队员操控飞机，在我们排列整齐的队伍上空盘旋之后，震动着机翼飞向远处。）纷繁复杂的回忆让我心如刀割，支离破碎，我在夜色中加快了脚步，向家的方向前行。

有一个词叫“茫然若失”，也可以描绘成是完全陷入虚脱状态中，这正好是我当时的状态。帝国陆军被消灭时，就好像是花蕾完全消失殆尽。少年成迫政则，半夜里活着走回家中时，就好像是一具失去灵魂的行尸走肉一样。

虽然花费很长时间，但又重新找回了自己。战后的混乱持续期间，我作为失去父亲的一家的长子，和妈妈及兄弟 8 人，为了在极度贫寒中生活糊口，没有时间再啜泣。我们成了铁匠铺的徒弟，开始认真学习农具和刀具的制作，掌握了制作技术，不到 20 岁就独立门户，和弟弟二人共同经营。不向饥饿和生活低头，遵守《新宪法》，高举为祖国日本的复兴重建的旗帜，通过参加青年团运动及地区活动等，结识了很多知己，并且为了响应新时代的号召不断地磨炼充实自己，积极地投身到各种活动中。

日本以和平宪法为治国之本，朝着和平国家、经济大国之路一路走来。70年后的今天，一边高呼着国家利益、国际贡献，一边是加速修改宪法，而维护宪法的护宪派的身影却越趋减少。牢记历史教训，回顾十几岁的少年时代的经历，我愿意为追求真爱美，为创造世界共生的 21 世纪而尽自己的微薄之力！另外，我加入了以小山内美江子为代表的 JHP（学校共建会），两次去柬埔寨，和学生们一起参加了共建学校的志愿者活动。去年 3 月，JHP 所援建的第 76 所小学（命名为成迫学校），由我全额捐助建成。只有没有流血的国际贡献才是令人尊敬的。和平宪法第 9 条是我们值得向全世界骄傲的内容，也是全人类的智慧的结晶。修改和平宪法第 9 条是违背时代向前发展的行为，这一点我坚信不疑！

（根据 2011 年 11 月 3 日成迫政则受访口述记录整理）

2015 年 5 月 24 日，成迫政则在日中口述历史文化研究会讲演照

留下历史证言，面向未来友好

植田渥雄　日本樱美林大学原副学长

尊敬的各位先生、各位女士：

大家好。《诗经》中曾云：“我有嘉宾，德音孔昭。”今天受到你们热情的招待，我们感到十分高兴，同时也感到非常的荣幸。我代表“日中口述历史文化研究会”，向你们表示由衷的感谢。

我们研究会一行主要有两个目的。其一是为了了解20世纪前叶，中日两国之间发生的种种历史史实，并由此总结和汲取历史教训。

如大家所知，中日两国之间曾有过一段非常令人痛心的历史。当时，有很多日本人参加日本军队，侵犯贵国领土，给贵国人民的生命与财产造成了极大的伤害。这个事实是任何时候、任何人都不可否认的。虽然60年的时光已在弹指间流逝而去，但仍有很多日本人还清楚地记忆着那段历史。我相信这是我们共同的宝贵的精神财富。

实际上，关于这一点，日本国内还有种种不同的看法、不同的意见存在着。有些日本人现在还不肯承认“侵略”这个历史事实。还有一些人对此没有充分的认识和理解。可是大多数日本人，包括我们一行人在内，都诚心地承认这段历史事实，并加以深切地反省。这是我首先要传达给诸位的我的心声。

我们一行人中有很多人都切身经历过这段历史。他们在过去的六十多年间在日本谈自己的经历。大家一看就可以知道，他们都已经上了年纪，最年轻的历史经验者也已八十多岁了。尽管如此，他们仍旧精神饱满地讲述战争给中国人民同时也给日本人民带来的深重苦难。当时，他们是服从国家的命令，与自己的志向无关，被诱导来中国当兵，被迫与中国人民打仗。其中有些人，于战争中或战败后还参加了中国人民解放军，参与了解放战争，为新中国的建立贡献了他们的力量。

他们都通过自己的切身体验理解了中国人民的军队是什么样的军队，什么地方与日本帝国主义军队不同，当时的日本军队对八路军是如何的恐惧等诸多具体事实。

说实话，我很庆幸自己晚出生了几年，没被逼上侵略战场。虽然我自己没有战争的直接经历，可是听到他们的切身体验，仍然深深地为之震动。因为他们的话里面有一种通过任何一本书都得不到的特别的感受。趁着历史亲历者还健在，我们研究者和历史亲历者共同创办了“日中口述历史文化研究会”。过去，提起历史研究主要是以文献资料为中心，而个人的口述往往被认为是缺乏客观性的，因而很难作为历史研究的可靠材料。的确，只相信一个个例的口述，把它当作历史事实，是相当危险的，因为个人的看法之中必然有主观因素，就是说切身体验也避免不了一些主观因素或记忆的误差。

可尽管如此，我们可以说历史研究应该排除掉所有的口述经历吗？我们不应那样认为。我相信听取更多的历史亲历者的口述，并把它们综合起来，加以分析和整理，就能更加迫近历史的真实原貌，就可以为传统的基于文献的历史研究提供必要的补充和支撑。

中国古代伟大的历史学家司马迁，不仅仅依靠原有的文献资料，还积极地访求、搜集许多传闻和口述资料，再加之以历史学家尖锐的眼光来分析和整理，终于写出了那部震古烁今的鸿篇巨著——《史记》。他为后世的治史方法提供了范本，这也是他可以彪炳史册的原因之一。

很遗憾，我们都不是司马迁那样伟大的历史学家。可我们可以向这位伟大的先行者学习。同时，还要向中国普通民众学习。我们要直接了解一般中国民众对过去历史事实抱有怎样的看法，作为我们反省和研究的坚实资料。以上是我们访问贵校的第一个目的。

我们还抱有第二个目的，那就是希望通过这一次交流加深中日民众层面的理解和交流，为将来的中日友好做出一点贡献。对此，我们谨以一片“赤诚之心”祈愿中日友好、万世昌平！

最后，希望并期待这次交流圆满成功，祝朋友们身体健康。谢谢。

2011 年 9 月 15 日
中日口述历史国际学术研讨会演讲，于长春

2011 年 9 月，中日口述历史国际学术交流研讨会于长春召开

历史认识有感——加害与被害

须藤正亲　日本东海大学名誉教授

《广岛·长崎》

今年的酷暑也渐渐来临。到了这个时节，就算是健忘的日本人也会一年一度地回想起那场战争。可是，随着对战争一点儿都不了解的年轻人的增多，连那场战争的存在都好像要离我们远去。

最近，为了让以美国为首的全世界的人们了解广岛和长崎被炸后的惨状，美国导演史蒂芬·冈崎（日裔第三代）制作了纪录片《广岛·长崎》。在广岛和长崎进行口头调查时，他发现对于“8 月 6 日和 8 月 9 日是什么日子”的提问，竟然有三分之一的日本年轻人回答不出，这让他简直无言以对。这种现象的具体成因我不清楚，但是我觉得与当今日本的无视黑暗面、一味着眼未来的时代潮流脱不开干系。

原子弹爆炸距今已经有 66 年了。日本作为唯一一个被炸国家不停地向世界各国建议着杜绝核武器。可是事与愿违，拥有核武器的国家只增不减。一方面，严峻的国际形势迫使各国无视日本的核武器杜绝运动，争先发展核技术；另一方面，也不能否认日本的核武器杜绝运动自身的问题——作为唯一的核武器被害国，一边让频繁进行核试验的美国保护自己，一边向各国建议消灭核武器，岂不是自相矛盾吗？遗憾的是，东京距离广岛和长崎路途遥远，当地民众的呼声很难传到政治家的耳朵里。美军在冲绳登陆后，当地的无数平民都葬身在了战火之中。可是，二战结束后的这六十多年间，就在冲绳，就在和东京差不多大的冲绳本岛上，竟然有 75% 的土地都是美军基地。可是，冲绳比广岛和长崎离东京还要远。

在日本的代表性电影导演今村昌平和黑泽明的作品中，有两部描写原子弹爆炸的电影，分别是《黑雨》（1989 年）和《八月狂想曲》（1991 年）。这两部作品在日本都很受欢迎，可是在欧美各国却无人问津。倒不如说在试映时还响起了倒彩声。作品绝非只描述日本人的惨状与悲伤，可是，作为日本发起的战争的受害者却不会那么看待吧。

由五味川纯平原著、山本萨夫导演的电影《战争与人（三部曲）》（1970 年）也遇到过同样的问题。这三部曲都描写了战争，是日本 70 年代战争电影的代表作。这三部曲既没有受到最近兴起的“自虐史观”的影响，也没有添加任何“爱国史观”的因素，而是从正面去描写了战争的愚蠢与可悲。由于当时日本人对政治还没有丧失热情，所以三部作品都受到了相当的关注。可是在被害国中国的评价却很不理想。

日本的文化传统中历来就有一种往事付之流水，也就是过去的就让它过去的独特思想。日本人连自己同胞的痛苦与悲哀都无法切身体会，更何况能站在别国人民的立场上去思维。

德国的历史认识

我读了希望加入我们“日中口述历史文化研究会”的 K 先生的来信。看过之后有两件事感到很遗憾。一件是在加拿大温哥华机场的中国人开的商店里买东西时遭到拒绝的事。还有一件是去中国旅行的时候，K 先生一行人因为对蒙古很有好感，而遭到了一个德国旅行团的抗议。德国人对 K 先生他们中的一个人说：“800 年前蒙古军队曾经侵略过德国。”

古话说“推己及人”，可是与其说日本没有理解别人的痛苦，不如说从没有主动去尝试理解他人的痛苦。如前所述，在日本，连被原子弹爆炸的历史都渐渐地被淡忘了。这种刻意遗忘历史的行为正是日本多次发动侵略战争的元凶，它在近些年日中、日韩、日朝关系中如实地表现了出来。中国受到日本的侵犯是从一百多年以前开始的。比较而言，德国在 800 年前受到蒙古的侵害要久远得多。尽管如此，德国所受的伤害还没有痊愈。另外，蒙古军侵略德国的历史在十三世纪由传说形成了史诗，后又被理查德·瓦格纳（1813–1883）写成了著名歌剧《尼伯龙根的指环》。对于德国人来说，只要瓦格纳的影响不衰，德国人对蒙古军队的仇恨就不会消散吧。

这样的德国，在第二次世界大战的时候成为了侵略者，战败后，对各邻国进行了彻底的谢罪和赔款。通过此举，德国终于取得了其他国家的信任，并成功巩固了在欧盟的地位。德国前总统魏茨泽克所说的“不正视历史的人，其罪行会重演”的话非常有名，更令人难忘的是他所说的“道德上的责任是个人背负的，而国家承担的充其量只不过是政治责任而已”。

被希特勒追杀，最后客死西班牙的德国著名犹太人思想家瓦尔特·本雅明（1892–1940）最重视的就是历史。他认为，世界是由时间构成的，世界拥有过去、现在、未来，以及三维形态。而历史事件实际上已经发生了，所以应该优先考虑。也就是说，世界在本质上是过去的、历史的，现在的世界也不仅仅是现在的，它也应该被看作是历史在现在的延续（今村仁司：《本雅明〈历史哲学命题〉精读》，岩波书店 2000 年版）。

为什么德国与日本对历史的认识会有如此大的落差呢？我坚信那固然有文化的差异，但是日本明治维新时的“脱亚入欧”，以及战败后在外交上基于《日美安保条约》、对美国唯命是从是主要原因。其结果不仅导致日本继续轻视亚洲邻国，还造成了对于侵略战争的个人责任与国家政治责任的模棱两可化，最终形成了当今日本自我责任的放弃。

不管怎么说，了解这些战争的人们很多已经入土，剩下的也都年事已高。在这样一个时刻，留给我们的时间如此短暂，而我们所肩负的责任又是如此重大。

有一位曾被迫当过慰安妇的中国妇女，今年 82 岁了。她的儿子，一个不知道父亲是谁的日本兵的儿子——罗善学，对日本政府这样说道："没有办法，因为那已经是很久以前的事了。有那么多的日本兵凌辱过我的母亲，到底谁是我的父亲根本无法得知。但是，我希望他们能向我的母亲谢罪。因为他们对我的母亲犯下了那样过分的罪行。这是我唯一的希望。"他还说："我希望日本的年轻人们不要再犯相同的错误了。如果再犯的话真是连畜生也不如了……"当有人问他会不会要求赔偿时，他说："那不是我所期望的。"(糟谷广一郎：《我是"日本鬼子"的孩子》，出自《周间金曜日》2007 年 8 月 3 日)

2011 年 9 月 15 日

中日口述历史国际学术研讨会演讲，于长春

后记寄语

研究历史，留下时代的声音，各自有自己的方法和视角。我以口述历史的方法来记录那段中日战争的历史，即访谈历史亲历者，用音视频的方式记录下他们口述的所为、所见、所感。

至今客居东瀛二十余载，访谈数百人，集聚了大量的录音录像、照片笔记、问卷信件等口述历史的资料。对着堆满了房间四壁、枕边床下的访谈证言，我发誓要尽快对其进行整理，以此揭密历史，留住渐被风化的历史；不仅要把它带回家乡，还要公诸于世；以史为镜，建设未来，让悲惨的战争永不再现。这是较长的工程计划，非一时所能完成；而较短的计划就是从其中选出部分，尽管粗糙也要献给世界反法西斯战争胜利 70 周年，献给祖国抗日战争胜利 70 周年。这就是本书出版的意愿。一位口述者多则浩浩十几万言，少则万言，虽然每一句话在我看来都是被埋在荒野中的金玉，都有琢磨展示的价值，但限于纸面，不得不割爱，仅以片段奉献吧。

每当电视台、报纸等新闻媒体的记者来采访时，几乎都向我提过同样的问题——为什么做日本老兵的口述历史证言？

这得从在日本攻读博士学位说起。当时的研究课题是“日本人在伪满洲的汉语能力检定考试研究”，因为文献资料的极度缺乏，只能到民间去调查，访谈曾经在伪满洲居住过的日本老人，由此结识了曾经的日本侵华老兵、“满蒙青少年义勇军”，“满蒙”移民的“开拓团”团员等。当我走进了他们的世界，进入了他们的记忆隧道之后，就再也不能转身退回，而是越走越深，越走越广。我看到了一幕幕有声有色、有骨有肉、与传统历史文献不同的活史料；把它由点到面地连缀起来，形成了看得见摸得着可以对话的历史画卷。

这一幅幅口述历史画卷，她鲜活地证言着没能被文献档案所记载的史实；她铁证如山地告诫着任何想抹杀侵略罪行的做法都是徒劳的；她以草根民众的讲史，刷新着传统文献史学的记史方法。

二十余载的访谈，真是酸甜苦辣，所获所失，非此纸面所能尽表。以下摘录数段访谈日志及所感，感谢读者垂目。

只知“被害”不知“加害”的教育

今天在东亚地域文化史的课堂里，对两个班100名学生进行了问卷调查。让学生回答说明“9月18日”和“8月6日”在历史上是什么日子。能回答对“9月18日”的只有百分之二，也就是两名学生。而这两名学生中一名曾到中国留学过，另一名是日本残留孤儿的孙子。而对“8月6日”则百分之百答对。不仅能说出这一天世界上第一颗原子弹在广岛投下，而且能具体说出爆炸时间（8点15分）和死伤人数等。对这样的只知“被害”，而不知或很少知“加害”的历史教育现象，作为一名站在日本大学教坛上执教的中国人，我应该怎么做？深深感到历史教育责任的重大。(2005年4月25日)

那次问卷调查对我刺激很大，不仅激励我要继续对侵华老兵做口述调查，还促使我要设法宣传他们的口述证言。因此，我们在日本创立“日中口述历史文化研究会”，定期召开口述历史讲演会，让那些渐趋被风化的历史亲历者登上讲台，让他们口述历史，撰写历史。为了宣传，还自费记录、印制口述证言资料集，发给青年人阅读学习。虽然这一切需要大量地“烧钱”并花费时间，但我依旧把“节衣缩食与时间赛跑”这样一行字写在日记本的首页，告诫自己每天执行。

被赶上了侵略战场，变成了杀人的“鬼”

今天第三次访谈小林宽澄。他说他的班长吃中国人的脑子的情景，我边听边要吐，恶心、憎恨缠绕心口，连晚饭也没能吃下。小林宽澄从小处身于主张行善修好、恶事不做的寺庙主持之家。当时的义务征兵令把这个年轻的小和尚赶上了中国山东战场。为了训练他杀人的胆量，班长指着在田边走路的几个农民命令他：“把他们用刺刀穿在一起！”小林说：“因为被命令，所以不得已伸出了刺刀，但是由于犹豫，用力不猛，反被中国农民抓住了刺刀。如果用力抽回刺刀，对方的手就得被割断，不忍硬抽回来。在双方僵持时，班长冲上来按了刺刀的键，枪杆与刺刀脱开，中国农民顺势后倒在地。班长上去对着他的胸口猛刺数刀，鲜血从刀口处喷了出来。日本鬼子把杀害中国人当成游戏呀。”小林说：“我是新兵，班长、老兵们嘲笑我没撂倒过女人。他们撂倒过多少女人了，结果得了梅毒病。听说人脑子能治疗性病，班长、连长他们就杀中国人砍下脑袋，像烧猪头那样把人头烧熟后挖脑髓吃。”

我问：“被杀的是中国人俘虏吗？”小林回答：“不是，就是普通的农民。”

我想这是不是个别例子呢？又调查到侵华老兵冲勇的自述：

“1943年大型作战告一段落。我从屯驻地山西省赵城县出发的前夜，去了朝鲜人的慰安所，感染了急性尿道炎，感到非常的痛苦，变得自暴自弃起来。知道了这件事的甲等干部候补生出身的同年兵中岛知久男少尉，嘿嘿地笑着对我说：‘好像大队本部要杀两名俘虏，对了，要不把脑髓烧黑了吃吧，是特效药呢。’我想，要是这么治好了也不用花钱，没有比这更好的事情了，便失去人性地回答道：‘那就拜托了。’不久，有人带来装着两人脑髓的小壶。花费了一个晚上才烧黑了，像烧死人那样，发出令人作恶的恶臭。中队长和指挥班的士兵们说：‘是谁战死了吗？’‘是在进行火葬吗？太臭了。’我装作不知道的样子。我把黑色的脑髓当作万能的特效药吃下去了。我有个年幼的弟弟饱受癫痫病之苦，我想让他也吃脑髓，便把服用后剩的20克左右的脑髓，好好保存了起来，在1944年11月新兵回国时，带了回去。对弟弟说：‘这是中国人的脑髓，是万能的特效药，喝吧。’弟弟惊讶地喝了下去。但是我和弟弟都没有效果。”（2012年6月27日）

最后的认罪赎罪

昨天伊藤德治（89岁）带我去找五十多年未见面的战友久保寺。他们都曾去过山东战场，后被苏联军扣留，最后于1956年从抚顺战犯管理所一起返回日本。所以至今已六十多个年头了。但伊藤还记得他家附近有一条不宽的河，河两岸都是田地，农家不多。我们从早晨6点出发，开车奔向他记忆中的地方。经过访问当地派出所（日本叫警察署）、正在除草的老菜农等人，终于在13点之前，找到了久保寺的家。久保寺已经94岁了，不能外出走路了。他勉强地扶着墙走到我们面前，想了好一会儿似乎才想起来，与伊藤握了握手。但是他听伊藤叙述着曾经一起被苏联扣留的那些事，并没有什么回应，看样子记忆很模糊。当伊藤向他介绍我访问的来意时，还没等我开口他就说：“你是中国人啊，对不起，当年我杀害了两个中国少年。大约十二三岁吧。”我问：“为什么杀他们？”他没用思考立刻就回答说：“上司命令的，训练我们新兵杀人练胆……（中国）少年的父母该多么痛苦悲伤啊。”我说：“可以写一下这件事吗？”“可以可以。”他毫不犹豫地写下“在中国山东，我亲手刺杀了两名中国少年”。从他的举止言谈来看，在70年前的侵华战场上他经历了很多很多的事，就连见到战友伊藤都想了好一会儿，可是他亲手杀害两个中国少年的事，却牢牢地刻在他的脑中。我感觉到他见到我，就好像见到少年的父母，憋在心里几十年的罪孽感立刻释放了出来。（2014年7月31日）

人之常情，谁都不愿意主动说出自己的丑事和罪过，尤其是已经过去七十多年了。但是，在我访谈的侵华老兵中，有不少人说自己杀人，放火，强奸；没有上过战场的少年义勇军松本元吉说："我们十四五岁时被当时的国策骗去了，在零下40度的满洲，我们偷、抢中国农民的东西，干了很多坏事。"

今晚打开访谈日志，把思考了好多天的一句话记录下来：野蛮的战争，把一个普通的人赶上战场，把他变成"鬼"；而八路军的俘虏政策和思想教育，让他从"鬼"又回归到了"人"。（2013年10月5日）

我的这个结论可以用以下的访谈记录佐证。

"不是卖国贼，是爱国者！"

97岁的前田光繁对着我的录像机，几乎是喊着讲出了以上9个字。是啊，70年过去了，他们那批反战同盟的日本籍八路军、解放军，在日本国内曾被监视，找不到工作。至今也没有被正确评价，被视为异类，被轻视，甚至遭到右翼打击，被有些人谩骂"老不死的，滚出日本！""不配做日本人，卖国贼""再到处乱讲，小心脑袋"等等。1953年或1958年刚回国时，他们受到日本警察的严密跟踪和监视盘查。

新中国空军摇篮——东北老航校的教官筒井重雄1958年回国后，警察不仅多次到他家查问，还在他家正对面卖面包的楼上租了一个房间，24小时监视他。

我问前田："回国后警察一直都监视你吗？"

"开始时，警察每个月定例来我家一次，直到1972年中日恢复邦交，才渐渐地宽松了。"

"您有压力吧？有没有恐惧感？"

"压力当然有。主要是被视为'赤化'，不仅自己找不到工作，就连在中国出生的女儿，上学时也曾受到欺负，就职活动时也受到影响。有经济压力，但是没有恐惧感。警察来盘问'最近干什么了？为什么反战？'等。我向他们讲道理，说明战争的罪恶，自己亲眼看到'三光作战'，对中国百姓的烧杀的惨景。我反对侵略战争，没有错。是为了当年被俘虏的日本士兵不自杀；是为了自己的兄弟们知道'不是圣战，而是侵略'，不再做侵略战争的牺牲品；是为了现在日本青年不再被赶上战场；是为了他国的百姓不再遭受战争的涂炭。"

“您这样讲，警察说什么？”

“刚开始他们听不进去，经过多次反复地说明，渐渐地他们不质问了，只是例行公事地到家来，默默地听我讲。我觉得好像又回到当年向日军阵地‘喊话’的山西战场。”

“1939年时，向日军阵地喊话时，有危险吧？”

“有是有，但有八路军、武工队保护。最开始用纸卷成喇叭形，向日军阵地喊话。当时我们还做慰问袋，里边放上八路军优待俘虏以及通往共区的路条等宣传品。”

“算起来1938年被八路军俘虏，1939年开始反法西斯，一反就是76年啊（指1938年加入八路军到访谈时的2014年）。在我97岁的人生中最快乐的一天就是庆祝抗日胜利的那一天。哈哈。”老人自豪地笑了起来。

“我在山西，就是亲眼看到日军‘三光’的惨景，才渐渐改变了自己的看法，原来不是‘大东亚圣战’，而是侵略。所以我加入八路军，进行反战同盟活动。”

今天傍晚，前田光繁来电话说：“你们口述历史研究会最近还有会吗？我的腿不行了，嘴还行。如果能有车的话，我要去发言，讲我反战76年的经历。”与97岁老人打完电话，我几乎彻夜未能入睡，把他给我的《八路军中的日本兵们》以及前几次对他访谈的笔记，还有与他的往来书信等都翻捡出来。脑中浮现出这样一幕幕情景：1939年元日，朱德总司令欢迎他加入八路军与他握手；他冒着日军密集的子弹站在前沿阵地“喊话”；他与野坂参三在延安召开“反战同盟”大会；他在东北老航校对日军教官进行思想教育；回到日本后不顾右翼势力的监视打压，继续宣传反战……他的确已经反战76年了。（2014年1月8日）

聆听遗言

94岁的筒井重雄去世3天前他儿子突然打来电话，说父亲病重，想要见我。怎么办？上完课是17点，能赶上通往长野饭田市的长途巴士吗？不管怎么样，一定要去。以前带学生去他家访谈过3次，每次都住在他家。有一次他包了200个自己擀皮的水饺，冻在冰箱里等待我们，并告诉我们：“拿手的水饺做法，还是70年前在山东泗水反战同盟学习会时学会的呢。”我了解老人的心情，他想要见的虽然是我个人，但他心目中把我视为他倾心贡献自己力量的中国；视为他知心的东北老航校老战友们；视为他手把手教育的新中国第一批飞行员学生啊。下了课，顾不上吃饭喝水，我匆匆赶到新宿，登上了最后一班大巴，于夜里12点半赶到了筒井重雄的家。当我敲门进屋时，见他已经略略抬起胳膊，等待着和我握手。我来不及放下背包，就三步并作两步地扑到床边，双手握住他微凉的手。老人睁着昏昏的双眼，用极微弱的声音说：“现在日本政府不行，要坚持日中友好、和平……”边说边示意要坐起来，我和他儿子健史一起扶他起来。坐起来喘了一会儿气，示意要写什么。我把他枕边的纸和笔给了他。只见老人咬着牙，用尽全身的力气写下“为日中友好……”，之后就没有力气再写下去了。

这就是一位日籍老八路的最终绝笔和遗言。为了让老人安心，我用油笔在老人未写完的后边接着写了“努力”二字，老人点点头，闭上了眼睛。

在1949年的开国大典上，毛主席检阅空军时，飞过天安门的中国第一代空军飞行员队伍中，就有筒井重雄的两个学生：韩明阳和林虎。后来，首次穿越青藏高原的“空中禁区”、开辟新航线的英雄王洪智，担任过北京军区副司令员的刘玉堤等，都是筒井重雄的学生。到新中国成立时，筒井重雄和他的日本战友们共为中国培训了120名飞行员，后来又培训了14名女飞行员。这批飞行员成了创建中国空军部队的骨干。（2014年9月7日）

筒井重雄临终前那低微而坚毅的声音，那咬牙写下最后未写完的遗言的情景，定格在我的脑海里，指导着我在日本的社会活动。中央电视台记者听我流着泪讲诉这段绝笔遗言时，他眼圈红红地湿润了。让我感到欣慰的是，老人的这段未了情在央视《新闻调查》专题节目中播放了（见央视2014年12月13日《人证》）。

“坚决反对日本重走军国主义之路！”

木吴公平1946年3月参加了东北民主联军，由日本军的军医变成了中国军队的医生。先后参加了围剿长春的战斗及辽沈战役。1948年进关后又参加了平津战役。他在战场上多次立功受奖，并负有战伤。他在伪满哈尔滨医科大学读书时，日本学生吃大米，中国学生吃高粱米，因为看不惯这种饮食不平等的待遇，而稍稍发表了议论，不仅受到了上司的警告，而且立即被解除了宿舍室长的职务。他说：“过去我们国家的政治指挥者，在地球的一个角上，一个弱小的国家，要武威四海，用什么‘八弦一宇’，建立‘大日本帝国’，从思想上愚弄国民，发动了侵略战争，导致国民在邻邦的土地上暴尸，在大海中葬身，造成几百万的牺牲者。而当今悲惨的泪水尚未平，又企图重走军国主义的邪路，必须进行认真反省，彻底道歉认罪。”（2004年3月4日）

今天我又访谈了高唱《三大纪律八项注意》的日本国籍的解放军老兵。

89岁的桥口杰在中国的大学及日本的市民会馆讲演时，往往激动地唱起《三大纪律八项注意》。他说：“我来中国大学讲演，并不是因为我是1946年参加解放军，前来邀功受赏的。我是想告诉当今的年轻人，一定要学习‘三大纪律八项注意’，它是中国革命取得胜利的法宝啊。我听说当今向“钱”看，有腐败现象。你们要穿一穿乌拉鞋，吃一吃苞米饭、大葱蘸大酱。我们军队当年不拿群众一针一线啊。靠着执行‘三大纪律八项注意’走过来的啊！”（2007 年 9 月 7 日）

在我所做的口述调查中，几乎所有的日本籍的八路军、解放军都能高唱《三大纪律八项注意》，是这个法宝使他们改掉了日本军队里的恶习，走向了新的人生。

桥口杰 14 岁时，相信当时的国策“大东亚共荣”，为了天皇陛下而参加“少年义勇军”，来到黑龙江勃利“大东开拓团”，后现地加入关东军特警卫生大队；后被俘，加入东北民主联军第五野战医院。他说他的思想历程可以用一句话概括：从一切为了天皇陛下转变为一切为人民服务。

我问他:“什么时候知道‘为人民服务’这个词的？”他对我讲了以下一段话：

“在勃利县司令部被监禁了一个月后，我加入了东北民主联军，在民主联军第五后方医院做护士工作。这家医院大约有 40 名从旧日本军陆军医院出来的医护人员。有一天召集全体日本人，院长、政治委员要向我们讲话，让我做翻译，我坚决推辞了几次。政治委员说:‘这种场合你最合适。你翻译的言语比中国人翻译的言语更有信任度。’在完全不知道汉语的日本医护人员面前，穿着脏兮兮的中国衣服的我做了翻译。在翻译完‘感谢对中国革命战争的协助’等话后，又有这样的话:‘我们东北民主联军是为人民服务的军队。’我听不懂‘为人民服务’这个词，问了好几遍，最后政委用纸条写了出来，让我看。按照字面的意思，勉强解释道:‘听说这支军队是为贫困百姓工作的军队。’当时日本的医护人员会后对我说:‘军队是为天皇的，怎么能为老百姓呢？世上能有这样的军队吗？’那时部队住在吉林磐石，那是我第一次听到‘为人民服务’。”（2005 年 2 月 5 日）

桥口任职第五野战医院后勤班长。他昼夜为班长之职操劳，为重伤患担心。他不仅理解了“为人民服务”，还积极主动献血给重伤员。人民军队终于把一个鬼子兵变成了一个成熟的为人民服务的解放军战士。他的热血溶入了中国重伤员的体内，他的心和中国人融为一体了。当我询问总计为重伤员献血多少次时，他摆一下手，极平淡地回答说:“记不清了。”但是，有一句话他至今还能用汉语重复出来，即昏迷的重伤员被输血醒过来时说的“好暖和呀”。是啊，在那弹火纷飞硝烟弥漫的战场上，战友的温暖是用血与肉铸成的。桥口说:“当时给伤员献血，没想我是日本人，伤员是中国人什么的。只是想赶快输血，救活他。”

桥口杰如今已 88 岁了。他组织了近 200 人的“历史回顾会”，每年 6 次例会，至今 25 年召开了近 130 次历史回忆会，编写会志 11 集。举办“不忘历史，反对侵略战争”的各类大小展览会 30 余次，不计分文报酬到大、中、小学，市民会馆等义务讲演 100 多场。每年的“8 · 15”，不顾夏日的酷热，也不顾右派势力的威胁，他都会做题为《制止战争！决不让历史重演！》的义务讲演。

他继承了人民解放军的艰苦朴素作风，回到日本几十年，除了必要的生活以外，他每月都拿出一部分自己的养老金用于中日友好和制止军国主义重演的宣传工作上。他还把自己和爱人（他爱人桥口仓野也是人民解放军战士，与他同在第五后方野战医院，担当外科护士）起早贪黑栽种的蔬菜水果，无偿地分送给邻里或回忆历史会的人们。大家感谢他时，他笑着回答："我永远不会忘记为人民服务。"

在八路军、解放军中，约有上万名日本青年。他们把自己的青春献给了中国的解放事业；而今，他们又为中日和平友好、抵御军国主义的复活，贡献着自己晚年的全部精力。

的确，他们反战七十多年了，他们不是"卖国贼"，而是反对侵略战争、追求人类和平的勇士！要在日本给他们平反！

有人问我，你人单力薄，如何为他们平反？我回答说方法一定有，只要用心找。首先，为他们搭建讲演平台，如"日中口述历史研究会"、"满洲体验交流会"、"访中讲演会"等。如今计算起来，已讲演近 300 余场，一次听众多则千人，少则几十人。还利用新闻媒体和口述研究会的会报来宣传他们的事迹，让社会舆论还他们人生一个公正！

"我要叫一声爸爸！""我也要叫一声爸爸！"

今天在课堂上，我把这个呼喊讲给学生们听，我抑制不住自己的感情，边讲边落泪，学生们也落泪了。侵略战争分裂了温暖的家庭，拆散了恩爱的夫妻，剥夺了父子亲情。精神的创伤不仅仅是"要叫爸爸"的第一代遗腹子，还延伸到他们的第二代、第三代啊。

昨天下午，73 岁的上田美每对着我的录像机，讲述自己出生 12 天前父亲被秘密征召入伍的情况。

青柳裕子双手捧着那封信，眼圈湿润地告诉我：父亲长田又一被秘密紧急征召，他写下了这封包着自己指甲的告别信。它成了父亲的遗物和遗骨。30 岁的妈妈一人把 6 岁的我和 4 岁、2 岁的弟弟艰难地抚养大，她临终时把这封信交给我……"（2014 年 10 月 7 日）

"二战"，人类历史的空前浩劫。八十多个国家和地区，20 亿人，仅仅亚洲就有 3500 万人死亡。那之后，人们从未停止过思考，如何才能不再走向战争。我经常被日本有良心的坚持反战、追求和平的人们所感动。《恶魔的饱食》是作家森村穿着防弹背心写出的第一部揭露 731 细菌部队做活体实验的纪实小说。作为一个日本人能有这种"反战精神"，我也更应该坚持继续访谈下去，尽管今天向弟弟借了生活费。（2014 年 10 月 15 日）

请帮我找救命恩人

一提到中日友好，人们的眼前就会立刻浮现出那些精彩的画卷，比如从卑弥呼接受“金印”的赠送，遣唐使阿倍仲麻吕的留学，到田中角荣访中的邦交恢复，与周恩来总理的握手言欢……中日友好的一幕幕情景，已被历史文献所载，成为中日两国人民友好交往的历史教材。而我要记下在历史文献中查不到的口述老人所讲的中日友好。

今天坐了 4 个小时的车，找到了青木竹子住的长野市医院。她今年 93 岁。1944 年 3 月 8 日离开故乡长野，来到黑龙江省勃利“大东开拓团”。不久，战败逃难，后加入东北民主联军，随军南下，任职“四野军”前线卫生所护士长，救助过无数的解放军伤员。

她说:“我在中国人民解放军‘四野’军前线卫生所任护士长。当时的患者战士，都是我的亲友兄弟，每天临睡前一定巡诊一遍，伤员都说看到我就安心了。虽然六十多年过去了，但 8 年的解放军战斗生活，今天还令我难以忘怀。当年，随军部医院南下到武汉时，我每天为林彪注射一针。林彪每次都亲切和我握手，说谢谢。解放军官兵一致，平等互敬。林彪的夫人叶群和我同桌吃高粱米饭、玉米饼子。我怀念那个官兵一致的环境，更感谢在哈尔滨逃难时卖麻花的老人。他的两大筐麻花全被我的“开拓团”的难友给抢光了，老人一分钱也没收到。麻花老人笑呵呵地拿着两个空筐走去的慈善笑脸，我终生难忘。请你帮我找到他，我要报答麻花老人的救命之恩。”

我说:“卖麻花的老人早已经不在了啊。”

“找到他的儿子孙子也可以，或者找到当年做麻花的也可以。”她说，“当我们逃难到哈尔滨时，是 1945 年 9 月末 10 月初。当时在松花江沿岸，挤满了大批难民。我和我的难友们也挤在那里。我们静静地躺在那里，等待着饥饿和死亡一步步地逼近……突然间一位老人挎着满满两筐的麻花，叫着‘麻花、麻花’，来到我们面前。饥饿的我们看见麻花，顿时眼睛亮了起来，本能地向麻花伸出了手。我想说‘不要这么做’，但却说不出口。因为我自己根本就没有一分钱，而我的难友们也和我一样又饥饿又没钱。最后麻花都被拿光了。老人连半句牢骚也没有，笑眯眯地挎着空筐走了。到了半夜，我闭上眼，脑中依然浮现出白天的情景。不仅是那天夜里，直到今天六十多个春秋过去了，麻花老人那笑眯眯的面容一直烙印在我的心头。每当想起那位老人，我就会情不自禁地流泪。每当我回忆起麻花老人的那一场景时，就仿佛看到全中国人民宽容的心胸。我扪心自问，我们日本人能够这么做吗？在那以后，我们避难到“新京”时，又受到了许多像这位老人一样的老百姓的照顾。因此，我想寻找那位麻花老人。我想给他一些补偿。给他多少呢？就算给他百万日元，也无法补偿麻花老

人的恩情啊！”(2009 年 2 月 23 日)

为帮助青木竹子寻人报恩，促进中日民间友好，我撰写了《麻花老人啊你在哪里？》的文章，整版地刊登在黑龙江的一家报纸上，以此期待读者互相传告，找到麻花老人的后代。

青木竹子虽然还在继续寻找，但其他许多类似的日本人已找到了当年的救命恩人。

“我的第二次生命是中国人给的！”

今天看到有贺元彦家里摆放的相册，其中有一张是他捐款建设内蒙古科左右旗的希望小学的剪彩照片。他指着照片对我讲述了 70 年前的一幕。

当时，在日本军国主义者“建设大东亚共荣圈”、开发新“满洲”的殖民主义教育下，14 岁的有贺元彦报名参加了“满蒙开拓青年义勇军”齐藤中队。昭和十九年(1944)6 月，被派往当时中国东北的兴安省。昭和二十年（ 1945)8 月 15 日日本战败，无条件投降，保护他们的关东军早已撤走了。他们被抛在远隔重洋的中国东北，异域他乡，亲友皆无，音讯不通，当时他以为“别无他路，只有等死了”，“躺在那里等死，连想自己叫什么名字的力气都没有了”。这时，突然来了一个中国少年，把三个馒头递给了他。他和另外三个等待死亡的“义勇军”少年分吃了这三个馒头。粮食的力量使他坐了起来。“啊，我还活着吗？”他下意识地问自己。第二天，那个中国少年又来了，把有贺元彦带到他的家里。中国少年的妈妈为有贺熬制了大米粥，而他们一家三口人吃的却是玉米粥。在当时的情况下，吃大米粥如同吃御宴一样啊！有贺元彦流着泪饱餐了一顿。中国少年的妈妈又为有贺元彦的“义勇军”朋友们贴了一锅玉米面饼子，让他带了回去。

有贺元彦活命了，他的朋友也得救了。回忆起当时的情景，有贺元彦边流泪边说：“那场战争不仅给中国人民带来了灾难，也给我们日本民众带来了痛苦。我的第二次生命是中国人给的！”

有贺还回忆道：“在零下 30 度的严冬，为了让战败投降后的日本人活下来，中国人民以特有的温情来救助我们。我们四十多人分别被分配到中国的各个家庭。先后照顾过我的有张丙旭、包医生、巴图先生、巴图先生的亲戚沙贺先生等很多人。可以说，没有他们的照顾，我们那些被关东军遗弃的“开拓团民”、“少年义勇军”的少年早就不在人世了。”

那以后的 1946 年有贺自愿参加了东北民主联军，成为一名中国人民解放军的医护人员，为中国的解放战争贡献了他的青年时代。1958 年归国后，他时时不忘给了他第二次生命的故乡。1972 年中日邦交正常化后，他立刻千方百计寻找救命恩人，多次访问第二故乡。送给过他三个馒头的张丙旭已经不在了，但平成十一年（1999）终于找到了张丙旭的女儿。如同见救命恩人一样，有贺泪流不止地讲述了当年的悲苦与幸存。

为了报恩，更确切地说为了中日两国人民的友谊，为了让第二故乡快速发展起来，有贺和他的日本友人们，在内蒙古捐款建立了光田希望小学、日本语培训学校。有贺说："只要对日中友谊有好处的事，我就努力去做。"他如今是内蒙古科左右旗的荣誉市民。（2007 年 9 月 3 日）

"请将我的骨灰撒向松花江。"

今天带两名学生去本多歌子家采访。这是我第三次访问本多歌子了。她开场就说："今天我们多聊聊吧。这可能是最后一次谈话了。我患了癌症，后天去住院。非常高兴你带来了你的学生，她们不知道解放军中有日本人吧？""嗯，我们一点儿都不知道。"学生回答。

"我告诉你们，中国人民解放军是全世界唯一的伟大军队！没有任何一个军队能比得上的……"我边听着她的话边打开录音机，眼睛情不自禁地湿热起来。

这位刚强的老人当年随父亲来到黑龙江阿城，父亲任职阿城"开拓团"小学教师。战败后的 1946 年 11 月，她自愿参加了东北民主联军，任前线卫生护士，跟随部队走遍了中国的大江南北。1953 年回日本后，凭着娴熟的医疗技术，她立刻被横滨一家大医院录用了。经济生活上没有什么困难，可是因为被视为"赤化"、"洗脑"，一直被跟踪监视。便衣警察经常掏出身份证给她看。我问她："有恐惧感吗？"她自豪地回答："我怕什么，我是光明正大的八路。"她屈指计算，自 1972 年中日恢复邦交解除了对她的监视，到今年为止她访问中国约六十次，平均下来大约每年一次半。在帮助吉林白求恩医科大学建立脑外科时，与那里的超音波医生们结下了深厚的友谊。如果不是因为身体欠佳，她就准备晚年移居长春，永驻第二故乡了。

我问她："为什么说中国人民解放军是全世界唯一的伟大军队？请举例子说明一下。"

她慢悠悠地把思绪拉向了自己青春时代的战场。她回忆道：

"在哈尔滨的冬天，零下 30 度的严寒夜晚，只有一条军毯的八路军们，必须相互紧偎在一起抗拒严寒才能入睡。我和男战士们紧挨着睡觉，可是没有一个男战士摸我的手呀脸什么的，从来没有一次无理的行为。有时夜晚急行军，为了避免掉队，我们女兵也和男兵一样边走边上厕所，男兵就在身边帮助背行里挎军包。有一天，找到老乡家的小火炕，男班长让我和大内两个女护士睡在炕上，他睡在炕下冰凉的土地上。”

回首在中国的16年经历，本多歌子说她把青春献给了中国，把中国留在了心中。共产党的教育给她留下最深印象的是“为人民服务”与“批评与自我批评”。

本多歌子在工作之余曾经到日本的一些大学演讲，向日本的年轻一代介绍中国的事。她挂起中国地图，细数自己在中国大江南北留下的足迹；她复印了许多份“三大纪律八项注意”送给学生，讲述当年中国人民军队神奇的力量……

当采访快结束时，本多郑重其事地提出请求：“我的青春属于中国，我的心留在了中国，我死后请将我的骨灰撒向松花江。”我握着她的手，郑重地答应了她的请求。（2012年2月12日）

今天上午香港《大公报》记者打来电话，下午长春《往事》来了电邮，除了向我采访关于侵华老兵口述证言的相关事情外，他们两位都问到了访谈难点和感受的问题。用以下的例子来回答吧。（2015年7月）

2006年10月25日这一天，采访失败了。经过是这样的：听说富士山脚下有一群老人召开回忆“满洲座谈会”，于是下课后乘坐新干线赶到了会场。大约二十来人，其中只有一名青年，其余都是战时在中国东北生活过的老人。当年，有的是“满蒙青少年义勇军”，有的是“开拓团员”，有的是关东军士兵，最小的也已是80岁高龄。他们围坐在桌子四周，兴奋地回忆着：“满洲冬天厕所的粪便好像小山；满洲的香瓜特别好吃，夜里去偷“满人”的香瓜……”主持座谈会的老人指着我介绍说：“李教授今天来参加我们座谈会，请鼓掌欢迎。”掌声过后，小会场静了下来，大家你看我，我看你，好一阵子都无人出声，寂静得令人尴尬。在主持会的老人的指名下，野村老人简单地介绍了自己在黑龙江“少年义勇军”的经历。会后，那个青年告诉我，以往都是一个人做中心讲述，其他人插话、提问，有时还辩论，从来没有过这样肃静和紧张的气氛。为此询问了几位老人，我分析了取材失败的原因：一则我是外国人，语言与文化有差异；二则我是博士，是大学教授，而口述者几乎都是小学未毕业、无社会地位的“草根民众”。若要他们讲出在心底里埋藏多年的心里话，首先要弯下腰，低下头，换下大学讲台上的着装，把自己改变为底层的一员，拉近了距离才能促膝，才能谈心。（2006年10月25日）

访谈难点，在前面序言中已经谈到了，概括起来大致有三点。第一个难点也是最大的难点，是如何让老鬼子兵接受我、信任我，对我讲真话、道实情，走入他们的内心世界。采访侵华老兵的口述，不能居高临下审判似的追问，要平心静气地与他们交流。第二个难点，是口述采访抢救记忆的紧迫感。如今战后70年过去了，侵华老兵们都已90岁以上，随着他们的纷纷离世，我们每天都在与时间赛跑，争分夺秒地抢救口述史料。第三个难点就是自己与受访者的角色关系问题。我曾经被这个问题困扰过一段时间。回忆这些年的访谈经历，概括起来自己的角色有三种，即真诚的倾听者，理性的引导者，宽容的接纳者。

在实际采访调查过程中，在侵华老兵的眼中，在他的家人眼中，我一个人就是所有中国人、全体中华民族的代表。当这些老兵为他们所犯下的侵略罪行，向我深深地鞠躬、认罪道歉时，在他们心里，他们是在向整个被侵略、被残害的中华民族道歉。每当这个时候，我都会郑重地接受他们的道歉，并告诉他们，只要正视历史、留下证言，就是反对军国主义势力复活，反对侵略战争，就是赎罪。（2015 年 7 月 3 日）

作为编著者，在本书的后记中，想要说的话很多很多。在此，还想把我的博士导师、日中口述历史研究会会长植田渥雄先生的一句话转达给读者，并以此表达遵从恩师之志："司马迁是伟大的历史学家，我们不敢与司马迁相比，但我们立志以他为榜样，原原本本地记录口述历史。"总而言之，正视历史，是一个民族理智的表现；把屈辱铭刻于心，是一个民族应有的骨气；面对未来，是一个民族崛起必有的开阔胸怀。我们强调牢记历史，并不是为了简单地延续仇恨，而是为了反思过去，更好地面向未来，让中日两国人民世代和好，永享太平。

最后，向多年支持，援助做口述访谈的家人、朋友、口述史研究会的同仁；向母校吉林师范大学致以深深的谢意！向全力帮助翻译的吉林省华侨外国语学院彭明新教授及其指导的日语翻译专业研究生于士淇等学生们致以深深的谢意！向吉林省委宣传部、吉林省政治协商委员会致以深深的谢意！向中华工商联合出版社的编辑们致以深深的谢意！

李素桢
2015 年 7 月 20 日于东京

后记感言

《铁证》一书的出版，绝非编著者一己之功，她饱含着家乡诸贤的全力支持与共同努力。特别是饱含着吉林省政协支建华同志的伯乐之功与鼎助之力。

2014年夏天，他听闻我们回到长春，便主动亲自登门，询问我们十余年间在日本自费采访收集侵华老兵口述证言的情况。这就是此部《铁证》书稿的最初之缘。他对此项事业的理解与重视，令笔者深为感动，至今鼓励之语，响在耳畔。他说："你们为民族、为国家做了一件极有意义的大事，随着历史的推移，你们采访的口述记录证言将会愈加显现其历史价值。你们作为中国人在日本做这项工作，其难度可以想象。家乡感谢你们啊，我会尽力想办法帮助你们，先出版一个选粹版，用日本加害者自己的证言向世界公布日本侵华罪行，批判军国主义复活，保卫二战反法西斯胜利成果。"支建华副主席不仅亲自登门指导，其后两年间还多次组织吉林省政协文史委员会具体承办，积极联络吉林省委宣传部和中华工商联合出版社，从各方面协助、支持此书的出版工作。

支建华同志多次体贴入微地指导我们的口述访谈工作，他不仅站在民族大业、捍卫二战反法西斯东方主战场成果的立场上提供指导意见，同时还设身处地地考虑我们自费工作的经济困难与在日本右翼势力抬头的环境中如何保障自身安全问题等等。此外，吉林省政协、吉林省委宣传部等领导同志也对本书的出版给予大力支持。同时，也深深地感谢中华工商联合出版社为本书后期编辑过程中所付出的辛苦努力。

谨于此书即将付梓之际，真诚地感谢所有为《铁证》一书付出心血的同仁，唯愿这部珍贵的日本人侵华口述证言为国家、民族发出正义的历史之声！

编著者

2015年12月18日

出版说明

本书是在纪念中国人民抗日战争暨世界反法西斯战争胜利72周年大背景下，由吉林省政协文史委组织编辑，根据李素桢和田刚两位口述历史学者历经在日十余年的口述采访记录整理而成。书中不仅收录了已是耄耋之年的日本侵华老兵刻骨铭心的战争亲历，还有首次公之于众的照片、手记、调查问卷及认罪书等珍贵史料，对于揭露日本侵略者的滔天罪行，警醒世人反对战争、珍惜和平具有极高的史料价值、学术价值和出版价值。

让这些年逾九旬体弱多病的侵华老兵打开记忆的隧道，忏悔罪行，救赎灵魂，是一件充满挑战而又具有重大历史意义的事情。书中日本老兵们的回忆虽经过岁月的洗涤而日渐风化和模糊，但残酷的战争在他们灵魂深处刻上的每一笔印痕却因此而更加清晰地凸显出来。他们作为日本侵略者的一员，既有着特殊历史背景下相似的体悟和感受，同时又有着个体化的经历和回忆。每个人的证言可能在一定程度上具有片面性和局限性，体现的是当事者本人的思想认知和角色立场，对战争和历史问题存在某些偏颇和不客观的认识，这在口述历史证言里是无法回避的。另外书中出现了大量当时历史事件发生的时间、地点、人名和数字，由于口述者掌握当时历史情况的局限性，可能会有不准确之处，特此说明。

本书在编辑出版过程中，对部分重大敏感内容作了一定删节，但在整体上依旧本着实事求是的严肃态度来还原历史原本的音容，铁证如山地记录下无法修饰也无法改变的日本殖民侵略罪行，从而体现口述历史证言作为与传统历史文献不同的活史料的特殊价值。

本书的出版得到了吉林省政协和吉林省委宣传部等部门的大力支持，特此感谢。